개정판 사회복지현장실습의 이해와 실제

Understanding and Practice of Social Work Practice

사회복지현장실습의 이해와 실제

개정판

곽종형 · 이외승 · 김훈근 · 최연진 · 한웅희 공저

동문사

머리말 /PREFACE/

사회복지사가 되는 길은 그리 쉽지가 않습니다. 현장 및 실천현장에서의 여러 부문의 전문성이 요구되기 때문입니다. 각각의 전공필수과목과 선택과목으로 나누어 일련의 과정을 통해서 사회복지학 전공자들이 전문적 사회복지사의 길을 걷게 됩니다. 그 가운데에서도 특히 마지막 관문의 역할을 하는 사회복지현장실습은 사회복지의 다양한 이론과 방법론들을 현장에서 개별대상, 집단대상, 지역주민대상으로 직접 실천하는 학문이기 때문에 사회복지교육의 핵심이라 할 만큼 매우 중요한 분야입니다.

이러한 이유로 본 교재는 수년간 학교현장과 실천현장에서의 경력과 경험이 다양한 집필자로 구성하여 요긴하게 사회복지현장실습이 이루어지도록 실제적 방법론과 예시를 제시하려고 하였습니다. 본 교재의 구성은 한국사회복지교육협의회가 지침서로 만든 사회복지학 교과목 지침서와 평생교육협회 등의 사회복지현장실습 지침에 근거하여 그 내용을 충실히 하려고 노력하였으며, 코로나-19로 인한 팬데믹 상황에서의 비대면 세미나와 간접실습에 대한, 실습생으로서 갖추어야 하는 초기 실습준비부터 실습 전 선행과정, 실습 중간 및 종결과정, 실습에 필요한 사회복지실천 이론, 실습기관에 대한 정보 제공, 실습에 필요한 양식 등을 중점으로 집필하였습니다. 특히 실습보고서에 필요한 다양한 내용에 대해 기관 종류별 참고양식을 통해 간접적 실습내용을 접하여 현장실습에 임하였을 때 좀 더 체계적이고 적극적인 실습이 되도록 구성하였습니다.

본 교재의 사회복지현장실습은 사회복지를 전공하는 학생들의 사회복지 전문성을 강화하고자 하는 의미에서 다년간 사회복지현장실습을 강의하시는 교수님들을 중심으로 만들어졌습니다. 본 교재가 사회복지를 전공한 학생들에게 사회복지현장실습의 귀중한 지침서가 되기를 바라며, 실습 슈퍼바이저와 실습기관에도 표준화된 사회복지현장실습의 지침서가 되길 바랍니다.

2022년 12월

공동저자 곽종형, 이외승, 김훈근, 최연진, 한웅희

차례 /CONTENTS/

CHAPTER 01

사회복지현장실습의 개요

1. 사회복지현장실습의 개념
2. 사회복지현장실습의 목적과 목표
3. 사회복지현장실습의 기대효과

1. 사회복지현장실습의 개념

사회복지현장실습은 사회복지적인 가치에 근거하여 학교에서 배운 지식과 개념들을 실제상황에 적용함으로써 전문교육의 특성인 실제 상황 속에서 학생의 실천적 지식, 기술, 가치관의 실천적 적용을 통하여 궁극적으로 학생을 전문 사회복지사로 성장시키고자 하는 교과목으로서 사회복지 전공학생들에게는 필수적인 과정임과 동시에, 사회복지를 실천하는 현장을 경험하게 되는 전문가로서의 소중한 경험을 축적하는 과정으로 사회복지 교과과정 관련 교과목 중에서 가장 많은 교육 시간이 소요된다.

이렇게 많은 시간 동안 사회복지현장실습 교육이 이루어지는 이유는 다양한 규모 및 유형의 서비스체계에서 정규적인 사회복지현장실습 슈퍼비전을 받으면서 전문직의 공통적인 기본과정 내용을 익힘으로써 일반 실천가로서의 실천적 지식, 기술 및 가치관을 학습하는 기회를 얻는 전문적 교육의 특성이 있으므로 사회복지현장실습은 여러 가지 측면에서 그 중요성이 매우 크다고 할 수 있는데, 무엇보다도 실습생 자신의 능력, 한계에 대한 통찰력과 자기 인식을 하게 되고, 사회복지 전문직에 대한 이상과 사회복지사로서의 전문직 정체성을 확신하는 중요한 교육과정이며, 졸업 후 직업계획에 대해 생각해 볼 수 있게 한다.

사회복지현장실습의 명칭은 현장실습(Field Work), 현장경험(Field Experience), 실습교육(Field Instruction), 현장지도와 배움(Field Teaching and Learning), 실습(Practicum), 현장실습(Field Education) 등으로 다양하게 불리며, 우리나라의 경우 한국사회복지교육협의회(2004)에서 사회복지현장실습(social-work-practicum)이라는 이름으로 사용하고 전공필수과목으로 편성하고 있다.

2. 사회복지현장실습의 목적과 목표

사회복지현장실습의 목적은 사회복지사의 역할 및 활동을 이해하고, 클라이언트의 문제를 이해함으로써 전문 사회복지사로서의 정체감을 느끼도록 하며, 이러한 문제해결을 위해 서비스를 제공해주는 기관의 종류와 기능 및 구조를 이해할 수 있도록 한다. 또한, 전문적 사회복지실천의 기본지식과 기술의 통합이 어느 정도 갖추어질 수 있도록 원조과정에 대한 기초적인 지식과 개입기술을 익히고, 그것을 개인, 소집단, 가족 및 지역사회의 실제적인 사례에 맞게 적용하는 방법을 배우는 것 역시 실습의 목표가 될 수 있다.

이러한 실습의 목적을 달성하기 위해서는 무엇보다도 학교와 실습기관이 역동적인 관계 속에서 적극적으로 실습교육을 해야 한다. 학교는 교육과 실천현장의 교량 역할 및 학습의 보조역할을 할 수 있어야 하고, 실습을 사회복지교육과정의 효율성과 효과성을 평가하는 기회로 활용해야 하며, 실습생을 통하여 다양한 사회복지 실천현장에 대해 간접적으로 접할 기회로 활용하여 사회복지와 관련된 정보를 교환하는 데 목적을 둔다. 또한, 실습생의 실습경험에 깊이 관심을 두고, 학교에서의 이론적인 학습 외에 현장에서 배우는 통합적이고 기술적인 학습의 효과를 높일 수 있도록 하고, 전문성을 향상할 수 있도록 돕는 것을 목적으로 삼아야 한다.

실습기관에서는 실습생들이 학교에서 습득한 기술, 지식 등을 실천현장에서 접할 수 있도록 하여 학교와의 지속적인 연계로 이론과 실무에 대한 정보 교환의 기회를 얻도록 도와야 한다.

한국사회복지사협회에서 권고안으로 제시한 사회복지현장실습 교육지침서상의 사회복지현장실습의 목표를 살펴보면 다음과 같다.

첫째, 교과목으로 습득한 사회복지에 관한 가치, 지식 및 기술을 실천현장에 적용해본다.

둘째, 사회복지 실습현장에서 클라이언트체계의 욕구를 확인하고, 정보를 수집하며, 조직화, 분석, 개입계획의 수립과 이행, 개입노력에 대한 평가과정을 경험하게 함으로써 새로운 지식과 기술을 습득하게 한다.

셋째, 지역사회 대상의 특성과 자원에 대한 지식을 활용할 수 있는 능력을 기른다.

넷째, 사회복지 시설 및 기관의 조직, 정책, 절차에 적응할 수 있는 경험적 이해를 증진하고 능력을 함양한다.

다섯째, 사회복지 실천에 대한 자신의 적성을 점검해볼 기회를 제공한다.

여섯째, 사회복지사로서의 자아인식을 증진하고 전문직 정체감을 형성한다 등이다.

사회복지현장실습의 주체와 목적을 간단히 정리해보면 [그림 1-1]과 같다.

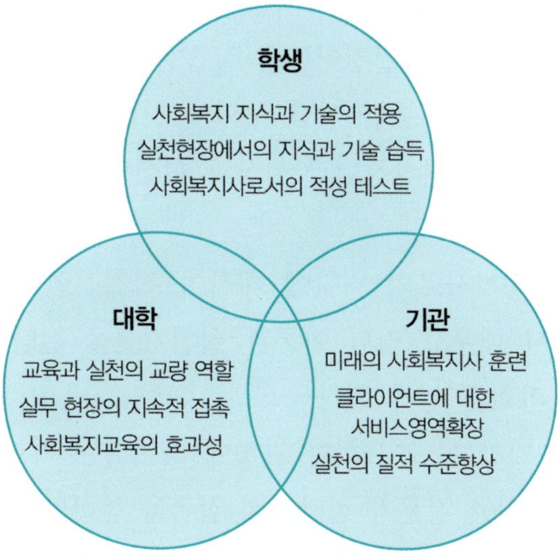

[그림 1-1] **사회복지현장실습의 주체와 목적**

출처 : 김선희 · 구종희 · 이원숙(1999). 사회복지실습 길라잡이. 홍익재.

3. 사회복지현장실습의 기대효과

사회복지현장실습의 학습과정을 통하여 실습의 주체인 실습생, 실습기관 및 시설 그리고 학교는 사회복지현장실습의 목적과 목표에 따라 각기 다른 기대효과를 가진다. 사회복지현장실습을 통한 기대효과를 살펴보면 다음과 같다.

1) 실습생의 기대효과

실습생은 다양한 기관과 시설 그리고 사회복지 관계기관의 사회복지현장실습과정을 통하여 다음과 같은 기대효과를 가지게 된다.

① 학교에서 배운 사회복지실천이론을 실습현장에 적용하는 기회를 가지게 된다. 자원봉사활동을 통한 경험 이외에 사회복지시설과 기관에 익숙하지 않은 실습생들의 현장경험과 이상과 현실의 차이점 등을 겪어보는 좋은 기회의 제공이다.

② 전문적인 사회복지사로의 역할에 대하여 직접적인 학습의 기회를 얻게 된다. 학교에서 배우고 익힌 이론과 실천기술을 실습현장에서 직접적으로 응용해볼 기회를 얻게 된다.

③ 실습생은 실습기간 동안 사회화 과정에 참여하는 기회를 가지며, 클라이언트와 동료 그리고 전문가 집단과의 접촉을 통하여 사회복지의 문화, 규범, 가치를 배우게 되고, 알게 모르게 이들을 내면화하게 된다.

④ 사회복지사로서의 자신이 합당한지 자신의 정체성 확립의 기회를 가지게 된다. 현장에서 활동하는 사회복지사를 짧은 기간이지만, 같이 활동하고 같이 생활함으로써 그들의 생활을 느끼며, 사회복지사로서의 길에 대한 자신을 점검해보는 기회가 된다.

⑤ 자신의 탐색과 성찰은 사회복지사의 기본적이며 아주 중요한 요소이다. 자신의 새로운 환경에서의 적응력과 관계형성에 대한 깊이 있는 탐구의 시간이 주어짐으로써 자신의 장단점을 발견하고, 사회복지사로서 갖추어

야 할 의사소통에 대한 좋은 방법을 탐구할 기회가 주어진다.

⑥ 실습기간 중 실천현장에서 부딪히게 되는 의사 결정의 순간에 윤리적 딜레마를 실제로 경험하고 타 전문가들과의 관계 속에서 서비스 전달에 참여하는 등의 전문가적 경험을 통하여 사회복지사의 길을 준비하게 된다.

⑦ 실습생은 실습과정을 통하여 전문적 사회복지사직이 자신에게 적합한 직업인지를 결정할 기회를 받게 되고, 개인의 장래 계획을 수립하는 데 중요한 역할을 한다. 또한, 어떠한 대상 즉, 아동, 청소년, 장애인, 노인 등의 다양한 클라이언트와 사회복지사의 역할 안에서의 적합성을 알아보는 기회가 된다.

⑧ 미래의 사회복지지도자로서의 자질과 지도방법을 현장실습을 통해서 학습하게 되어 훗날 실습지도자로의 도약에 기틀이 된다.

2) 실습기관의 기대효과

사회복지현장실습기관 및 시설은 현장실습을 통하여 다음과 같은 기대 효과를 얻게 된다.

① 열악한 환경의 실습기관에 부족한 인력을 보충할 기회를 얻게 된다. 실습생에게 실습기관으로부터 교육과 훈련 기회를 제공할 뿐만 아니라 기관에도 실질적 도움을 제공하는 역할을 한다.

② 사회복지사를 양성하는 데 기여하는 기회를 얻는다. 사회복지기관이 사회복지현장실습을 통하여 사회복지사의 질적 수준을 향상함으로써 전문적이고 충실한 사회복지사를 양성하는 데 이바지를 한다.

③ 기관 및 시설의 인력충원을 위한 효과적이고 효율적인 인력 수급의 기회를 얻는다. 사회복지기관이 실습생의 현장실습과정을 통해서 실질적으로 검증되거나 확인된 우수한 인력의 수급을 꾀할 수 있다.

④ 사회복지현장 실습지도자, 즉 슈퍼바이저의 복지실천기술 발전을 위한 기회를 제공한다. 매너리즘에 빠지기 쉬운 사회복지실천 현장에 새로운

프로그램과 기술의 도입을 꾀할 수 있으며, 슈퍼바이저가 실습생의 사회복지현장실습에 대해 지도감독하면서 자신의 실천기술을 향상하고 발전시킬 기회를 받을 수 있다.

⑤ 기관과 시설이 위치한 지역사회 내 기관 상호 간의 의뢰체계를 구축하는 데 기여한다. 실습생의 현장실습과 연계하여 지역사회에 프로그램과 서비스의 제공을 통해서 그 기관의 지역사회에 이바지함으로써 기관의 인지도를 직·간접적으로 높일 수 있어 지역사회복지실천체계의 구축이 쉽게 된다.

3) 학교의 기대효과

학교에서는 사회복지현장실습을 통하여 다음과 같은 기대효과를 얻게 된다.

① 사회복지교육의 본질적 목적을 효과적으로 실현할 수 있다. 즉, 이론학습과 임상실습의 균형적 교육을 통하여 사회복지교육목적을 효과적으로 실현할 수 있다.

② 복지실천 현장과의 유기적 관계 형성을 통해 현장경험의 기회를 지속적으로 받을 수 있다.

③ 학교는 실습기관의 실습지도자들과의 긴밀한 관계유지를 통하여 학교와 지역사회에 좋은 인지도와 학교활동이 활성화된다.

④ 학교는 사회복지 현장에서 이루어지는 경험을 제공받을 수 있으며, 이는 학교의 이론교육을 뒷받침하는 데에도 기여할 수 있게 되어 학문과 연구를 강화할 수 있다.

⑤ 학교와 지역사회 그리고 사회복지기관과 시설 연계의 자원봉사활동 등을 통하여 지역주민과 학생의 자아실현과 사회복지 증진에 이바지할 수 있다.

CHAPTER 02

사회복지실천의 윤리와 자세

1. 사회복지사 윤리
2. 사회복지현장 실습생의 자세
3. 사회복지현장실습 슈퍼바이저의 자세

1. 사회복지사 윤리

사회복지사는 '사회복지사 윤리강령'을 바탕으로 인본주의·평등주의 사상에 기초하여 모든 인간의 존엄성과 가치를 존중하고, 타고난 자유권과 생존권의 보장활동에 헌신한다. 특히, 사회적·경제적 약자들의 편에 서서 사회정의와 평등·자유와 민주주의 가치를 실현하는 데 앞장서고, 도움이 필요한 사람들의 사회적 지위와 기능을 향상하기 위해 저들과 함께 일하며, 사회제도 개선과 관련된 제반활동에 주도적으로 참여한다. 사회복지사는 개인의 주체성과 자기결정권을 보장하는 데 최선을 다하고, 어떠한 여건에서도 개인이 부당하게 희생되는 일이 없도록 한다. 이러한 사명을 실천하기 위하여 전문적 지식과 기술을 개발하고, 사회적 가치를 실현하는 전문가가 지녀야 할 능력과 품위를 유지하기 위해 노력한다.

1) 사회복지사의 기본적 윤리기준

전문가가 지녀야 할 자세를 살펴보면, 첫째, 사회복지사는 전문가가 지녀야 할 품위와 자질을 유지하고, 자신이 맡은 업무에 대한 책임을 진다. 둘째, 사회복지사는 클라이언트의 종교·인종·성·연령·국적·결혼상태·성 취향·경제적 지위·정치적 신념·정신, 신체적 장애·기타 개인적 선호, 특징, 조건, 지위를 이유로 차별 대우를 하지 않는다.

셋째, 사회복지사는 전문가로서 성실하고 공정하게 업무를 수행하며, 이 과정에서 어떠한 부당한 압력에도 타협하지 않는다. 넷째, 사회복지사는 사회정의 실현과 클라이언트의 복지 증진에 헌신하며, 이를 위한 환경조성을 국가와 사회에 요구해야 한다. 다섯째, 사회복지사는 전문적 가치와 판단에 따라 업무를 수행하면서 기관 내·외로부터 부당한 간섭이나 압력을 받지 않는다. 여섯째, 사회복지사는 자신의 이익을 위해 사회복지 전문직의 가치와 권위를 훼손해서는 안 된다.

일곱째, 사회복지사는 한국사회복지사협회 등 전문가단체 활동에 적극적으로 참여하여 사회정의 실현과 사회복지사의 권익옹호를 위해 노력해야 한다.

전문성 개발을 위한 노력에 대해 살펴보면, 첫째, 사회복지사는 클라이언트에게 최상의 서비스를 제공하기 위해, 지식과 기술을 개발하는 데 최선을 다하며, 이를 활용하고 전파할 책임이 있다. 둘째, 클라이언트를 대상으로 연구하는 사회복지사는 저들의 권리를 보장하기 위해 자발적이고 고지된 동의를 얻어야 한다. 셋째, 연구과정에서 얻은 정보는 비밀보장의 원칙에서 다루어져야 하고, 이 과정에서 클라이언트는 신체적, 정신적 불편이나 위험·위해 등으로부터 보호되어야 한다. 넷째, 사회복지사는 전문성을 개발하기 위해 노력하되, 이를 이유로 서비스의 제공을 소홀히 해서는 안 된다. 다섯째, 사회복지사는 한국사회복지사협회 등이 실시하는 제반교육에 적극적으로 참여하여야 한다.

경제적 이득에 대한 태도를 살펴보면, 첫째, 사회복지사는 클라이언트의 지불능력에 상관없이 서비스를 제공해야 하며, 이를 이유로 차별대우해서는 안 된다. 둘째, 사회복지사는 필요한 경우에 제공된 서비스에 대해 공정하고 합리적으로 이용료를 책정해야 한다. 셋째, 사회복지사는 업무와 관련하여 정당하지 않은 방법으로 경제적 이득을 취하여서는 안 된다.

2) 사회복지사의 클라이언트에 대한 윤리기준

클라이언트와의 관계를 살펴보면, 첫째, 사회복지사는 클라이언트의 권익옹호를 최우선의 가치로 삼고 행동한다. 둘째, 사회복지사는 클라이언트에 대하여 인간의 존엄성을 존중해야 하며, 전문적 기술과 능력을 최대한 발휘한다. 셋째, 사회복지사는 클라이언트가 자기결정권을 최대한 행사할 수 있도록 도와야 하며, 저들의 이익을 최대한 대변해야 한다. 넷째, 사회복지사는 클라이언트의 사생활을 존중하고 보호하며, 직무 수행과정에서 얻은 정보에 대해 철저하게 비밀을 유지해야 한다. 다섯째, 사회복지사는 클라이언트가 받는 서비스의 범위와 내용에 대해 정확하고 충분한 정보를 제공함으로써 알 권리를 인정하고 존중해야 한다. 여섯째, 사회복지사는 문서·사진·컴퓨터 파일 등의 형태로 된 클라이언트의 정보에 대해 비밀보장의 한계·정보를 얻어야 하는 목적 및 활용에 대해 구체적으로 알려야 하며, 정보 공개 시에는 동의를 얻어야 한다. 일곱째, 사회복지사는 개인적 이익을 위해 클라이언트와의 전문적 관계를 이용하여서는 안 된다. 여덟째, 사회복지사는 어떠한 상황에서도 클라이언트와 부적절한 성적 관계를 가져서는 안 된다. 아홉째, 사회복지사는 사회복지 증진을 위한 환경조성에 클라이언트를 동반자로 인정하고 함께 일해야 한다.

동료의 클라이언트와의 관계를 살펴보면, 첫째, 사회복지사는 적법하고도 적절한 논의 없이 동료 혹은 다른 기관의 클라이언트와 전문적 관계를 맺어서는 안 된다. 둘째, 사회복지사는 긴급한 사정으로 동료의 클라이언트를 맡게 된 경우, 자신의 의뢰인처럼 관심을 두고 서비스를 제공한다.

3) 사회복지사의 동료에 대한 윤리기준

사회복지사의 동료에 대한 윤리기준으로는 첫째, 사회복지사는 존중과 신뢰로서 동료를 대하며, 전문가의 지위와 인격을 훼손하는 언행을 하지 않는다. 둘째, 사회복지사는 사회복지 전문직의 이익과 권익을 증진하기 위해 동료와 협력해야 한다. 셋째, 사회복지사는 동료의 윤리적이고 전문적인 행위를 촉진해야 하며, 이에 반하는 경우에는 제반 법률규정이나 윤리기준에 따라 대처해야 한다. 넷째, 사회복지사가 전문적인 판단과 실천이 미흡하여 문제를 일으켰을 때에는, 적절한 조치를 하여 클라이언트의 이익을 보호해야 한다. 다섯째, 사회복지사는 전문직 내 다른 구성원이 행한 비윤리적 행위에 대해, 제반 법률규정이나 윤리기준에 따라 조치를 해야 한다. 여섯째, 사회복지사는 동료 및 타 전문직 동료의 직무가치와 내용을 인정·이해하며, 상호 간에 민주적인 직무관계를 이루도록 노력해야 한다.

사회복지사의 슈퍼바이저에 대한 윤리기준으로는 첫째, 슈퍼바이저는 개인적인 이익의 추구를 위해 자신의 지위를 이용해서는 안 된다. 둘째, 슈퍼바이저는 전문적 기준에 의해 공정하게 책임을 수행하며, 사회복지사·수련생 및 실습생에 대한 평가는 저들과 공유해야 한다. 셋째, 사회복지사는 슈퍼바이저의 전문적 지도와 조언을 존중해야 하며, 슈퍼바이저는 사회복지사의 전문적 업무수행을 도와야 한다. 넷째, 슈퍼바이저는 사회복지사·수련생 및 실습생에 대해 인격적·성적으로 수치심을 주는 행위를 해서는 안 된다.

4) 사회복지사의 사회에 대한 윤리기준

사회복지사의 사회에 대한 윤리기준으로는 첫째, 사회복지사는 인권존중과 인간평등을 위해 헌신해야 하며, 사회적 약자를 옹호하고 대변하는 일을 주도해야 한다. 둘째, 사회복지사는 필요한 사회서비스를 개발하기 위한 사회정책의 수립·발전·입법·집행에 적극적으로 참여하고 지원해야 한다. 셋째, 사회복지사는 사회환경을 개선하고, 사회정의를 증진하기 위한 사회정책의 수립·발전·입법·집행을 요구하고 옹호해야 한다. 넷째, 사회복지사는 자신이 일하는지 역사회의 문제를 이해하고, 그것을 해결하는 일에 적극적으로 참여해야 한다.

5) 사회복지사의 기관에 대한 윤리기준

사회복지사의 기관에 대한 윤리기준으로는 첫째, 사회복지사는 기관의 정책과 사업 목표의 달성·서비스의 효율성과 효과성의 증진을 위해 노력함으로써 클라이언트에게 이익이 되도록 해야 한다. 둘째, 사회복지사는 기관의 부당한 정책이나 요구에 대하여 전문직의 가치와 지식을 근거로 이에 대응하고, 즉시 사회복지윤리위원회에 보고해야 한다. 셋째, 사회복지사는 소속기관 활동에 적극적으로 참여함으로써 기관의 성장발전을 위해 노력해야 한다.

6) 사회복지윤리위원회의 구성과 운영

사회복지윤리위원회의 구성과 운영으로는 첫째, 한국사회복지사협회는 사회복지윤리위원회를 구성하여 사회복지윤리실천의 질적인 향상을 도모하여야 한다. 둘째, 사회복지윤리위원회는 윤리강령을 위배하거나 침해하는 행위를 접수받아 공식적인 절차를 통해 대처하여야 한다. 셋째, 사회복지사는 한국사회복지사협회의 윤리적 권고와 결정을 존중하여야 한다.

2. 사회복지현장 실습생의 자세

우리는 사회복지현장 실습생으로서 사회복지사 윤리강령과 다음 사항을 준수한다.

① 실습의 목적과 중요성을 충분히 이해하고, 실습계약사항을 이행하기 위하여 최선의 자세로 실습에 임한다.
② 실습은 대학에서 학습된 이론을 구체적으로 적용하는 과정임을 인식하여 이에 최선을 다한다.
③ 현장실습기관의 구성원이라는 생각으로 타 구성원과 협력하며 친화적인 태도를 보인다.
④ 기관의 정책을 이해하고 수용하며 실습과정에서 준수하도록 한다.
⑤ 근무시간은 기관의 규정에 따르며, 직원과 같은 자세로 근무시간에 임하도록 한다.
⑥ 실습시작 최소 10분 전에 출근하여 출근을 확인하며, 업무에 관계된 사항을 사전에 준비하도록 한다.
⑦ 결근, 조퇴, 지각 등 근태와 관련된 사항은 반드시 실습지도자에게 사전에 보고하여 허락을 받도록 한다.
⑧ 실습지도자의 지시뿐 아니라 타 직원의 지도를 잘 이행하므로 실습효과를 극대화하도록 한다.

⑨ 직무에 강한 책임감과 열의를 갖고 적극적으로 임하며, 타인에게 책임을 전가하거나 태만하게 행동하지 않는다.

⑩ 실습으로 알게 된 클라이언트의 사적인 정보를 교육적 목적(대학실습지도 등) 이외에는 절대 발설하지 않으며, 교육적 목적이라 하더라도 가명을 사용하여 개인의 비밀이 침해되지 않도록 한다. 실습종료 후 실습 관련 내용을 학회지 등에 게재하고자 할 때는 반드시 실습지도자와 상의하여 허락을 받아야 한다.

⑪ 실습지도자의 지도 혹은 타 실습생의 실습을 견학, 관찰할 경우 배우는 자세로 진지한 태도를 보인다.

⑫ 기관의 직원, 클라이언트 등에 대해 예의를 지킨다.

⑬ 복장, 소지품은 실습기관의 특성과 상황에 맞게 취하되, 가능한 화려한 것을 피하고, 검소하며 단정한 것으로 착용하도록 한다.

⑭ 안전사고에 만반을 기하도록 하며, 안전사고와 관련된 기관의 규정을 사전에 숙지하여 그에 따라 처리하도록 한다.

⑮ 실습일지를 비롯한 각종 실습기록은 사실에 근거하여 정확하고 구체적으로 정리하여 실습시 실습지도자와 실습지도교수의 강평을 받는다.

⑯ 과제에 관하여 연구하고, 그 결과물에 대해 실습지도자의 강평을 받는다.

⑰ 실습과정 중 어떤 경우라도 사례금 등의 금품을 절대 주거나 받지 않는다.

⑱ 과제물은 정해진 기일에 제출하고, 출근 전에 작성을 마친다.

⑲ 기관의 명칭을 사적으로 활용하지 않으며 실습생의 신분을 지킨다.

⑳ 기관을 대표한다는 자세로 현장실습기관의 직원들과 같은 업무태도와 자세를 갖춘다.

3. 사회복지현장실습 슈퍼바이저의 자세

① 슈퍼바이저는 개인적인 이익의 추구를 위해 자신의 지위를 이용해서는 안 된다.

② 슈퍼바이저는 전문적 기준에 따라 공정하게 책임을 수행하며, 사회복지사·수련생 및 실습생에 대한 평가는 저들과 공유해야 한다.

③ 사회복지사는 슈퍼바이저의 전문적 지도와 조언을 존중해야 하며, 슈퍼바이저는 사회복지사의 전문적 업무수행을 도와야 한다.

④ 슈퍼바이저는 사회복지사·수련생 및 실습생에 대해 인격적·성적으로 수치심을 주는 행위를 해서는 안 된다.

CHAPTER 03

사회복지현장실습의 구성요인

1. 실습생의 자격
2. 실습지도자의 자격과 자세
3. 기관의 자격
4. 실습기관의 선정 기준

사회복지현장실습의 구성요인으로 기관의 실습내용과 슈퍼비전 그리고 학교요인을 중심으로 살펴보면, 실습내용은 실습교육과정 속에 기관에서 학습하고 경험할 수 있는 것들로, 현재 학부에서 사회복지 교육의 목적은 일반주의 실천가 양성에 초점을 두는 것이 보편화되어 있다. 그러므로 실습교육도 이렇게 교육목적에 맞추어 실행되어야 하며, 실습지도에도 핵심적인 내용 및 기술에 근거한 실습이 이루어져야 한다. 일반주의 실천 중심의 실습을 토대로 학생은 다양한 세팅과 클라이언트 집단에서 각기 다른 문제에 다양한 개입 수준으로 적용할 수 있는 본질적 기술을 이해해야 한다.

슈퍼비전이란 기관 내에서 책임 있는 위치에 있고 경험 있는 실습지도자가 행정적, 교육적, 지지적 기능을 수행하여 경험이 적고 덜 숙련된 실습생에게 지식과 기술을 전수함으로써 그가 업무수행을 보다 효율적으로 수행하고 업무에 대한 만족감도 증진하도록 도움으로써 궁극적으로는 클라이언트에게 보다 나은 서비스를 제공할 뿐만 아니라 전문적 자질의 향상을 돕는 과정으로 정리한다.

학생들의 실습 슈퍼비전은 대학과 같은 교육기관과 더불어 현직 사회복지사는 물론, 예비사회복지사로서의 사회복지학과 학부 학생들의 전문적 자질을 높여 우리나라의 시대적 욕구에 부응할 수 있게 하는 중요한 수단 중의 하나가 되기 때문에, 전문적 지식과 기술 그리고 가치를 결합하는 실습교육과 실습교육자, 즉 슈퍼바이저의 역할은 무엇보다도 중요하다.

학교요인으로는 실습에 대한 학교의 목적은 첫째, 교육이론과 실천과의 교량역할을 하고, 둘째, 교육과 학습에 대한 보조역할을 하고, 셋째, 사회복지교육의 효율성에 대한 기초자료가 되고, 넷째, 실습기관에서 다른 학생들과 경험을 나누고 사회복지의 폭넓은 영역을 접하도록 학생들에게 기회를 제공하는 것이다. 특히, 학교실습세미나는 학교의 정규교육과정으로 기관의 실습과 병행되어서 학생들이 학교 슈퍼비전으로 활용할 수 있는 시간이며 실습교육의 중요한 부분이다. 기관 실습지도자의 바쁜 업무와 실습과정에서 충분히 달성되지 못한 실습생의 욕구를 보완해주고, 더욱 효과적인 실습교육이 이루어지도록 실습생을 돕기 위해 제공될 수 있다.

1. 실습생의 자격

사회복지현장실습은 사회복지학과 및 관련 학과에서 전공기초과목과 사회복지분야별 전공과목 일부를 이수한 후에 시작하고 있다. 따라서 실습생들은 실습을 해야 하는 기관과 분야에서 필요한 이론과 기술을 다시 한번 정리하여 클라이언트와의 접촉이나 실습과제의 수행에서 이들을 충분히 활용할 수 있도록 한다. 특히, 아동, 노인, 장애인, 정신장애인 등 특별한 집단에 대한 지식이 있어야 하는 실습기관에서 실습하고자 할 때는 아동복지, 노인복지, 장애인복지, 정신건강론과 정신보건사회사업 등 해당 관련 과목을 이수한 후에 실습하도록 하며, 실습 학기 중에라도 이러한 과목을 수강하도록 한다. 실제로 많은 실습기관에서는 해당 관련 과목의 이수 여부를 실습생을 선정하는 중요 방침으로 정하고 있다.

실습을 신청하기 전에 전공필수 10과목과 전공선택 27과목으로, 반드시 이수해야 할 전공과목은 다음과 같다. 첫째, 전공필수과목으로 사회복지개론, 인간행동과 사회환경, 사회복지법제와 실천(2020년 과목명 변경), 사회복지정책론, 사회복지실천론, 사회복지실천기술론, 사회복지행정론, 사회복지조사론, 지역사회복지론 등이다. 둘째, 선택과목으로는 아동복지론, 청소년복지론, 노인복지론, 장애인복지론, 여성복지론, 가족복지론, 산업복지론, 의료사회사업론, 학교사회사업론, 정신건강론, 교정복지론, 사회보장론, 사회문제론, 자원봉사론, 정신건강사회복지론, 사회복지지도감독론, 사회복지자료분석론, 프로그램 개발과 평가, 사회복지역사, 사회복지윤리와 철학, 가족상담 및 가족치료, 국제사회복지론, 복지국가론, 빈곤론, 사례관리론, 사회복지와 문화다양성, 사회복지와 인권 등이 있는데, 실습기관의 특성에 따라 반드시 이수해야 할 과목이 정해지고, 평생교육원 과정 시 최소 전공필수 4과목과 전공선택 2과목 이상 이수를 해야 실습을 진행할 수 있다.

2. 실습지도자의 자격과 자세

사회복지현장실습의 실습지도자, 즉 슈퍼바이저의 법적 기준은 첫째, 사회복지사 1급 자격증을 소지한 자로서 3년 이상 사회복지사업의 실무경험이 있는 자이어야 하며, 둘째, 사회복지사 2급 자격증을 소지한 자로서 5년 이상 사회복지사업의 실무경험이 있는 자이어야 한다. 위의 어느 하나의 기준을 충족한 경우 실습지도자(슈퍼바이저)가 될 수 있으며, 이는 2020년 시행된 사회복지현장실습기관 선정 확인증에 실습지도자의 이름이 명시된 자이어야 하고, 실습지도자는 전년도 또는 당해연도 사회복지사보수교육을 이수한 자이어야 한다. 단, 면제 대상자는 반드시 면제 대상자임을 증명하는 서류를 겸하여야 한다. 실습생은 위의 기준이 적합한지에 대한 사전의 검토가 꼭 필요하다.

사회복지현장실습의 실습지도자(슈퍼바이저)의 자세는 다음과 같은 자세를 유지해야 한다.

① 슈퍼바이저는 개인적인 이익의 추구를 위해 자신의 지위를 이용해서는 안 된다.

② 슈퍼바이저는 전문적 기준에 의해 공정하게 책임을 수행하며, 사회복지사·수련생 및 실습생에 대한 평가는 저들과 공유해야 한다.

③ 사회복지사는 슈퍼바이저의 전문적 지도와 조언을 존중해야 하며, 슈퍼바이저는 사회복지사의 전문적 업무수행을 도와야 한다.

④ 슈퍼바이저는 사회복지사수련생 및 실습생에 대해 인격적·성적으로 수치심을 주는 행위를 해서는 안 된다.

3. 기관의 자격

사회복지사업법 제2조 제1호에 따른 사회복지사업과 관련된 기관과 시설은 '사회복지사업법'에 따른 사회복지법인·사회복지시설로서 첫째, 사회복지사업과 관련된 기관 및 단체, 즉 사단법인·재단법인으로서 관청의 허가를 받은 단체로 사회복지사업을 목적으로 하는 비영리단체, 둘째, 공공기관으로 지방자치단체, 자원봉사센터 등이다. 또한, 사회복지서비스를 제공하는 병원, 상담소, 학교, 교정기관, 조사연구기관, 시민사회단체 등도 가능하다.

실습기관은 반드시 법적 기준에 따른 실습지도자가 있어야 하며, 2020년부터 시행한 사회복지현장실습기관 선정 확인증이 발부되는 곳이어야 한다. 이 확인증에는 [그림 3-1]과 같이 기관명, 등록번호, 실습지도자 명 등이 기재되어 있다.

실습시간은 학기 중 실습의 경우 주당 8시간 실습기관에 출석하여 최소 160시간(단, 2020년 이전 사회복지 관련 과목을 1과목이라도 이수한자는 120시간) 이상을 진행하여야 하며, 방학 중 실습의 경우 1일 8시간 주 5회 실습기관에 출석하여 최소 160시간(단, 2020년 이전 사회복지 관련 과목을 1과목이라도 이수한 자는 120시간) 이상을 진행하여야 한다. 단, 1일 실습시간이 연속으로 최소 4시간부터 최대 8시간이 지속되어야 하며, 주당 40시간을 넘지 않도록 하여야 한다고 권장하고 있다. 이는 식사시간과 휴식시간 등이 제외된 시간이고, 노동부 근로 기준에 의해 4시간 근무에 30분 휴게 시간을 가질 수 있게 하여야 한다. 이로 인해 1일 8시간 인정받으려면, 4시간 30분 휴게, 4시간 30분 휴게, 총 9시간이 소요된다.

사회복지현장실습기관 등록증

관리번호 제 2019-084-0036 호

사회복지현장실습기관 선정 확인서

1. 명 칭 : [ ]지역아동센터

* 사업자등록번호: 134-80-33470

2. 대 표 자: 김[ ]

3. 소 재 지: 경기도 안산시 [ ]

4. 실 습 지 도 자 : 김[ ], 이[ ], 한[ ]

5. 유 효 기 간 : 2020.01.01~2022.12.31

위 기관은 「사회복지사업법 시행규칙」 제3조제2항에 따라 사회복지현장실습의 기관실습 실시기관으로 선정되었음을 확인합니다.

2021년 1월 21일

한국사회복지사협회장

4. 실습기관의 선정 기준

실습기관 선정에 있어서 가장 먼저 염두에 두어야 할 것은 본인이 근무하는 직장 내에서는 실습할 수 없다(2016년 8월 22일 사회복지사협회 공문). 즉 같은 직장에서 실습하면 실습이 인정되지 않는다는 것을 기관 선정 시 주의해야 한다. 과거에는 같은 직장일지라도 부서를 달리 할 경우 등의 이유를 들어 가능하다고 기관에서 주장했으나, 공식적으로 인정되지 않는다고 한국사회복지사협회에서는 밝히고 있다.

그뿐만 아니라, 2020년 1월1일부터 「사회복지사업법 시행규칙」에 개정된 보건복지부장관 사회복지현장실습 지침에 의하여, 기관실습 지도자 1명이 동시에 지도할 수 있는 학생 수는 5명 이내로, 주중 3명 주말실습생 2명을 지도한다면, 주중 3명의 실습생이 먼저 끝나면, 3명에 한해서 실습생을 지도할 수 있다. 그러므로 기관 선정 시 이 부분을 간과하면 추후 실습이 인정되지 않아 자격취소 및 실습불인정이 될 수 있다.

그리고 실습기관은 실습생들의 교육에 중요한 역할을 하며, 기관에서의 경험은 문제를 가진 사람들과 조직적 구조 내에서 어떻게 일할 수 있는가를 학습할 수 있다. 실습생들에게 맡겨진 새로운 임무를 수행하기 위해 실습생 자신의 개인적 자원을 창조적으로 활용하는 방법을 학습할 수 있는 기관을 선정하여야 하며, 구체적인 선정 기준은 다음과 같다.

① 사회복지 전문직의 윤리와 가치에 부합되는 사회복지기관이어야 한다.

② 기관이 위치한 지역사회 안에서 전문성을 갖고 본연의 임무를 수행하고 있다는 평판을 받고 있어야 한다.

③ 기관의 실무자들(기관장 및 직원들)은 사회복지 전문교육을 받은 자로서 전문교육에 대한 존중과 이해를 하고 있어야 한다. 또한, 사회복지실습과 관련하여 책임을 수행할 수 있는 의지와 능력이 있어야 한다.

④ 실습생에 의존하지 않고도 기관의 기본적 프로그램을 개발·운영할 수 있는 직원 규모를 갖추고 있어야 한다.

⑤ 실습프로그램은 기관의 주요 업무범위 안에서 부수적인 업무에만 국한되지 않게 구성되어야 한다. 또한, 실습내용은 현장실습목적에 부합되어야 하며, 가능한 한 실습생의 학습단계에 맞는 것이어야 한다. 이를 위해 기관의 현장실습계획은 실습 전에 학교에 알려야 한다.

⑥ 실습생의 교육욕구에 적합한 과제를 지속해서 제공할 수 있어야 하며, 이에 대한 지도감독을 수행할 수 있어야 한다. 실습업무는 가능한 한 다양한 집단과 문제를 경험할 수 있어야 하며, 다양한 서비스 제공의 기회를 접할 수 있어야 한다.

⑦ 실습기간 최소한 두 명 이상의 실습생을 지도할 수 있는 기관이어야 한다.

⑧ 공식적 규정 외의 다른 기준(예 : 학연, 지연, 성별, 정치적 편견 등)에 의해 실습생을 선정하는 기관이어서는 안 된다.

⑨ 실습생에게 필요한 자료와 공간을 제공할 수 있어야 한다.

⑩ 실습지도자에게 실습지도와 감독에 필요한 시간을 할당할 수 있는 기관이어야 한다.

CHAPTER 04

사회복지현장실습의 시작

1. 사회복지현장실습기관의 이해
2. 사회복지현장실습의 사전교육 및 전체과정
3. 사회복지현장실습의 시작 관련 서류 및 절차

1. 사회복지현장실습기관의 이해

사회복지시설은 우리나라 사회복지사업법 제2조 3항에 명시된 바와 같이 '사회복지사업을 행할 목적으로 설치된 시설'을 말한다. 생활보호법, 아동복지법, 노인복지법, 장애인복지법, 모·부자복지법 등에 의한 보호·선도 또는 복지에 관한 사업과 사회복지 상담, 부랑인 보호, 직업보원, 무료숙박, 지역사회복지, 의료복지, 재가복지, 사회복지관 운영, 정신질환자 및 완치자 사회복귀에 관한 사업 등 각종 복지사업과 이와 관련된 자원봉사활동 및 복지시설의 운영 또는 지원을 목적으로 사업을 운영하는 시설을 정의로 하고 있다.

따라서 사회복지시설은 사회문제를 갖고 있거나 그러한 문제의 위험이 있는 사람들에게 생활(거주), 통원, 기타의 방법으로 일정한 범위의 사회복지서비스를 제공하기 위한 물리적·기능적인 제 자원의 총체라 할 수 있다.

사회복지시설은 이용 형태에 따라 대상자를 입소시켜 거주·보호하는 생활시설과 장애인복지시설, 보육시설(탁아시설), 사회복지관 등 대상자들이 이용할 수 있는 이용시설로 나누어지며, 일반적으로 사회복지시설이라고 할 때에는 협의의 개념으로 거주·보호시설을 지칭하고 있다.

사회복지시설은 아동, 노인, 장애인, 생활 빈곤자 등 사회생활을 영위하는 데 있어서 여러 가지 장애를 가진 자에게 보호, 육성, 치료, 재활, 훈련 등을 행하여 그들의 복지증진을 기하는 것을 목적으로 하며, 외형적인 건물, 설비, 기자재 등만을 의미하는 것이 아니라 시설직원 및 자원봉사자, 지역사회 주민, 혹은 각종 단체 등에 의해서 시설생활자에게 제공되는 다양한 서비스와 지역사회 주민에게 제공되는 사회복지교육, 상담, 각종 사회복지 관련 서비스까지 포함하고 있으며, 사회복지시설의 종류를 살펴보면 〈표 4-1〉과 같다.

〈표 4-1〉 **사회복지시설의 종류**

<table>
<tr><th rowspan="2">관련법</th><th rowspan="2">시설종류</th><th colspan="2">세부종류</th><th rowspan="2">소관부서</th></tr>
<tr><th>생활시설</th><th>이용시설</th></tr>
<tr><td>사회복지사업법</td><td>부랑인·노숙인시설
결핵·한센시설
종합사회복지관</td><td>• 부랑인시설
• 결핵·한센시설</td><td>• 종합사회복지관
• 노숙인쉼터
• 상담보호센터</td><td rowspan="6">보건복지부</td></tr>
<tr><td>노인복지법</td><td>노인복지시설</td><td>• 노인주거복지시설
• 노인의료복지시설</td><td>• 재가노인복지시설
• 노인여가복지시설
• 노인보호전문기관</td></tr>
<tr><td>아동복지법</td><td>아동복지시설</td><td>• 아동양육시설
• 아동일시보호시설
• 아동보호치료시설
• 아동직업훈련시설
• 자립지원시설
• 아동단기보호시설
• 공동생활가정</td><td>• 아동상담소
• 아동전용시설
• 아동복지관
• 지역아동센터
※ 2개 이상 아동시설이 혼합된 종합시설 설치 가능</td></tr>
<tr><td>장애인복지법</td><td>장애인복지시설</td><td>• 장애인생활시설
• 장애인유료복지시설 중 생활시설</td><td>• 장애인지역사회재활시설 중 이용시설
• 장애인직업재활시설
• 장애인유료복지시설 중 이용시설</td></tr>
<tr><td>정신보건법</td><td>정신보건시설</td><td>• 정신요양시설
• 사회복귀시설 중 생활(주거)시설</td><td>• 사회복귀시설 중 이용시설</td></tr>
<tr><td>국민기초생활보장법</td><td>자활후견기관</td><td></td><td>• 자활후견기관</td></tr>
<tr><td>농어촌주민의보건복지증진을위한특별법</td><td>복합노인복지시설</td><td colspan="2">• 농어촌지역에 한해 노인복지시설 중 "노인보호전문기관"을 제외한 2종류 이상의 사회복지시설을 동일 또는 인접 건물에 설치가능</td><td>보건복지부</td></tr>
<tr><td>영유아복지법</td><td>보육시설</td><td></td><td>• 보육시설</td><td rowspan="5">여성부</td></tr>
<tr><td>모·부자복지법</td><td>모·부자복지시설</td><td>• 모(부)자보호시설
• 모(부)자자립시설
• 미혼모시설
• 일시보호시설</td><td>• 여성복지관
• 모·부자 가정상담소</td></tr>
<tr><td>성매매방지및피해자보호등에관한법률</td><td>성매매피해지원시설</td><td>• 일반지원시설
• 청소년지원시설
• 외국인여성지원시설</td><td>• 자활지원센터</td></tr>
<tr><td>성폭력범죄의처벌및피해자보호등에관한법률</td><td>성폭력비해보호시설</td><td>• 성폭력피해자보호시설</td><td>• 성폭력피해상담소</td></tr>
<tr><td>가정폭력방지및피해자보호등에관한법률</td><td>가정폭력보호시설</td><td>• 가정폭력피해자보호시설</td><td>• 가정폭력상담소</td></tr>
</table>

2. 사회복지현장실습의 사전교육 및 전체과정

사회복지기관을 탐색하는 것부터가 실습의 시작이다. 이는 학교나 평생교육기관에서 시행하는 오리엔테이션을 통하여 실습의 전반적인 흐름과 기관 선택 방법, 기관을 선택하면서 실습생의 자세 및 절차를 안내받고 실습에 필요한 사전지식을 배우고 익힌다. 반드시 30시간 이상의 출석수업을 진행하여야 하며, 실습생은 이 수업에 반드시 5번 이상 참석하여야 하는 의무가 있으며, 5회 중 1번의 결석으로도 실습을 진행하지 못하게 된다. 때문에 여러 학교나 평생교육원에서는 6회기 내지는 7회기에 걸친 출석수업을 진행하고 있다.

실습생이 실습기관을 정하고 일정한 절차를 통해 이행하면 수월하게 기관 선정을 할 수 있으며, 특히 실습지도 교수와 의논하여 기관 선정 절차를 이용하면 실습생이 원하는 분야에 대해 실습할 기회를 가질 수 있어 효과적이고 효율적으로 실습할 수 있다. 이처럼 실습을 하기 위한 실습기관과 교육기관의 전체 과정절차를 도식화하면 [그림 4-1]과 같다.

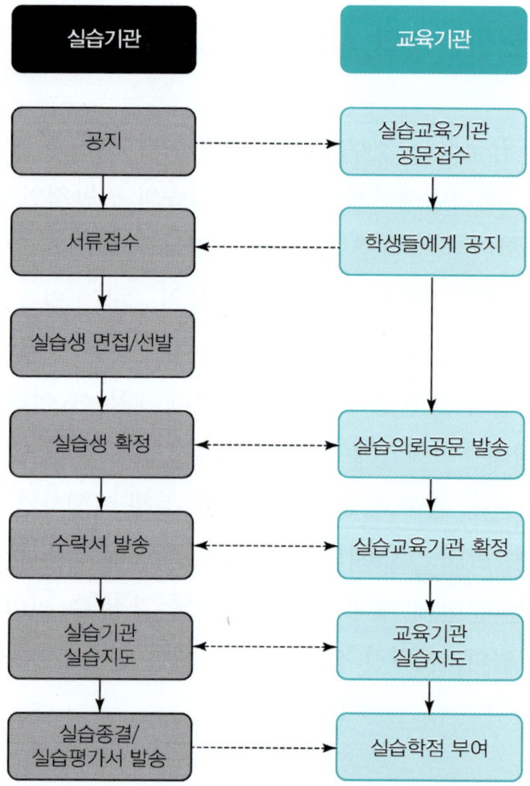

[그림 4-1] **사회복지현장실습 전체 과정절차**

3. 사회복지현장실습의 시작 관련 서류 및 절차

사회복지현장실습은 먼저 학교에서 실습요청 공문접수 및 실습기관을 검색하고, 학생들에게 공지하게 된다. 그다음 실습의뢰에 대한 공문을 실습기관에 발송하고, 학생들의 실습교육기관을 확정하도록 한다. 실습생 및 학교는 실습기관에 실습자료를 요청할 수 있다.

즉, 실습기관이 정해지면 실습생은 학교에 실습신청서와 실습생프로파일을 작성해서 담당자에게 메일이나 팩스를 이용해서 서류를 제출하면 담당자는 학교의 공문과 실습생프로파일, 실습지도자프로파일 양식과 실습의뢰에 대한 회신서 양식, 기타 첨부서류(사회복지현장실습기관 선정 확인서, 실습지도자 보수교육이수증 사본 등)를 요청하는 문서를 기관의 담당자에게 팩스나 메일로 요청하게 된다. 그러면 기관에서는 실습의뢰에 대한 회신서와 기타 첨부서류를 보내오게 되면 이로써 실습이 시작된다.

실습의 시작관련 진행과정을 도식화해서 보면 [그림 4-2]와 같다.

구분	실습진행 과정	기한
실습생	실습기관 선정 및 관련 서류 제출	실습진행 1주 전
대학 행정실	실습의뢰 공문발송	신청서 제출 후 1주 내
실습기관	실습의뢰에 대한 회신서 발송	의뢰서 접수 후 1주 내
실습생 실습기관	실습 진행	예) 2017. 01. 05(월) ~02.01(목)

[그림 4-2] 사회복지현장실습시작 관련 진행과정

CHAPTER 05

사회복지현장실습의 중간

1. 일지 및 사진자료 작성
2. 실습기관분석보고서 작성
3. 중간평가서 작성

1. 일지 및 사진자료 작성

사회복지현장실습의 실천현장에서의 실천 내용을 1일 8시간을 기본으로 20회기의 일지를 작성해야 하며, 보통 1시간 단위로 작성하는 것을 원칙으로 하나, 실습기관의 프로그램에 따라 시간 단위를 조율할 수 있다. 또한, 실습날짜 및 요일, 그리고 시간은 수정펜을 사용하지 않는 것을 원칙으로 하고, 워드나 자필로 작성할 수 있다. 만약 수정 시 틀린 글자 위에 두 줄로 긋고, 그 두 줄 위에 실습생의 자필 사인이나 도장을 찍고, 맞는 글자를 옆에 적는 것을 원칙으로 한다.

일일목표나 세부목표의 내용이 실습 일정 안에 표현이 되어 있는 것이 바람직한 실습의 계획과 일정이며, 사회복지실습의 계획, 준비, 실시 등 실습하는 하루 동안 일어난 일련의 상황들에 대한 고찰 및 평가를 기재한다. 누군가 읽어도 이해할 수 있도록 하루의 일을 정리하여 간단명료하게 써야 하며, 하루의 목표를 세우고, 그에 맞추어 실습하면서 관찰하고 체험했던 것과 느꼈던 것을 사실에 근거하여 빠짐없이 정확하게 기록하고, 실습생 의견란에는 배운 점이나 의문점 그리고, 의견 등을 쓴다.

사진자료는 학교나 평생교육원마다 첨부하는 장수가 다르지만, 중요한 것은 실습생이 실습하는 모습이 반드시 표현된 사진이어야 하고, 그 사진에 실습생의 얼굴이 보이게 찍어야 한다. 그리고 기관을 이용하는 클라이언트의 얼굴은 모자이크 처리를 해서 비밀의 원칙과 개인정보 유출이 되지 않게 하여야 한다.

실습일지와 사진자료 첨부의 내용과 날짜가 반드시 일치해야 한다는 것이 중요하며, 사진은 컬러사진을 권장한다.

2. 실습기관분석보고서 작성

실습기관분석보고서는 실습지 첫 방문 시 받게 되는 오리엔테이션 후, 실습기관에 대해 습득한 내용을 분석적으로 정리해보는 것인데, 대부분 기관에서는 이미 정리된 자료를 제시해 주거나 홈페이지나 카페를 참고로 정리하게 한다. 이렇게 함으로써 기관의 역사나 역사적 변천, 목적 및 기관의 주요사업 및 프로그램과 서비스 전달체계에 대해 정리하고, 기관의 행정구조 및 행정사항 그리고 예산 및 후원이나 지원사항에 대해 파악하고, 실습하는 기관과 연계된 타기관의 연계사항도 정리하면서 실습생의 견해 및 느낌을 적는다. 그렇게 함으로써 실습생이 선택한 기관에 대한 전반적인 이해도를 높이고, 남은 실습에 더 깊이 실천할 수 있는 범위를 넓혀주는 역할을 함과 동시에, 자신의 목표를 달성하는 데 큰 도움을 가질 수 있다.

사회복지 전공졸업 후나 자격증을 받고 난 후에 사회복지전공생으로 자신의 진로선택에도 큰 영향을 끼칠 수 있다. 하지만 많은 기관이 실습생을 그저 160시간만(단, 2020년 이전 사회복지 관련 과목을 1과목이라도 이수한 자는 120시간) 이행하고 거쳐 가는 과정이라 생각해서 예산이나 후원 및 지원에 대한 자료를 실습생에게 공유하는 것을 꺼리고, 자료제공에 임하지 않고 있는 것이 현실이다. 이는 앞으로 한국사회복지사협회에서 실습지도자와 기관의 대표나 시설장에게 사회복지현장실습기관과 실습지도자에 대한 지침과 교육이 필요할 것이다.

3. 중간평가서 작성

중간평가서 작성은 실습생이 선택한 기관에서 전체 20회차를 기준으로 실습생 스스로가 실습 중반부에 거의 10회차에서 11회차쯤 되는 시점에서 진행하게 된다.

이는 실습생이 20회차의 실습을 실행하면서 자신이 정한 목표나 기관에서 설정해 준 목표나 세부계획이 잘 진행되고 있는지, 본인이 수행하고 있는 내용을 잘 기록하고 있는지, 수행한 일정들은 사회복지사로서 어떤 의미가 있는지, 예비사회복지사로서 수행한 정도는 어떤지 등에 대해 중간 점검해보는 것이다.

이때, 자신이 수행한 수행 내용과 역할에 대해 요약해서 표현하고 자신을 평가해야 한다. 뿐만 아니라, 실습에 임한 자세나 노력, 그리고 실습으로 배운 것, 실습에 어려웠던 점과 실습기관이나 실습지도자에 대해 건의할 사항들에 대한 내용을 되짚어보며 서술하고, 앞으로의 계획과 더 배우고 싶거나 배워야 할 기술이나 지식에 관해서도 서술한다.

CHAPTER

06

사회복지현장실습의 종결

1. 종결평가서 작성 및 종결과제
2. 종결시 유의사항

1. 종결평가서 작성 및 종결과제

지금까지 진행해온 과정을 사실대로 정리하는 일정으로 실습지침서를 참고해서 중간평가를 연장으로 종결평가 내용도 직접 작성을 하는 것이며, 서술약식으로 작성한 뒤에 실습지도자와 평가회를 하는 것이 바람직하다.

종결평가서의 지문을 살펴보면 실습시작부터 실습종료일까지의 실습일정에 대한 평가와 실습내용 및 역할에 대한 평가 그리고, 실습목표에 대한 평가로 구체적이고 적절한 목표를 설정 및 달성했는가에 대한 스스로 평가를 해야 하는 부분이 있으며, 서비스 실천과정에 대해서 문제를 파악하고 자료를 수집하는 능력과 문제를 인식하고, 문제를 사정하고 분석하는 능력 그리고 문제를 해결하기 위한 대입 및 대안기술, 기존 지식이나 정보를 사용해서 이루어졌던 면접의 기술들을 상세히 잘 기록했는지를 스스로 평가를 하는 과정이다. 이는 본인이 작성한 일지나 사진 등의 자료를 바탕으로 서술해야 한다. 또한, 실습생으로 기관에서 실습하면서 인적 및 물적 자원의 활용도를 분석하여 서술해야 하며, 실습에 임했던 출근과 결근 및 시간 준수의 상태와 주어진 일에 대한 업무조절능력 및 타 실습생이나 직원들과의 관계 또는 권한에 대한 사항을 기재해야 한다. 그 외에도 실습생으로서의 전문가로 윤리 및 가치관의 이행 정도나 기관의 목적, 정책, 행정절차에 대해서도 잘 이해하고 있는지에 대한 평가를 서술해야 한다.

그 과정을 냉철하게 분석하고 느낀 바를 솔직하게 정리하는 것이 좋다. 특히 잘하는 부분과 미흡한 부분을 분리하여 정확하게 쓰는 것이 바람직하다. 미흡한 부분을 평가할 때는 차후 보완책을 생각하여 함께 써주는 것이 좋다.

종결과제의 수행은 마지막까지 실습과제의 마무리를 잘하는 일이며, 이와 함께 실습경험을 되돌아보고, 실습과정 전체를 정리하는 일이 필요하다.

실습과제의 마무리와 관련하여, 예컨대 실습생이 실습과정이 종결되었음에도 실습생이 만나던 클라이언트의 문제는 해결되지 않을 수 있고, 담당하던 프로그램은 계속되어야 하는 경우가 있다. 이때 실습생은 수행해 왔던 업무 상황을 점검해 보고, 계속 서비스가 필요한 클라이언트에 대한 의뢰절차, 종결해야 할 클라이언트에 대한 종결보고 등을 해야 한다. 이 밖에도 진행 중이던 프로젝트, 회기가 남은 집단 프로그램 등 업무의 연결이 필요한 부분이나 혹은 마무리해야 할 부분 등을 각각의 상황에 적절하게 처리한다.

실습경험의 검토 차원에서,

첫째, 실습의 긍정적·부정적인 경험에 대해 되돌아본다. 다시 말해, 실습 동안의 만족스럽고 성취감을 주며 즐거웠던 사건, 활동, 상호작용을 돌이켜보고, 좌절감과 긴장을 주었던 경험도 마찬가지로 회상해 본다.

둘째, 습득한 학습경험에 대한 검토가 이뤄져야 한다. 실습을 마치면서 사회복지실천현장을 경험했고, 배웠고, 실천해 보았다는 것으로 사회복지 지식이 증가하였고, 효과적인 실천기술이 향상되었고, 개인적 혹은 전문적 가치를 확인하고 명료화했으며, 이론적 틀과 개념의 실제 적용을 통합하는 과정을 시작해 보았다는 성취감을 경험하고 자신감을 느끼게 되었을 수도 있다. 그러나 오히려 자신의 전문적인 지식과 사회복지실천에 대한 능력의 부족을 깨닫고, 장래에 대한 두려움을 경험하기도 한다. 따라서 습득한 지식과 기술, 가치를 실습 이전과 구체적으로 비교함으로써 실습으로 성취한 학습을 평가한다. 이때 종결평가서를 작성하여 실습기관과 실습세미나에서 발표하는 것이 큰 도움이 된다.

셋째, 전문가로서 발전을 위한 검토가 필요하다. 실습경험을 통해 자신의 생에 대한 전문가적 의미를 되새기게 될 수도 있다. 예를 들어, 내가 왜 사회복지사가 되려 하는가, 사회복지사 직업이 나에게 맞는가, 사회복지사로서 나의 장점과 약점은 무엇인가, 나에게 맞는 클라이언트 대상이나 문제 영역은 무엇인가 등 자신의 장래와 관련된 의문에 확신 혹은 이에 더 가까이 접근하는 계기가 될 수 있다.

이상에 소개한 실습종결의 과정을 거치면 최종적으로 종결의 공식화를 맞이하게 된다. 실습지도자는 실습기간의 경험에 대한 검토와 감정의 처리뿐만 아니라, 다른 직원과의 회의나 모임 중에 실습종료일을 알림으로써 실습의 종료를 공식화한다. 그리고 실습생 환송을 위한 간단한 식사나 다과회를 마련함으로써 실습생에게 그동안 자신이 기관이 구성원으로서 활동해 온 중요한 존재라는 사실을 다시 한번 인식할 수 있게 한다.

2. 종결시 유의사항

실습의 종결시기는 실습을 시작하는 시기에 이미 정해져 있으므로 예고된 것이다. 그러나 종결시기가 다가옴에 따라 다양한 형태의 종결모습이 나타나게 된다. 실습지도자는 지도감독에 대해 다소 소홀한 태도를 보일 수도 있고, 학생은 실습이 아닌 현실세계에 대한 준비를 하여 미래(다음 실습 혹은 취업)에 대해 걱정을 하기도 한다.

클라이언트와의 적절한 종결이 효과적인 사회복지 개입에 있어 중요한 작업이듯이, 실습생의 종결 또한 사회복지현장실습에서 매우 중요한 부분이다. 종결이 다가오면서 실습생과 실습지도자는 실습과제의 마무리와 평가 등 공식적인 처리를 하는 일들뿐만 아니라 각자의 인생에서 중요한 부분을 차지했던 관계를 종결하는 작업도 준비해야 한다.

실습의 종결은 관계의 종결이다. 이는 클라이언트와의 종결뿐만 아니라 실습기관의 실습지도자, 직원 그리고 다른 실습생들과의 관계도 종결됨을 의미한다.

1) 클라이언트와의 종결

다음은 실습생들이 실습 종결에 대해 경험을 하면서 갖는 의문과 염려에 관한 몇 가지 예이다.

- 클라이언트에게 종결에 대해 언제부터 말해야 하나?
- 실습생이 떠나는 것에 대해 클라이언트가 갖는 감정을 표현하려고 어떻게

말해야 하나?

- 종결에 대한 논의가 진행되면서 클라이언트가 침묵할 때 어떻게 이를 다루어야 하나?
- 클라이언트가 나에게 혹시라도 화를 내는 것은 아닌지, 만약 그렇다면 어떻게 대처해야 하는가?
- 실습생은 일정 기간이 지나면 떠날 것을 클라이언트가 알게 되면, 더는 실습생을 신뢰하지 않는 것은 아닌가?
- 클라이언트가 아동인 경우 종결할 때 특별히 고려해야 할 점은 없는가?
- 클라이언트가 나에게 실망하게 되지 않을까?
- 아직 클라이언트와의 개입목적을 달성하지 않았는데, 어떻게 내가 떠날 수 있을 것인가?

클라이언트와 종결하는 과업은 정서적 반응의 정리이다. 실습과정을 통해 실습생과 클라이언트와의 사이에 필연적으로 특별한 인간관계가 생겨난다. 실습생은 개입의 효과를 위해 진실하고 수용적이며, 안정적인 관계를 유지하도록 노력해 왔을 것이다. 그러므로 이러한 우호적인 관계를 종결한다는 것은 클라이언트에게 감정적 부담이 될 수 있다. 따라서 실습생은 실습의 종결을 앞두고 클라이언트가 이러한 자신의 감정들을 표현하도록 도와주고 잘 처리하도록 도와야 한다.

2) 실습지도자와 직원 그리고 다른 실습생과의 관계 종결

실습생과 실습지도자는 모두 실습의 종결에 대해 양가감정을 갖게 되는데, 실습을 무사히 마치고 학습과 교육(Learning/Teaching) 관계를 성공적으로 이루어낼 수 있었다는 데에 대한 안도감과 동시에 각자의 생활에서 중요했던 관계가 끝나게 되는 것에 대한 상실감을 경험하게 된다.

실습지도자는 종결에 대한 감정을 적절히 조절하면서 실습생이 자신의 클라이언트와의 관계를 종결하는 데에 필요한 기술을 습득할 수 있는 중요한 모델

링이 될 수 있도록 행동해야 한다. 한편, 실습을 종결하면서 실습생은 자신이 실습기관에서의 인간관계에 얼마나 심리적으로 투자했었는지를 인식하게 된다. 이별이 가까워져 오면서 슬픔과 상실감을 불러일으킬 수도 있고, 반대로 아무렇지 않을 수도 있다.

실습의 종결시기가 다가오면서 실습기관에서 특별히 인간적인 관계를 형성했던 실습지도자, 직원 혹은 다른 실습생들에게 어떻게 감사와 인사를 전할 것인지를 미리 생각해 두고, 이들에게 자신의 마음을 전하는 것은 의미 있는 관계를 만족스럽게 종결하는 데 필요하다.

3) 학교에서의 실습 종결

학교에서는 기관에서 실습이 진행되는 동안 혹은 전체 실습이 종결된 이후 실습보고회 혹은 실습세미나를 실시한다. 대체로 학기 중에는 15주에 걸쳐 실습보고회 혹은 실습세미나가 진행된다. 이 외에도 대학에서는 방학 중에 부정기적인 실습세미나를 실시하여 실습담당교수로부터 실습 전반에 관한 슈퍼비전을 받을 수 있도록 진행하고 있다. 또한, 대학에서는 실습생들이 실습한 내용을 요약적으로 정리한 내용을 엮어 실습보고서를 발간하고 있다.

CHAPTER
07

사회복지현장실습을 위한 관계형성의 실천기술

1. 관계형성의 중요성
2. 관계형성의 7대 원칙
3. 관계형성의 장애요인

1. 관계형성의 중요성

사회복지사와 클라이언트 관계의 가장 큰 특징은 클라이언트는 도움을 요청하고 사회복지사는 전문적 도움을 제공하는 전문적 관계라는 것이다. 전문적 관계는 언제나 클라이언트의 입장에서 출발해야 하며, 사회복지사는 관계의 전반적인 과정에 전문적 책임을 지게 된다. 사회복지사의 전문적 관계는 첫째, 의도적인 목적성으로 클라이언트의 사회복지사가 서로 합의한 목적이 있다. 목적이란 클라이언트의 좀 더 나은 적응 및 문제해결을 위한 원조이다. 둘째, 시간적인 제한으로 클라이언트와 구체적으로 한정된 기간을 갖고 관계를 맺는다. 목적이 달성되었거나 달성될 수 없다고 생각될 때 관계는 종결된다. 사회복지 실천과정은 시작단계, 중간단계, 종결단계에 이르는 시작과 종결이 요구되는 과정이기에 관계에서도 시간적인 제한이 필요하다. 목표가 달성되면 특별한 관계는 끝을 맺게 된다. 관계의 활용이 원만히 이루어져야 시간적인 제한성도 명확해질 수 있다. 셋째, 클라이언트의 헌신으로 사회복지사는 자신의 이익보다 클라이언트의 이익을 위해 자신을 헌신한다. 따라서 사회복지사는 타인의 욕구에 민감할 수 있도록 객관성과 자기인식에 기초한 관계를 형성한다. 넷째, 권위성으로 사회복지사는 특화된 지식 및 기술 그리고 전문직 윤리강령에서 비롯되는 권위를 지닌다. 다섯째, 통제적 관계로 객관성을 유지하고, 자기 자신의 감정, 반응, 충돌을 자각하고, 그 책임을 진다는 의미에서 통제적 관계이다.

2 관계형성의 7대 원칙

Biestek(1957)은 관계를 "사회복지사와 클라이언트 간의 감정과 태도의 역동적인 상호작용"이라고 정의하였다. 그는 원조를 구하는 사람들에게는 공통적인 기본감정 및 태도유형이 존재한다고 하면서 이를 바탕으로 관계의 7대 원칙을 정립하였다.

Biestek은 「케이스워크 관계(casework relationship)」(1957)에서 사회복지사와 클라이언트 간의 원조관계의 기본원칙으로서 개별화, 의도적 감정표현, 통제된 정서적 관여, 수용, 비심판적 태도, 클라이언트의 자기결정 그리고 비밀보장의 7가지 원칙을 제시하였고(양옥경 외, 2005; 이영분 외, 2001), 이는 오늘날까지 가장 고전적인 관계의 원칙으로 알려져 있다.

Biestek이 제시한 케이스워크 관계의 7대 원칙은 사회복지사-클라이언트 간의 상호작용에 있어서 사회복지사의 책임을 규정하는 유용한 방식이다. 이를 [그림 7-1]과 같이 사회복지사와 클라이언트 간의 감정과 태도의 상호작용에 대한 관계원칙을 도식화하였다.

클라이언트의 욕구	관계의 방향	사회복지사 반응 (관계의 원칙)
1. 개별적인 욕구를 가진 인간으로 대우받고 싶은 욕구 2. 감정을 표명하고 싶은 욕구 3. 문제에 대해 공감적 반응을 얻고 싶은 욕구	**상호작용의 첫 번째 방향** **클라이언트 → 사회복지사** 클라이언트의 기본 욕구 • 클라이언트의 욕구를 사회복지사에게 표현 • 클라이언트가 직접 표현하지 않는 경우도 많지만, 사회복지사는 이를 미리 인식해야 함	1. 개별화 2. 의도적 감정표현 3. 통제된 정서적 관여
4. 가치적인 인간으로서 인정받고 싶은 욕구 5. 심판받지 않으려는 욕구	**상호작용의 두 번째 방향** **사회복지사 → 클라이언트** 사회복지사의 역할: ct의 욕구충족 • 클라이언트의 욕구에 대해 사회복지사가 반응함 • 이 반응이 관계의 원칙임	4. 수용 5. 비심판적 태도
6. 스스로 선택하고 결정을 내리고 싶은 욕구 7. 자신의 비밀을 지켜주기를 바라는 욕구	**상호작용의 세 번째 방향** **클라이언트 → 사회복지사** 결과 혹은 효과 • 사회복지사가 반응한 것에 대한 클라이언트의 반응 • 신뢰감, 존중받는다는 느낌 등을 받음으로써 관계에 적극적으로 참여	6. 자기결정 7. 비밀보장

[그림 7-1] 사회복지사와 클라이언트 간의 감정과 태도의 상호작용

첫째, 개별화(individualization)는 각 클라이언트가 개별적이고, 독특한 특성이 있다는 것을 인정하고 이해하여 개별 클라이언트를 원조하는 내용과 방법, 과정에서 개별적으로 다루어져야 한다는 원칙이다.

이때 사회복지사의 역할은 ① 인간에 대한 편견이나 선입관에서 탈피한다. ② 인간행동 및 발달에 대한 지식을 갖고 활용할 수 있어야 한다. ③ 귀담아듣고 관찰할 수 있는 능력이 있어야 한다. ④ 클라이언트의 진행속도에 맞추어 진행해 나가는 능력을 갖춘다. ⑤ 클라이언트의 미묘한 감정을 통찰한다. ⑥ 클라이언트의 현재의 능력을 활용하게 한다. ⑦ 클라이언트의 개성과 상황에 따라 원칙을 융통성 있게 적용한다.

개별화를 위한 수단으로 ① 클라이언트의 성별이나 직업, 나이에 따라 면접시간을 조정한다. ② 클라이언트를 위한 개별 환경 등 비밀이 존중된다는 안도감과 신뢰감을 준다. ③ 클라이언트와 약속시간을 준수한다. ④ 면접을 위한 사전준비를 철저히 한다.

둘째, 의도적인 감정표현(purposive expression of feeling)은 클라이언트가 감정을 표현하고 싶은 욕구를 인식하여 클라이언트가 자신의 감정을 자유롭게 표현하도록 도와주는 것을 의미한다. 사회복지사는 클라이언트에게 자신의 감정, 특히 부정적인 감정을 자유롭게 표현하도록 격려하고 촉진한다.

의도적인 감정표현에서는 클라이언트를 스트레스나 긴장에서 완화해 주며, 문제를 분명하고 객관적으로 보게 한다. 사회복지사는 클라이언트 및 그의 문제인식을 좀 더 잘하게 되어 정확한 조사, 사정, 개입이 이루어진다. 사회복지사가 클라이언트의 감정표현을 진지하게 경청하는 것 자체가 클라이언트에게 심리적 지지가 된다. 외적인 문제보다 문제를 둘러싼 감정 자체가 클라이언트의 진정한 어려움일 수 있으며, 특히 부정적인 느낌이 진정한 문제일 수 있다.

이때 사회복지사의 역할은 ① 클라이언트가 편안함을 느끼도록 긴장되어 있으면 안 된다. ② 물리적인 환경도 편안함을 느낄 수 있도록 신경을 쓴다. ③ 클라이언트를 면접할 때에는 시간적·정신적으로 여유를 가지고 있어야 한다. ④ 사회복지사는 클라이언트의 감정을 표현하도록 격려한다. ⑤ 면접을 진행하는 클라이언트의 속도를 민감하게 인식한다.

의도적인 감정표현의 장애요인으로 지적될 수 있는 것은 비현실적인 보장, 너무 성급한 초기의 해석, 너무 많은 해석, 클라이언트의 감정 표현에 대한 비난 등이 있다.

셋째, 통제된 정서적 관여(controlled emotion response)는 클라이언트의 감정에 민감성을 가지며, 그 의미에 대해 이해하고, 클라이언트의 감정에 대한 의도적이고 적절한 반응을 하는 것이다. 클라이언트의 감정에 대한 사회복지사에 민감성, 이에 대한 감정입적 이해, 적절한 반응으로 이루어지며, 원조 목적에 맞게 통제되고 조정되어야 한다.

통제된 정서적 관여의 구성요소로는 ① 클라이언트의 감정에 대한 사회복지사의 민감성을 들 수 있다. 클라이언트가 자기의 감정을 직접 말로써 표현하지 않더라도 태도에서 드러나는 그의 감정을 잘 파악해야 한다. ② 클라이언트의 감정이 의미하는 것에 대해 이해를 해야 한다. 문제에 관련하여 클라이언트가 갖는 감정의 의미를 이해해야 하는 것으로, 이는 지속적인 과정이다. 인간행동의 지식인 심리학, 정신의학, 기타 사회과학은 감정의 의미를 이해하는 데 필수적이다. ③ 클라이언트의 감정에 대한 의도적이고 적절한 반응: 클라이언트의 태도에 대한 반응은 클라이언트에 따라 개별화해야 하며, 클라이언트 마음의 변화에 따라 호응해야 하는 대단히 어려운 기능이다. 반응은 얼마나 마음속 깊이 우러나오는가에 따라 의미가 있다.

넷째, 수용(acceptance)이란 클라이언트의 장점과 약점, 혹은 단점 등을 포함하여 있는 그대로의 모습을 이해하고 다루어 나가는 행동의 특징을 말한다. 클라이언트가 불평하고 부당한 요청을 하는 등 클라이언트가 자신을 어떠한 모양으로 표현하더라도 그것을 비판하지 않는 것이다. 이는 사회복지사의 인내심, 경청하려는 의지 등을 통해서 나타난다. 수용의 대상은 좋은 것(good)이 아니라 있는 그대로의 것(real)이며, 수용의 목적은 치료에 있다.

수용의 장애요인으로는 ① 인간행동양식에 관한 불충분한 지식, ② 사회복지사로서 어떠한 면을 받아들이지 못하는 태도, ③ 자기 자신의 감정을 클라이언트에게 맡겨 버리려는 것, ④ 편견과 선입견, ⑤ 보장할 수 없으면서 말로만 안심시키는 태도, ⑥ 수용과 허용의 혼돈, 여섯째, 클라이언트에 대한 존경의 결여를 들 수 있다.

수용에 있어서 사회복지사의 역할은 클라이언트에 대한 완전한 이해와 클라이언트와 가치관 차이를 극복하는 것을 들 수 있다. 또한, 수용에 있어 장애물 줄이는 전략을 수립하여야 한다.

다섯째, 비심판적 태도(nonjudgmental attitude)는 문제의 원인이 클라이언트의 잘못 때문인지 아닌지, 혹은 클라이언트에게 책임이 있는지 등을 심판하지 않고, 클라이언트의 특성 및 가치관을 비난하지 않는다는 원칙이다.

따라서 사회복지사는 비심판적인 태도를 유지하는 것이 중요하다. 클라이언트는 대체로 사회복지사의 비판적 판단을 두려워한다. 특히, 죄책감, 열등감, 고독감이 있는 클라이언트는 극도로 민감하므로 사회복지사의 심판적 태도는 관계 수립에 장애가 된다. 사회복지사의 비심판적 태도는 클라이언트의 억압된 감정을 풀어주어 클라이언트는 자신에게 충실해지며, 분열된 자아를 재통합하려는 건설적 힘이 강화된다. 사회복지사는 클라이언트의 행동, 태도, 가치표준 등을 객관적으로 평가해야 하는데, 이는 그를 판단하기 위한 것이 아니라 이해하기 위함이다.

비심판적 태도의 장애요인으로는 ① 편견이나 선입견을 들 수 있는데, 클라이언트를 객관적으로 보기 어렵게 한다. ② 성급한 확신으로 클라이언트가 자신에게 심판적인 태도를 보인다고 느낄 수 있다. ③ 다른 사람과의 비교, 또는 유형화하려는 태도도 들 수 있는데, 클라이언트는 자신을 범주화한다고 느낀다. 또, 사회복지사에 대한 적개심과 같은 클라이언트의 부정적 감정표현을 들 수 있다.

여섯째, 클라이언트의 자기선택과 결정(client self-determination)을 내릴 수 있는 권리와 욕구를 실제로 인식하여 클라이언트가 모든 의사결정과정에 참여하여 스스로 선택하고 결정하는 자유를 누리게 하는 것이다. 클라이언트 스스로 자기가 나갈 방향을 결정하려는 것을 존중하며, 그 욕구를 결정하는 잠재적 힘을 자극하여 활동하게 할 수 있도록 도와준다. 클라이언트의 자기결정권은 적극적·건설적 결정을 내릴 수 있는 클라이언트의 능력 및 법률이나 도덕의 테두리 또는 사회기관의 기능의 테두리에 따라 제한받는다.

클라이언트의 자기결정에서 사회복지사의 역할은 ① 클라이언트가 자기수용을 할 수 있도록 원조한다. 그리고 클라이언트 자신 속에 있는 자원을 알게 한다. ② 클라이언트에게 적당한 사회적 자원을 알게 하며, 클라이언트가 자기 문제를 스스로 해결하도록 하며, 인격적 성장을 할 수 있는 분위기를 만들어준다. ③ 정보나 조언을 줄 수는 있지만, 최종 결정은 클라이언트가 하도록 한다.

자기결정 원칙을 적용할 때 사회복지사의 주의사항은 ① 사회복지사가 문제해결을 위한 중요한 책임을 지고, 클라이언트에게는 부차적인 역할만 하도록 하지 않는다. ② 클라이언트가 요구하는 서비스는 도외시하고, 클라이언트의 사회적·정서적 생활에 사소한 조사를 강조하지 않는다. ③ 직·간접적으로 조종하거나 강제적으로 설득해서는 안 된다.

사회복지실천에서 4가지 고려사항은 ① 직면한 문제를 해결하기 위한 다양한 대안들을 알고 있어야 한다. ② 주요 문제해결자는 사회복지사가 아니라 클라이언트임을 강조한다. ③ 사회복지사는 클라이언트의 자기결정을 돕기 위해 문제해결을 위한 다양한 의견을 제시할 수 있다. ④ 자기결정의 원리는 법적으로 강제성이 부여되는 사회복지사의 기능에서도 존중되어야 한다.

일곱째, 비밀보장(confidentiality)은 클라이언트가 전문적 관계에서 노출한 정보를 사회복지사가 전문적 치료 목적 외에 타인에게 알려서는 안 된다는 원칙이다. 사회복지실천의 가장 기본원칙이며, 사회복지사의 윤리적 의무이다. 그러나 비밀보장은 절대적인 것은 아니고, 예외적인 상황이 있다(비밀보장의 한계).

비밀보장에서 클라이언트의 욕구는 자신에 대한 비밀보장을 받고 싶어 한다. 이때 사회복지사의 반응은 전문적 관계에서 나타나는 클라이언트에 대한 정보를 보호하며, 사회복지사가 전문적 치료 목적 외에 타인에게 알려서는 안 된다. 그 결과 원조 관계, 과정에 대한 신뢰감을 느끼게 되어 적극적으로 참여하며,

클라이언트가 자기방어기제를 사용하여 자신을 왜곡하는 현상을 줄일 수 있으며, 사회복지사와 클라이언트 간 상호작용이 촉진된다.

비밀의 유형과 사회복지사의 윤리적인 의무는 ① 자연적 비밀(natural secret)로 드러나면 대상자의 명예를 손상하고 해를 주는 정보이다. ② 약속된 비밀(promised secret)로 말하는 사람이 듣는 사람과 비밀보장의 확인과 약속을 한 것이다. ③ 위임된 비밀(entrusted secret)로 드러내지 않을 거라는 이해가 있을 때 전달되는 비밀이다. 사회복지실천과정에서 위와 같은 세 가지 유형의 비밀이 모두 상존한다. 그러나 대부분 위임된 비밀이 많으며 사회복지사는 윤리적 의무를 지고 비밀을 지켜야 한다.

비밀보장과 관련된 갈등으로는 ① 클라이언트 자신의 내적 갈등으로 클라이언트 비밀보장의 권리와 다른 권리 및 의무와의 모순·충돌이다. ② 타인의 권리와의 충돌로 양쪽의 권리를 비교하여 중요한 권리를 택해야 한다. ③ 사회복지사의 권리와의 충돌로 클라이언트의 비밀을 보호하려면 사회복지사 자신의 권리가 박탈될 경우가 생길 수 있다. 이 경우에도, 양쪽 권리를 비교하여 중대한 편을 선택해야 한다. ④ 사회기관의 권리와의 충돌: 클라이언트의 비밀을 지키기 위해 기관의 사회적 사명과 권한을 넘는 조치를 강요당하는 경우가 있다. ⑤ 사회의 권리와의 충돌로 사익과 공익, 개인의 권리와 공공복지 간에 충돌이 있을 수 있다. ⑥ 개인은 사회적 존재이므로, 자기에게는 불리하더라도 사회공공의 복지를 위해 협력할 의무가 있다. ⑦ 클라이언트의 비밀보장에 대한 권리는 클라이언트 권리, 자신보다 더 높은 의무, 타인의 권리, 사회복지사가 속한 기관의 권리, 사회의 권리에 의하여 제한을 받는다.

3. 관계형성의 장애요인

사회복지사와 클라이언트의 관계는 변화의 중요한 도구이다. 따라서 이 양자 간의 관계에서의 문제점은 변화를 방해할 뿐 아니라 관계를 단절하여 도중에 사회복지사의 개입을 중단시키기도 한다.

일반적으로 관계형성의 장애요인으로는 첫째, 클라이언트의 불신으로 사회복지사의 온정, 관심, 공감하는 좋은 의도에도 어떤 클라이언트는 살아온 과정에서 격려와 인정을 받을 기회가 적으므로 사회복지사에게 의지하기가 쉽지 않고, 비난, 거부, 상처를 예상하여 방어적 태도를 보이게 된다. 이런 상황에서 클라이언트의 자기 노출은 어려워지고, 더 이상의 변화는 기대할 수 없다.

사회복지사는 신뢰하지 않는 클라이언트를 만나면 인내하고 참아야 한다. 신뢰와 긍정적 관계를 성립하기 전에 자기를 드러나게 하는 것은 클라이언트가 관계 중단을 재촉하는 결과를 가져온다. 이러한 클라이언트 중 많은 이들이 절박하게 도움이 필요하며, 약속을 제대로 지키지 않는 것은 동기가 부족하다기보다 회피하는 경향임을 인식하는 것이 중요하다. 사회복지사가 클라이언트의 회피행동 뒤에 숨어있는 두려움을 맞설 수 있도록 돕는다면 전문적 관계가 형성될 것이다.

둘째, 전이로 클라이언트가 다른 사람(대개 부모, 부모를 대신하는 사람, 형제자매)과 과거의 경험에서 비롯된 소망, 두려움, 그리고 다른 감정을 사회복지사에게 보이는 것이다. 이러한 감정들은 아주 어린 시절에 그 뿌리를 두고 있거나 과거의 경험했던 일에 대한 것으로 스스로 인식하지 못하는 경우가 많다. 예를 들면, 어린 시절 자신을 거부했던 어머니에 대한 감정 때문에 여성 사회복지사를 신뢰할 수 없는 클라이언트, 공공부조, 아동복지, 교정 세팅에서 많은 클라이언트가 정서적으로 박탈당한 배경이 있거나, 이전에 불신과 두려움을 주는 사회복지사를 만났거나, 클라이언트에게 모욕감과 분노로 대하였던 사회복지사에 대한 경험이 있거나, 클라이언트를 무기력한 존재로 간주한 사회복지기관에 대한 경험 때문에 사회복지기관을 찾는 데에 양가감정을 느낄 수 있는 경우이다. 이러한 전이 반응은 상황에 맞지 않는 비현실적인 왜곡을 낳아 변화에 대한 강한 저항을 일으킨다.

또한, 분노, 원망, 증오와 같은 부정적인 전이만이 저항으로 작용하는 것은 아니다. 긍정적인 감정도 마찬가지로 변화를 일으키지 못한다. 사회복지사는 클라이언트가 자신의 왜곡된 인지를 깨닫고 사회복지사를 비롯한 다른 사람들에게 정신적 이미지, 신념 또는 태도를 과잉 일반화하여 투사하는 것이 아니라 자신의 고유한 개인으로 차별화할 수 있도록 대인관계에서의 인지 능력을 개발하도록 해야 한다.

전형적인 전이 반응에는 다음과 같은 것들이 있다.

- 약속시간보다 지나치게 일찍 오거나 자주 늦거나 약속을 변경하는 경우
- 외모에 신경을 쓰고 사무실 외의 장소에서 만나기를 원하는 경우
- 사회복지사의 사회적인 사항에 관심을 두고, 알고 싶어 하며 사회복지사의 개인적 취미나 실내장식 등을 칭찬하거나 비난하는 경우
- 칭찬과 보증을 지나치게 기대하거나 항상 싸우려 하거나 논쟁을 하려는 경우
- 다른 클라이언트와 달리 특별한 대우와 배려를 원하는 경우

셋째, 역전이로 사회복지사가 클라이언트를 마치 자신의 과거 어떤 인물인 것처럼 느끼고 무의식적으로 그렇게 반응하는 것이다. 예를 들어, 어린 시절 자신의 형과 강한 경쟁의식을 가지고 자란 사회복지사가 또래의 남자 클라이언트에게 도전적이고 비판적인 경우, 부모에게 거부당한 감정을 해결하지 못한 사회복지사가 무관심하고 냉담한 클라이언트와 따뜻한 관계를 맺는 데 어려움을 겪는 경우이다. 역전이는 왜곡된 인식과 감추어진 부분, 소망과 치료를 방해하는 감정반응과 행동을 만들어내면서 관계를 악화시킨다.

역전이 반응에는 다음과 같은 것들이 있다.

- 클라이언트에게 지나친 관심을 두는 것
- 클라이언트에 대해 끊임없이 에로틱한 환상을 가지는 것

- 클라이언트와의 면접을 두려워하거나 너무 즐거워하는 것
- 특정 클라이언트와의 약속에 계속 늦거나 잊어버리는 것
- 클라이언트를 향해 적대감을 느끼거나 공감이 잘 안 되는 것
- 클라이언트의 어려움에 대해 다른 사람을 배타적으로 비난하는 것
- 끊임없이 지루함과 피곤함을 느끼거나 클라이언트를 거부하는 것
- 계속 면담을 일찍 마치거나 정한 시간을 넘기는 것
- 클라이언트를 감동하게 하거나 클라이언트에게 감동을 받으려고 지나치게 노력하는 것
- 클라이언트를 잃는 것에 대해 지나치게 염려하는 것
- 클라이언트와 논쟁하거나 방어적이거나 상처 입는 것

넷째, 저항으로 사회복지사와 클라이언트의 관계에서 변화를 방해하는 힘을 저항이라 한다. 저항은 개입목표와는 반대되는 클라이언트의 행동을 말하는데, 클라이언트가 이런 행동을 인식하고 있는 경우도 있지만, 의식하지 못하고 사회복지사의 눈에만 보이는 경우가 많다.

저항의 유형은 다음과 같다.

- **침묵**: 초보 사회복지사일 경우 가장 다루기 어려운 저항의 형태일 수 있다. 갑자기 말을 하지 않거나 할 말이 생각나지 않는다고 하거나 말하고 싶지 않다고 하는 경우이다
- **핵심에서 벗어난 주제를 말하는 것**: 개입의 목적, 문제해결과 관련 없는 이야기를 장황하게 하다가 핵심주제를 뛰어넘는 것 혹은 중요하나 고통스러운 내용을 꺼내면 못 들은 척하거나 다른 주제를 꺼내는 행동이다.
- **무력함의 표현**: '잘 안될 것이다', '소용없다'고 계속 무력감을 나타내는 것으로 변화를 원하지 않고 사회복지사를 무력하게 만든다.
- **문제를 축소하거나 마술적 해법을 기대하지 않는 것**: 문제에 대해 직면하지 않으며, 변화에 대해 노력을 하지 않으려는 것이다
- **저항의 심리를 행동으로 나타내는 것**: 과제를 잊었다고 하거나 수행하지 않는

것, 면담 약속시간을 지키지 않는 것, 면담 중 안절부절못하며 몸을 움직이거나 지루해하는 것 등의 행동이다.

다섯째, 양가감정으로 저항의 근원지를 찾을 수 있다. 즉, 인간은 변화를 원하여 도움을 청하면서도 동시에 익숙한 것을 버리고, 새로운 행동을 해야 하는 것에 대한 두려움으로 변화에 대해 저항을 하게 된다. 따라서 사회복지사는 양가감정이 매우 자연스러운 것임을 수용하면서 자유롭게 표현할 수 있도록 도와야 한다. 그렇게 함으로써 클라이언트는 자신의 양가감정을 인식하게 되고, 저항을 줄일 수 있게 된다. 또한, 클라이언트가 변화에 반대하더라도 클라이언트를 수용하고 클라이언트의 자기결정권의 측면에서 클라이언트의 권리를 옹호하면서 변화를 유도해야 할 것이다.

또 다른 저항의 근원지는 서비스와 개입에 대해 잘못된 이해를 하고 있거나 혹은 익숙하지 못한 상황에 직면하는 것이 두려워 저항을 보일 수 있다. 이런 경우 서비스와 기관이 특성을 제대로 설명해 주고, 필요한 것이 무엇인지 그리고 선택의 여지가 있는지 살펴보아야 하며, 클라이언트의 역할을 명확히 하고 클라이언트가 자유롭게 진행 여부를 선택할 수 있도록 돕는다. 이러한 저항을 예방하는 가장 나은 방법은 계약, 역할 명확화, 개입이유 설명, 질문유도 등 자기 결정을 촉진하는 것을 철저히 하는 것이다.

CHAPTER

08

사회복지현장실습의 과제물 작성 및 예시-1

1. 실습신청서
2. 실습생 프로파일
3. 실습생 출근부
4. 실습계획서 및 세부계획서

1. 실습신청서

사회복지현장실습을 진행하기 위해 실습지와 상담을 통하여, 기초정보를 득하여, 정리하여 실습신청서에 나타내게 된다.

작성법 및 예시 등록증

세부적인 양식은 각 대학이나 평생교육원별로 다를 수 있으나, 기본적으로 실습기관명과 슈퍼바이저 성명 및 자격급수, 실습기관 전화번호 및 주소, 실습기간, 실습 진행요일 및 시간, 실습생의 기본 인적사항을 기재하게 되어 있다.

예시 1

실습신청서

1. 실습기관

실습기관명	○○○ 사회복지시설	대표자명	홍길동
주　　소	서울시 종로구 ○○○○		
슈퍼바이저	홍길동	자격급수	1급
전화/팩스번호	(02) 000-0000/(02) 000-0000		
실습기간	2020. 3. 6.~2020. 4. . *실습시작과 종료일을 정확하게 기재		
실습진행요일	월~금/09시~18시		

- 실습기관 : 사회복지현장실습기관으로 등록된 기관(시, 군, 구 홈페이지 참조)
- 슈퍼바이저 자격요건
  - 1급 소지자 : 자격증 취득 이후 실무경력 3년 이상 가능
  - 2급 소지자 : 자격증 취득 이후 실무경력 5년 이상 가능

2. 실습생 인적사항

성 명	나실습	성 별	남	생년월일	1990. 11. 26.
소 속	○○대학교(사회복지학 전공)			학기	2020-1학기
주 소	서울시 종로구 ○○○○				
연락처	자택 : (02) 000-0000　휴대번호 : (010) 0000-0000				
E-Mail	woong○○○@han○○○○.ne○				

사회복지전공 필수 4과목, 선택 2과목 이상 이수자
상기 기관에서 현장실습을 하고자 신청합니다.

2020년 0월 0일

실습생 : ________(인)

○○대학교

예시 2

실습신청서

실습교육기관 : ______________________

1. 실습생 인적사항

성 명	나실습	성 별	남	생년월일	1990. 11. 26.
소 속	○○대학교 (사회복지학 전공)			학기	2020-1학기
주 소	서울시 종로구 ○○○				
연락처	자택 : (02) 000-0000 휴대번호 : (010) 0000-0000				
E-Mail	woong○○○@han○○○○.ne○				

2. 실습 의뢰내용

실습 부서	
실습 분야	
실습 내용	
실습 기간	2020. 3. 6. ~ 2020. 4. 5. *실습시작과 종료일을 정확하게 기재

* 상기 내용으로 귀 기관에 실습신청을 의뢰하며 실습생 신청서를 동봉합니다.

신청인(학생명) : ____________(인)
실습지도교수 : ____________(인)
학과장/대학원장 : ____________(인)

○○대학교

2. 실습생 프로파일

실습생 프로파일은 학교와 실습지에 실습생의 기본 인적사항, 이수 전공과목, 경력사항, 사회복지를 전공하게 된 동기, 실습기관 선택 이유, 실습을 통해서 성취하고자 하는 목표, 실습을 마친 후 목표달성 정도를 파악할 수 있는 기준, 사회복지를 실천하는 데 있어 자신의 강점과 약점, 취미 및 특기, 실습기관·실습지도자 및 실습지도교수에게 바라는 점 등을 기술하게 되어 있다.

예시 〈2020. 9. 3 일지보고서 내용 중〉

실습생 프로파일

1. 인적사항

<table>
<tr><td rowspan="5">사진
*필히 사진을
첨부한다.</td><td>실습생명</td><td>나실습</td><td>성 별</td><td>남</td><td>생년월일</td><td>1990. 11. 26</td></tr>
<tr><td>소속</td><td colspan="5">○○대학교 (사회복지학 전공) (1 학기)</td></tr>
<tr><td>주소</td><td colspan="5">서울시 종로구 ○○○○</td></tr>
<tr><td>전화번호</td><td colspan="5">010-0000-0000</td></tr>
<tr><td>E-mail</td><td colspan="5">woong○○○@han○○○○.ne○</td></tr>
</table>

2. 이수 전공과목

교과목명	이수 완료	현재 이수	교과목명	이수 완료	현재 이수	교과목명	이수 완료	현재 이수
사회복지개론			인간행동과 사회환경			사회복지실천론	V	
사회복지실천기술론	V		지역사회복지론	V		사회복지정책론	V	
사회복지행정론			사회복지법제와 실천			사회복지조사론	V	
사회복지자료분석론			프로그램개발과 평가			가족복지론		
아동복지론	V		청소년복지론			노인복지론	V	
여성복지론			장애인복지론			정신건강론	V	
정신건강사회복지론			의료사회복지론			학교사회복지론		
산업복지론			자원봉사론			사회문제론		

교과목명	이수 완료	현재 이수	교과목명	이수 완료	현재 이수	교과목명	이수 완료	현재 이수
사회복지역사			사회보장론			교정복지론		
가족상담 및 가족치료			사회복지와 인권			국제사회복지론		
국제사회복지론			복지국가론			빈곤론		
사회복지윤리와 철학			사회복지지도감독론			사회복지현장실습		
사례관리론			사회복지와 문화다양성					

3. 경력

구분 (취업, 실습, 봉사)	기관	기간	내용
취업	○○연금관리공단	2010. 11. 20.~현재	6급 사무직

4. 사회복지를 전공하게 된 동기

○○연금관리공단에 입사하여 국민의 생활안정과 복지증진을 위해 국가에서 시행하는 사회복장제도인 국민연금제도를 접하다 보니 사회복지 전반, 세부적인 부분에 대하여 이론적, 실제적 측면을 공부하고자 전공을 결심하게 되었습니다.

5. 실습기관 선택 이유

종합사회복지관에서의 현장실습을 통해 학교에서 배운 이론을 실제에 적용할 기회를 갖고, 전문가로서 갖추어야 할 태도, 지식, 기술을 습득하여 사회복지사의 자질과 능력을 향상하고자 귀 기관을 선택했습니다.

6. 실습을 통해서 성취하고자 하는 목표

1) 전문가로서의 자신의 강점과 약점을 분석하고 자신에 대한 통찰력 고양
2) 기관분석을 통해 지역사회관의 조직 및 운영체계 숙지
3) 이론과 실제를 직접 경험, 습득함으로써 사회복지사의 역할, 기능 숙지
4) 사례관리 절차와 개입방법을 설명하고 이를 실천에 적용할 수 있음.

7. 실습을 마친 후 목표달성 정도를 파악할 수 있는 기준

종합사회복지관에 대한 올바른 인식과 대상자를 위한 프로그램과 업무 및 다양한 서비스 기술을 습득하고 활용하는 데 그 목표를 두고 있다.

8. 사회복지를 실천하는 데 있어 자신의 강점과 약점

1) 사회복지 지식 및 기술의 측면 강점
  - 사회복지 관련 분야에서의 업무경험으로 사회복지에 대한 기본적인 이해
  - 실습선수과목으로 사회복지 필수과목과 정신보건복지 관련 이론 습득

2) 개인적인 특성 측면 강점
  - 사회인이면서 동시에 학생이라는 신분을 갖고 있기에 이론과 실제의 상호성 이해
  - 사회복지실습과정에서 실습이 대학의 수업과 연결된 사실을 인지, 상황포착능력 및 적용기술
  - 매사 심사숙고하는 자세
  - 정신보건복지라는 분야에 대해 자원봉사 등의 실전 경험이 부족하여 새로운 분야를 배우는 것에 대한 두려움이 있으나, 이번 실습, 훈련, 교육을 통해 충분히 극복되리라 사료됨.

9. 취미와 특기

취미는 여행과 영화 보기이고, 특기는 이야기 들어주기

10. 실습기관, 실습지도자 및 실습지도교수에게 바라는 점

정기적인 실습지도 시간에 보다 구체적이고 실질적인 지도를 부탁드립니다.

3. 실습생 출근부

출근부는 사회복지현장실습 진행하는 회기마다 실습생 확인과 실습지도자 확인을 받는다. 출근부는 수기로 작성하는 것을 원칙으로 하며, 이는 회기마다 실습생 확인과 실습지도자 확인을 받아야 하기 때문이다.

먼저, 출근시간은 실습지에 도착하는 시각을 적는 것이 아니라, 실제로 실습을 시작하는 시각을 적게 된다. 통상적으로 09:00와 같은 형식으로 적게 된다. 마찬가지로 퇴근시간은 실습지를 떠나는 시각을 적는 것이 아니라, 실습을 마무리하는 시간을 적게 된다. 통상적으로 18:00와 같은 형식으로 적게 된다. 실습시간은 1일 최소 시간 4시간 이상이며, 최대 8시간을 초과하여 진행할 수 없다.

실습생 확인은 실습생 실명 기재 후 날인하는 방법으로 기재하며, 실습지도자의 경우도 마찬가지로 실명 기재 후 날인하는 방법으로 기재한다.

지각, 조퇴, 결근 여부 및 사유가 발생하면 공란에 기재해준다.

실습생 출근부는 각 학교 및 평생교육원에 따라 양식이 다르나, 대체로 위의 방법으로 출근부를 작성하게 된다.

실습 총 시간 합계는 실습생 출근부에 기재된 시간과 실습 일지상에 기재된 시간을 맞춰서 기재하며, 160시간(단, 2020년 이전 사회복지 관련 과목을 1과목이라도 이수한 자는 120시간) 이상의 실습이 진행되도록 조정해야 한다. 중간중간 실습시간을 다르게 진행하여 최종 점검시 160시간에(단, 2020년 이전 사회복지 관련 과목을 1과목이라도 이수한 자는 120시간) 미달하는 시간이 나오면 그 부족한 만큼의 시간을 채워야 한다. 그러니, 최종적인 실습시간에 대한 누적시간을 잘 계산하면서 실습에 임해야 한다.

예시

실습생 출근부

성명 : 나실습　긴급연락처 : 010-0000-0000　전자우편 : woong○○○@han○○○○.ne○

월/일	출근시간	퇴근시간	실습시간 (1일)	실습생 확인	실습지도자 확인	지각, 조퇴, 결근 여부 및 사유
3/6	09:00	14:00	4	나실습	홍길동	
3/7	09:00	18:00	8	나실습	홍길동	
-	-	-	-	-	-	
-	-	-	-	-	-	
-	-	-	-	-	-	

실습 총 시간 합계	시간 / 일 *실습시간은 160시간 이상, 실습일은 20일 이상

* 기재요령 : 반드시 수기로 작성하며, 출근시간, 퇴근시간 표시. 퇴근시 실습생 및 실습지도자가 확인하며, 지각, 조퇴, 결근시 그 사유를 함께 기록(결근시는 대체실습일 반드시 기록)함.

4. 실습계획서 및 세부계획서

실습일정에 따른 실습내용을 정리한 세부계획서를 실습기관에서 제공한다. 이 실습계획서에 따라 실습이 진행되므로 실습계획서를 미리 받아두는 것도 유용하다.

예시 1 〈2020. 9. 3 일지보고서 내용 중〉

실습계획서

실습지도자 : 이○○

1. 실습일정

횟수	월/일	시간	실습내용	담당	과제
1	0월 0일	09:00~18:00	• 실습전반 소개 및 기관소개 • (교육 1) 인간관계훈련	이○○	기관프로파일 *실습일지 매회 제출
2	0월 0일	09:00~18:00	• (교육 2) 지역사회복지관의 이해 • 회원관계형성 교육 : 자기발견	이○○	과제 1) 기관프로파일 과제 2) 지역사회복지관
3	0월 0일	09:00~18:00	• 교육 3) 재가복지센터의 이해 • 회원관계형성 교육 : 자기발견	이○○	과제 3) 재가복지사업이해
4	0월 0일	09:00~18:00	• 교육 4) casemanagement 이론과 실제 • case finding 1	김○○	과제 4) 사례관리이해
5	0월 0일	09:00~18:00	• 교육 5) 재가노인 사례연구 • case finding 2	이○○	과제 5) case study 1 자료
6	0월 0일	09:00~18:00	• case conference 1 • 가정방문 1	이○○	과제 6) case study 2 자료
7	0월 0일	09:00~18:00	• case conference 2 • 가정방문 2	이○○	과제 7) case study 2 자료
8	0월 0일	09:00~18:00	• 교육 6) 프로그램 계획 및 평가 • 가정방문	박○○	
9	0월 0일	09:00~18:00	• case conference 2(개입전략수립) • 가정방문 3	이○○	과제 8) 프로그램계획서 1

횟수	월/일	시간	실습내용	담당	과제
10	0월 0일	09:00~ 18:00	• self study 1(프로그램계획) • 기관방문(day care center) •중간평가서 작성	이○○	과제 9) 프로그램계획서 2 과제 10) 중간평가서
11	0월 0일	09:00~ 18:00	• self study 2(프로그램계획)	이○○	과제 11) 프로그램계획서 3
12	0월 0일	09:00~ 18:00	• self study 3(프로그램계획)	이○○	과제 11) 프로그램계획서 4
13	0월 0일	09:00~ 18:00	• self study 4(프로그램계획)	이○○	
14	0월 0일	09:00~ 18:00	• self study 토론-1	이○○	이행1) 토론 및 QA
15	0월 0일	09:00~ 18:00	• self study 토론-2	이○○	이행2) 토론 및 QA
16	0월 0일	09:00~ 18:00	• self study 토론-3	이○○	이행3) 토론 및 QA
17	0월 0일	09:00~ 18:00	• self study 토론-4	이○○	이행4) 토론 및 QA
18	0월 0일	09:00~ 18:00	• 프로그램 실행	이○○	
19	0월 0일	09:00~ 18:00	• 사례보고서	이○○	과제 12) 사례종결보고서
15	0월 0일	09:00~ 18:00	• 종결평가	이○○	과제 13) 종결평가서

2. 실습생의 책임과 과제

1) 학습목표

- 지역사회복지관의 구조와 기능 및 지역사회와의 관계를 이해
- 재가복지사업 이해 및 재가 노인 중심의 사례관리 이해
- 사례 발굴 및 개입을 통한 사례관리 과정기술 습득
- 프로그램 계획 및 실행 평가 등 일련의 과정 경험 통한 기술습득

2) 역할

- 준 직원으로서의 기본자세 유지
- 과제제출 기한 엄수
- 기관 및 대상 개인 비밀 보장
- 출퇴근 엄수
- 실습 중 발생하는 클라이언트 관련 정보, 기관 기밀, 절대 보안 유지

3) 기타 참고도서
- 지역사회복지론/류○훈(동인출판사)
- 재가복지/손○숙(양서원)
- 사례관리실천의 이해/정○돌(학지사)
- 프로그램개발과 평가/지○구(학지사)

예시 2(장애인거주시설)

실습계획서

○슈퍼바이저 : 홍길동

1. 실습목적

사회복지전공자가 교육현장에서 배운 지식과 기능을 사회복지현장에서 적용할 수 있도록 사회복지이론과 기술을 적용하여 전문역량을 발전시킬 수 있도록 한다.

2. 실습목표

가. 장애인의 대한 이해와 케어 기술
나. 사회복지사로서의 가치와 윤리 함양
다. 장애인의 재활을 위한 프로그램 개발

3. 실습분야 : 장애인복지

4. 실습기간 : 2020. 3. 6(월)~2020. 4. 5(금) (1일 8시간/20일)

5. 실습대상 : 나실습(○○대학교)

6. 실습슈퍼비전 방법

1) 개별실습 슈퍼비전 방법 :

(1) 초기단계(1~8회차)
- 지지적 슈퍼비전 제공 : 새로운 환경에의 적응, 업무에 대한 책임

(2) 중기단계(9~14회차)
- 행정적 슈퍼비전 제공 : 조직의 정책과 규율, 실습생의 책임과 권한 이해
- 맞춤형 슈퍼비전 제공 : 실습생 각각의 의지와 능력(기술과 지식)을 기초한 개별화 수

퍼비전 제공, 개인별 맞춤 피드백 제공

(3) 종결단계(15~20회차)
- 실습기간 중 학습한 실천기법과 기술을 정교하고 확고히 하고, 기관의 맥락과 문화, 지역사회, 대상에 대한 이해의 폭을 확장, 클라이언트와의 전문적 관계의 종결법 학습
- 사회복지 전문직에 대한 정체성 형성
- 실습목표의 달성 정도, 실습 슈퍼비전과 실습 자세, 성장 등에 대한 전반적 평가 실시

(4) 슈퍼비전 횟수 : 총 20회

(5) 슈퍼비전 시기 : 매회 차마다 제공

2) 집단실습 슈퍼비전 방법 :
- 동료실습생과의 관계형성, 실습생의 부족한 지식과 기술을 보완, 집단 의사소통 지지, 사회 이슈화 문제 토의, 해결점 모색, 의견 공유 및 대안 모색과 제언

7. 실습일정

주	월/일	시간	실습내용	담당	슈퍼비전	과제물
초기	3. 6	8	실습 오리엔테이션 서비스케어기술 습득훈련	홍길동 이사례	초기단계	-
	3. 7	8	거주인 현황 파악 서비스케어기술 습득훈련	홍길동 이사례	초기단계	-
	3. 8	8	기관의 분석 서비스케어기술 실습	홍길동 이사례	초기단계	-
	3. 9	8	행정업무	양행정	초기단계	-
	3. 10	8	장애 종류 15종에 대한 이해 서비스케어기술 실습	홍길동	초기단계	-
	3. 13	8	장애인 인권 서비스케어기술 실습	홍길동	초기단계	-
	3. 14	8	장애인 인권 서비스케어기술 실습	홍길동	초기단계	-
	3. 15	8				
중기	3. 16	8	사례관리 서비스케어기술 실습	이사례	중기단계	사례관리 보고서 제출
	3. 17	8	시설 관리 운영 서비스케어기술 실습	위운영	중기단계	-
	3. 20	8	홍보와 후원	성홍보	중기단계	-
	3. 21	8	직업재활프로그램(직업훈련) 서비스케어기술 실습	선재활	중기단계	-
	3. 22	8	자원봉사자에 대한 이해와 관리	장봉사	중기단계	-
	3. 23	8	거주인 의료 지원서비스	지의료	중기단계	-

			서비스케어기술 실습			
종결	3. 24	8	프로그램 계획	홍길동	종결단계	프로그램 계획서 작성 및 진행
	3. 27	8	프로그램 진행	홍길동	종결단계	
	3. 28	8	프로그램 계획	홍길동	종결단계	
	3. 29	8	프로그램 계획	홍길동	종결단계	
	3. 30	8	프로그램 계획	홍길동	종결단계	
	4. 05	8	실습 서류 검토 및 종결평가	홍길동	종결단계	–

8. 실습생의 책임과 과제

① 실습의 가치를 이해하며 유효적절하게 실습에 임한다.
② 기관 및 지역사회에 적응하고, 그 구성원의 한 사람으로서 적극적인 협력, 친화적 관계를 유지한다.
③ 기관의 운영방침, 내규, 복무규율 등을 이해하며 적응 위반하는 일이 없도록 한다.
④ 동료실습생이나 클라이언트에게 학교에서 배운 전문용어를 자제하고 기술과 자신을 지나치게 과시하지 않는다.
⑤ 출근 즉시 출근부에 확인을 하고 근무시간이 직원과 같음을 알아야 한다.
⑥ 서면보고는 문장을 간결하게 알아보기 쉽도록 문서화하되 의사소통기술과 자기표현을 적절히 할 수 있도록 한다.
⑦ 업무지시는 주의하여 듣고 메모하며 실습기관업무에 방해가 되지 않도록 한다.
⑧ 주어진 과제나 업무는 책임감 있게 적극적으로 처리한다.
⑨ 시간과 약속을 정확하게 지키며 책임감 있게 성실한 자세로 임한다.
⑩ 기관의 직원들 간에 알력이나 갈등이 있다면 모른 체 중립을 지킨다.
⑪ 기관의 직원과 상호 협조 노력하며 갈등이 생길 경우 기관의 슈퍼바이저나 지도교수와 의논하고 배우는 자세로 먼저 관용을 베풀도록 노력한다.
⑫ 긍정적이고 적극적인 태도와 발전과 도약을 위한 정신자세를 지니도록 한다.
⑬ 실습지도자와 기관장의 지시와 가르침을 잘 익혀 실습효과를 높일 수 있도록 노력한다.

9. 참고도서

- 장애인복지론(동문사)
- 사회복지 프로그램개발과 평가(양서원)
- 케어복지 실천기술론(양서원)
- 사회복지현장실습의 이해와 실제(동문사)

예시 3(장애인보호작업장) 〈2020. 9. 3 일지보고서 내용 중〉

실습지도계획서

○실습지도자 : 홍길동

1. 실습목적 : 실습을 하는 동안 사회복지사로서의 자질과 올바른 마음가짐을 배우고, 사회복지분야 장애인복지에 대한 지식과 장애인을 보는 시각을 변화시킨다.

2. 실습목표 : 실습현장실습을 통하여 봉사활동으로써의 장애인복지 시설의 운영

3. 실습분야 : 장애인직업재활시설

4. 실습시간 : 20일 160시간

5. 실습대상 : 장애인, 소년소녀가장, 노인 등 가난하고 소외된 이웃

6. 교육계획

단위시간	내용	담당	비고
매일	이용자관리(이름과 성황 파악하기)	슈퍼바이저	
1회(1시간) 2회(1시간)	사례관리(사정, 서비스실시, 종결, 사후처리)	슈퍼바이저	기관 내 대상자
실습 2주차	프로그램계획과 진행 및 평가	슈퍼바이저	프로그램계획 프로그램 평가서

7. 실습지도방법
   - 개별실습지도 계획 : 실습기관 및 이용자들에게 제공하는 서비스에 대해 이해하기
   - 집단실습지도 계획 : 행정 및 문서관리에 대한 교육 또는 프로그램 계획 및 진행(평가)
   - 기타 계획 : 행정적, 교육적, 지지적, 교육실시

8. 실습일정

주	월/일	시간	실습내용	담당	과제물
1		8	오리엔테이션(기관현황 파악) 실습일지작성요령	실습지도자	실습생서약서 작성
		8	위생지도프로그램 대상자 안전지도	실습지도자	클라이언트 파악

		8	작업활동 프로그램 준비	실습지도자	클라이언트 이름파악
2		8	클라이언트 파악 및 후원처 관리요령 설명	실습지도자	
		8	client에게 제공되는 서비스 일상생활, 신체활동 서비스 제공	실습지도자	클라이언트 비만관리와 식습관
		8	프로그램보조 및 식사준비 돕기		대상자 참여도
3		8	클라이언트 사례관리 회의 및 계획	실습지도자	CT욕구파악/관찰
		8	직업재활프로그램 진행	실습지도자	프로그램 자료수집
		8	사례관리(대상자 관찰)	실습지도자	client 욕구조사
		8	사례관리(서비스 실시)	실습지도자	client 관찰
		8	사례관리(서비스 실시)	실습지도자	client 관찰
		8	사례관리(서비스 실시)	실습지도자	client 관찰
		8	사례관리(서비스 실시)	실습지도자	client 관찰
4		8	작업장 관련 설명	실습지도자	작업장 탐방
		8	작업장 관련 설명	실습지도자	작업장 탐방
		8	작업장 관련 설명	실습지도자	작업장 탐방
		8	기관 내 자원관리(인적, 물적)	실습지도자	
		8	자원봉사자 관리	실습지도자	
		8	실습마무리(질의응답)	실습지도자	
		8	실습종결	실습지도자	

9. 실습생의 책임과 과제

- 실습의 목적과 중요성을 충분히 이해하고, 실습기간 대학에서 학습된 이론을 구체적으로 적용하는 과정임을 인식하고 최선을 다한다.
- 사례관리

10. 참고도서

- 운명보다 강한 열정
- 장애인 복지행정 실현(안규현)
- 장애인 복지사업 안내 지침서
- 경영컨설턴트 매뉴얼

CHAPTER

09

사회복지현장실습의 과제물 작성 및 예시-2

1. 일지
2. 실습기관분석보고서

1. 일지

실습일지는 실습지도계획서에 명시된 구체적인 일정에서 경험하는 것을 매회 기록하는 것으로, 실습일정 및 진행내용, 실습생의 의견, 실습지도자의 총평(슈퍼비전 혹은 코멘트) 등이 포함된다. 먼저, 실습일정 및 진행내용은 실습일과에 대해 시계열적 방법으로 간략히 실습내용과 함께 기록한다. 실습생의 의견은 실습일과를 통해 배운 점들을 기록하는데, 주관적인 감정서술이나 일기형태로 기록하지 않도록 주의한다. 또한, 실습지도자와의 간접적인 의사소통 체계나 학습도구로써 활용될 수 있어 실습시 갖게 되는 건의사항 또는 의문점에 대하여 질문한다. 이에 대해 실습지도자는 실습지도자 총평을 통해 실습생의 질문이나 배운 점 등에 대해 간단한 답변을 기록한다.

1) 실습일지 작성

실습생은 실습이 진행되는 동안 모든 내용을 기록으로 남겨야 한다. 특별히 실습일지는 하루 동안 일어나는 모든 진행상황을 빠짐없이 기록해야 하는데, 이를 위한 서식이 마련되어 있다.

2) 실습일지의 목적

실습시간을 어떻게 보냈으며, 무슨 업무를 하였는지 혹은 어떠한 경험이나 관찰을 하였는지 기록함으로써 실습생 자신과 실습지도자, 실습지도교수는 학습목표를 성취하기 위한 과정에서 수행된 구체적인 활동을 살펴볼 수 있게 된다. 실습생이 수행한 업무내용뿐만 아니라, 자신의 업무수행에 대한 분석 및 평가를 한다면, 실습생 스스로가 자신의 장점, 부족한 점을 인식하여 학습경험의 질적 향상에 기여할 수 있게 되며, 실습지도자는 실습업무 수행활동에 대한 실습생의 반응과 태도를 알 수 있게 된다. 또한, 실습일지를 통하여 자신의 업무수행뿐만 아니라 기관의 업무수행상 발견한 문제점도 지적하고 발전적인 제언을 한다면, 기관운영에 간접적으로 기여할 수 있게 된다.

3) 실습일지의 작성방법

실습일에 무엇을 했는지 알아볼 수 있는 가장 편리한 방법은 시간대별로 모든 활동(예컨대, 직접 수행, 관찰, 교육 등)의 내용을 기록하는 것이다. 실습생은 각 활동내용뿐 아니라 활동에 대한 의견을 제시하고, 전체 실습일정 및 자신의 실습 수행에 대한 평가와 제언을 제시한다. 실습일지는 공식적인 실습지도시간 전에 반드시 실습지도자에게 제출하며(일반적으로 실습 당일 아침), 실습지도자는 지도란에 실습일지 내용에 대한 슈퍼비전을 제공한다.

예시 1(장애인 거주시설) **〈2020. 3. 일지보고서 내용 중〉**

실습일지

No. ____

실습생	실습지도자
나실습 (인)	홍길동 (인)

실습 시간	2020년 3월 20일 09시 00분~18시 00분
실습 목표	교육(사회복지프로그램 개발과 평가)
실습 내용 (시간 및 내용 위주로 구체적 기술)	09:00~10:00 실습일정 점검 10:00~11:00 교육1(사회복지프로그램 개발과 평가) 11:00~12:00 서비스케어기술 습득훈련(거주인 식사지도 지원) 12:00~13:00 점심식사 및 휴식 13:00~14:00 교육2(사회복지프로그램 개발과 평가) 14:00~15:00 교육3(사회복지프로그램 개발과 평가) 15:00~16:00 서비스케어기술습득훈련(신변처리지도-목욕 및 의복착탈의 지도) 16:00~17:00 거주인과 상호작용(자유시간) 17:00~18:00 서비스케어기술 습득훈련(거주인 배식지원) * 실습진행이 1시간을 넘어서 진행이 되더라도 시간을 시간대별로 정리하여 작성하도록 한다. 사진 / * 실습일정에 따른 사진 삽입	사진 / * 실습일정에 따른 사진 삽입
실습생의견 (소감, 과제, 건의 사항)	오늘은 사회복지프로그램 개발과 평가에 대한 교육을 받았다. 한 학기 분량의 교육을 받았고, 지속적으로 강조하시는 것이 프로그램에 대한 개발과 평가에 대한 중요도를 짐작할 수 있었다. 내가 하는 업무에서도 잘 적용할 수 있을 듯하고, 차후에 사회복지 분야에서의 성장을 위한 기틀을 잘 마련해보리라 다짐한다.
실습지도자의 의견	사회복지에서 프로그램은 지대한 영향력을 지니고 있습니다. 그래서 더욱 힘주어 이야기하게 됩니다. 프로그램을 개발과 평가는 어느 분야에서 업무하던 꼭 필요한 것입니다. 처음부터 잘 익히고 숙달시키면 유용하게 활용할 수 있을 것으로 생각됩니다. 잘 익히고 숙달시키셔서 사회복지분야에 합당한 프로그램을 개발해 보세요. ** 실습지도자 의견은 자필로 작성하게끔 하고 있다.

예시 2(장애인 주간보호센터) 〈2020. 9. 일지보고서 내용 중〉

실습일지

실습지도자	기관장

기관명	○○○장애인주간보호시설 2020년도 10월 29일(수요일)	출근시간	09:00
		퇴근시간	18:00
오늘의 목표	아이들과 터놓고 친해지기		

실습진행내용	시간(장소)	내용
	09:00~10:00(강당, 방)	아이들과 아침운동하기〈중증장애인 아이들 마사지 및 스트레칭〉
	10:00~11:00(전시실)	시설 가족들과 정리 및 청소하기
	11:00~12:00(작업장)	낱말 맞추기 교육〈기초학습능력 기르기〉
	12:00~13:00(식당)	점심식사, 김○희·이○래님의 점심봉사〈지체장애인 식사 도우미, 양치질 도우미〉
	13:00~13:30(강당)	야외활동 전 찬양과 율동 배우기〈당신은 사랑받기 위해 태어난 사람을 부르며 수화 동작 배우기〉
	13:30~15:00 (앞산공원과 충혼탑)	산책 및 야외활동〈중증 장애인을 제외한 지적장애 아이들 18명과 함께 산책하며 이야기 나누기, 준비해온 간식 먹기〉
	15:00~17:00(샤워실)	야외활동 후 목욕 도우미〈머리 감기, 샤워, 양치질, 옷 입히기, 머리 빗기, 샤워실 정리 및 청소하기〉
	17:00~18:00 (사무실 및 작업장)	아이들과 함께 뒷정리 및 홈페이지에 사진 올리기와 검색하기, 내일 일정 안내 및 준비, 아이들과 인사 나누기

실습생 의견	
	이제 실습 3일째다. 제법 아이들이나 기관의 식구들과도 친해졌다. 아직 어색한 부분이 있긴 하지만, 부족하고 모르는 부분에 대해서는 직접 질문을 하면 자세하고 친절하게 대답해 주었다. 그리 넉넉하지 않다고 말하면서 사비로 점심봉사를 하시는 분들을 보니 내가 너무 부끄럽게 느껴졌다. 작은 성의라도 봉사하는 데 적극적으로 나서야 한다는 생각이 들었다. 야외활동은 미숙하겠지만, 수화를 배우려는 진지한 자세나 야외활동 간다고 소리를 지르며 좋아하는 것을 보니 장애가 있으나 없으나 아이들은 모두 똑같았지만, 30분 만에 지치고 말았다. 그리고 지적수준이 어린이집 아이들 정도이다 보니 세심한 배려가 필요하고 신경 쓸 것도 많았다. 목욕하는 시간에는 씻겨주는 동안 이야기를 나누다 보니 그들의 가족들이 얼마나 힘들까라는 생각을 했다. 하지만 신앙으로 극복해 나가고 있었다. 조금은 지친 하루였다.

실습지도자 및 기관장 의견	지도교수 검인란

예시 3(노인복지관) 〈2017. 3. 일지보고서 내용 중〉

실습일지(10회)

2017년 3월 20일(월요일)	결재	실습생	지도자	기관장
		나실습㊞	홍길동㊞	홍길동㊞

실습목표	사회복지현장 실습 이수와 복지관에 대한 이해 및 실무참여를 통한 전문성 습득	
세부목표	지역사회재원 개발과 홍보교육의 필요성	
시간	진행 일정	수행 과업
09:00~10:00	일일 실습 일정 오리엔테이션	
10:00~11:00	지역사회재원개발과 홍보교육	사회복지시설과 지역사회의 관계 이해, 발전단계
11:00~12:00	지역사회재원개발과 홍보교육	사회복지시설 홍보의 필요성
12:00~13:00	점심시간	
13:00~14:00	중간평가회/의견나눔	과제의견/기초연금, 사회서비스 전자바우처 제도
14:00~15:00	중간평가회/의견나눔	과제의견/서울디딤돌, 희망플러스, 푸드뱅크, 푸드마켓
15:00~16:00	중간평가회/의견나눔	과제의견/건강가정지원센터, 정신건강증진센터, 노인학대, 성
16:00~17:00	중간평가회/의견나눔	실습중간과정에서 느낀 점
17:00~18:00	일일실습 평가 및 supervision	

실습생 수행과업에 따른 구체적 실습내용

1. 사회복지시설과 지역사회
   1) 사회복지시설과 지역사회의 관계
      탈시설화, 지역사회보호 등의 영향과 지역복지 수요의 확대에 따라 시설의 수용보호만 아니라 지역복지에 대한 역할이 커지고 있다. 시설의 사회화는 시설과 지역사회와의 상호교류 및 지역사회의 중요한 복지공급자원으로서의 의미를 강조한다. 시설의 공공성을 강조하는 의미를 포함하고 있으며, 시설의 개방과 공공성을 전제조건으로 하는 지역사회 내·외 환경 간의 상호교류가 매우 중요시되고 있다.

   2) 지역사회에서 사회복지시설의 역할
      ① 시설이용자의 생명을 지키고 생활을 지원하며, 그들의 발달, 장해 등의 치료, 훈련, 회복을 원조하여 이용자의 사회적 자립을 지원하는 것.
      ② 가족생활지원의 의의로서 시설이용을 통하여 그 가족의 생활을 지원하고, 가족의 자립을 지원. 확보하는 것.

실습생 수행과업에 따른 구체적 실습내용

③ 원조를 통해서 지역사회 사람들의 생활을 지원, 생활면에서 기본적 인권을 지키는 것.

④ 시설병설의 재택복지서비스 시설을 통한 지역주민의 생활원조와 복지원조의 역할을 이행하는 것.

⑤ 실상을 사회에 적절히 알리며, 사회복지에 대한 사회적 이해를 넓히고 심화시키는 것.

3) 사회복지시설과 지역사회와의 관계정립

시설운영자는 시설의 강점을 살려서 지역사회와의 관계에 적극 활용하여 지역사회와 상호교류적인 관계가 이루어지도록 노력을 기울여 나가야 한다.

4) 사회복지시설의 사회화

지역사회의 사회복지시설과 시설생활자에 대한 부정적인 편견의 해결은 시설과 지역사회 간의 상호교류를 확대하는 것이다. 지역주민이 참여하여 시설경영을 투명하게 하여 시설이 설비나 복지전문적인 여러 가지 기능들을 제공해야 한다.

5) 시설사회화의 발전단계

단계	사회화의 동인	사회화의 형태	요점
전단계 상대적 거부 단계	어쩔 수 없이 개방 (가능하다면 거절하고 싶다)	• 외부시설 관계자·유력자에 의한 자원봉사, 견학을 받음 • 한정된 사람에 대해서 장소 제공	폐쇄성 지향
제1단계 소득적·수신적 사회화단계	• 지역사회의 활동에 수신 • 지역사회에 관심	• 자원봉사 받음 • 장소제공	장소제공에 머무름
제2단계 초기 상호관계에 있어서의 사회화 단계	• 지역사회와의 관계, 활동의 시작 • 이것을 의무, 해야 할 일이라고 인식	• 장소제공 • 인적자원으로서의 협력 • 기능제공	초기적인 직원의 참가
제3단계 이념적으로 의식화된 사회화단계	• 인권옹호와 처우향상이 필요조건이라는 인식 • 지역의 복지욕구 충족	• 다른 사회자원과의 교류 • 서비스의 향상을 위해서, 외부로부터 전문적인 인적자원을 받아들임 • 시설이용자와 지역주민과의 유기적, 신뢰적 교류 • 지역복지센터적인 존재인식	• 의식화된 직원의 참가 • 시설이용자, 가족의 참가 • 지역주민의 의식변혁과 참가 • 행정에 의한 조건정비

실습생 수행과업에 따른 구체적 실습내용	6) 지역복지시설에서의 홍보 • 홍보의 필요성 ① 사회적 자원을 동원하고 수혜대상자들에게 해당 사회복지 시설의 목표와 특징, 기능과 사업내용을 공지하여 복지프로그램의 효과적인 사용을 유도하는 기능수행 ② 개인과 가족 또는 사회적 위기를 예방할 수 있는 다양한 프로그램 내용을 소개 ③ 예방기능은 고립되거나 역경에 처한 사람들에게 유용한 재활의 정보를 제공하고, 자조 또는 원조집단에 대한 유용한 정보와 기능의 제공 및 그들의 의욕을 고취시켜 준다. 2. 중간평가회/과제의견나눔 기초연금, 사회서비스 전자바우처제도, 서울 디딤돌 사업, 푸드뱅크·푸드마켓, 건강가정지원센터, 정신건강증진센터, 노인보호전문기관, 다문화가정지원센터, 노인의 학대, 성, 인권의 문제점 등 의견공유
실습생 의견	노인복지관의 홍보방법 및 홍보대사의 임명과정 절차 등을 상세하게 말씀해 주셨고, ○○구의 5번째로 설립된 노인복지관이라 노인의 취업 파트의 어려움과 이 문제를 해결하기 위해서 노력하셨던 부분들이 많은 공감을 주셨다. 특히, 노인의 일자리의 한정적인 자리와 높은 경쟁률을 통해서도 어르신들의 일자리 욕구가 강함을 알았다. 현재 ○○노인복지관에서는 아이돌보미와, 노노케어로 어르신들의 일자리를 마련하고 있었다. 지역사회의 자원의 개발을 위해서는 홍보가 중심이 되어야 하고, MOU체결을 위한 ○○노인복지관의 홍보활동 중 비단산의 축제, 복지관의 행사의 활성화, 다양한 인맥관리, 관계형성, 프로포절의 작성, 다양한 공모신청의 사례들과 홍보에 따른 예산을 최소화하면서 좋은 효과를 볼 수 있는 사례들을 알게 되었다. 언론매체의 활용을 통한 노인복지관의 홍보는 지역사회 어르신들의 프로그램 참여로 이끌 수 있고, 프로그램에 참여하신 어르신들이 구전으로 전해주시는 홍보파워도 대단할 것 같다. 복지관의 홍보로 지역사회의 자원을 활용할 수 있고, 이것은 곧 복지관을 이용하시는 어르신들의 혜택으로 순환되는 순환고리과정을 배우게 되었다.
실습지도자 의견	* 실습지도자 의견은 자필로 적성해주세요.

* 실습일지는 작성 내용의 분량에 맞추어 필요시에는 페이지를 추가하여 작성 바랍니다.

예시 4(지역아동센터-4시간) **〈2020. 3. 일지보고서 내용 중〉**

실습생 성명	나실습	실습일	3.16-월	실습지도자	홍길동(인)
오늘의 목표	운영전반의 규정 및 자료 숙지하고 학습지도 하기				

구분	실습 시간	실습내용	비고
진행내용	18:00~ 19:00	지역아동센터의 역사와 최근에 바뀐 운영지침과 설치요건, 국가 지원 현황 및 지역아동센터 종사자 인력구조에 대해 익히고, 운영 전반에 대한 자료 및 규정에 대해 알아보았다.	
	19:00~ 20:00	초 3학년과 4학년의 소집단 학습지도-2017년 예비학습 중인 수학 문제집 지도(4학년의 수학이 많이 어려워 힘들어함)	
	20:00~ 21:00	초3학년 김○아 1:1 사회 학습지도-2017년 예비학습을 진행 중이고 서술형 문제를 어려워함(많은 글씨를 읽으려 하지 않고 한줄 읽고 딴생각을 많이 하는 아동이다).	
	21:00~ 21:30	간식준비-고구마를 씻어서 오븐에 고구마 넣어 굽고, 사과도 깎아서 4등분 2조각씩 고구마와 함께 접시에 담아주기	
	21:30~ 22:00	귀가지도-야간 학습하는 아이들 중 기관과 가까운 곳이 집인 아이들 4명 집 앞까지 데려다주기	
실습생 의견	지역아동센터의 역사와 최근에 바뀐 운영지침에 대해 알아보는 시간이었고, 설치요건도 많은 것이 변했다. 2020년부터는 공간 평수에서 제외되었던 베란다 공간을 개조해서 화장실이나, 주방, 또는 사무실이나 집단실로 시·군·구의 담당자가 인정만 하면 실 평수로 인정해줄 수 있다. 그리고 이 시설의 시설장은 사회복지사 자격증만 있으면 되는 줄 알았는데, 아동복지 기관에서 근무한 경력이 3년~5년 이상이어야 시설장이 될 수 있다는 것도 알았다. 물론 3년의 경력자는 사회복지기관 근무경력자이고, 5년의 경력자는 유치원이나 어린이집 근무경력자라는 사실도 알았다. 지역아동센터 근무자의 정년도 시설장은 65세, 생활복지사는 62세라는 사실도 알게 되었다. 학습지도를 하면서 소집단의 학습지도 중 4학년 수학을 가르치는 데도 너무 어려웠고, 1:1 개별학습지도는 일일이 체크하고 읽기 싫어하는 지문은 읽어주고, 예를 들어 얘기해줘야 하다 보니 힘이 2배로 더 들었다. 힘든 하루였다.		
실습지도자 의견			

→ 실습일지는 매일 작성하여야 함.

예시 5(지역아동센터) **〈2020. 6. 일지보고서 내용 중〉**

실습지도자	기관장

실습일지(1회차)

실습일시	2020. 7. 9(월)	실습기관/소재지	○○○지역 아동센터
실습생	나실습	실습기간/실습횟수	2020. 7. 9~7. 27 (총 20회 중 1회)
실습생소속	서울사회복지대학원대학교	실습지도자	이○수

실습일정	시간	실습내용	담당자
	11:00~12:30	기관라운딩 및 오리엔테이션	이○수 허○자 최○경
	12:30~13:00	점심식사	
	13:00~14:00	아동 맞이하기, 저학년 아동 학습지도	
	14:00~15:00	미술치료 참관	
	15:00~16:00	고학년 아동 학습지도	
	16:00~17:30	슈퍼바이저의 오리엔테이션 및 슈퍼비전	
	17:30~18:30	아동급식 및 위생지도	
	18:30~20:00	고학년 아동 학습지도 및 마무리	

실습내용	
	〈오리엔테이션〉 • 오전에는 사회복지사 선생님의 간략한 오리엔테이션을 들었는데, 이 기관에서의 주요 활동은 수학과 영어를 중심으로 학습지도를 하고, 미술치료, 댄스 등의 수업이 진행되며, 대상자는 초등학교 1학년부터 중학교 1학년까지라고 하셨다. • 오후에는 슈퍼바이저의 구체적인 기관에 대한 소개와 과제수행에 대한 방법들을 알려주셨고, 사례관리 부분을 설명하시면서 SWOT분석법에 대해 간략히 설명해주셨다. 〈저학년 및 고학년 아동 학습지도〉 • 아이들은 하루에 문제집 3권을 한 장씩 푼다고 하였다. 옆에서 문제집을 잘 풀 수 있도록 도와주고, 채점하여 틀린 문제는 다시 생각해보게 하였다. 〈미술치료 참관〉 • 매주 월요일마다 미술치료사 선생님께서 방문하셔서 아동들에게 미술치료를 해주신다. 오늘은 저학년을 대상으로 사포에 그림 그리기를 하였는데, 이 활동을 통해 아이들은 사포에 대한 질감을 느끼고 상상력을 키워갈 수 있는 시간이 되었다.
실습생의견	실습 첫날이라 매우 긴장한 상태였는데, 사회복지사 선생님과 슈퍼바이저께서 반갑게 맞아주시고 설명도 잘해주셔서 조금은 안심이 되었다. 또한, 함께 실습을 하게 될 분들도 모두 좋은 분들이라 실습하는 동안 서로 도와가며 할 수 있을 것 같아 다행이라고 생각했다. 그러나 첫 만남이라 아이들이 매우 낯설어 하여 아이들에게 어떻게 다가가야

실습생의견	할지 매우 당황스러웠다. 특히 저학년보다 고학년, 중학생으로 갈수록 난해했다. 책에서 배우 클라이언트와의 관계형성 부분을 실제에 적용하려니 마음처럼 되지 않았고, 실제와는 다소 다르다는 것을 느꼈다. 미술치료 프로그램에 참관을 하였는데, 아이들이 미술활동을 통해 즐거워하며 상상력을 키워가는 모습을 보니 미술치료에 대한 관심이 생겼다.
Supervisor comment	아이들과 친해지는 것에 대해 너무 조급해하지 마세요. 아이들에게 진실한 마음으로 대하다 보면 언젠가는 아이들도 마음을 열어 좋은 관계가 형성될 수 있을 것입니다. 첫날인데 수고 많으셨고, 제가 말씀드린 사항을 반드시 숙지하셔서 짧은 기간이지만, 뜻깊은 실습이 되시기를 바랍니다.

2. 실습기관분석보고서

사회복지현장실습을 진행하게 될 기관에 대한 이해도는 실질적으로 진행되는 실습과정에서 중요한 역할을 하게 된다. 이에 작성하게 되는 시설에 대한 실습기관분석보고서는 다른 어떤 보고서와 비교할 수 없을 정도의 중요도를 가지게 된다.

실습기관분석보고서 작성 시에도 여러 가지의 주의사항들이 발생하게 되지만, 각 실습기관마다의 고유 특성들이 있기에, 무리하게 자료를 요청하여 서로가 불편해지는 상황이 발생하지 않도록 하는 것이 중요하다.

예시 1(장애인거주시설)

실습기관분석보고서

실습생명	나실습	생년월일	
실습기관		제출일	
기관주소	경기도 ○○○(전화 : 031-000-0000)		
기관소개자	홍길동(부서 : ○○지원팀 직책 : 부장)		

1. 기관의 역사

1) 기관 설립동기 및 설립목적

무연고자이거나 부모가 기초생활 수급대상자로서 보호 및 양육을 할 수 없는 장애인을 입소시켜 바르고 건강하게 성장하는 데 필요한 생활여건과 종합적인 재활을 통해서 장애인들이 지니고 있는 잠재능력을 최대한 이끌어내고 부족한 기능을 회복시켜 당당한 사회의 구성으로 자립시키고자 함을 주목적으로 하고, 생활시설의 고질적인 종합제공 서비스를 벗어나 개별적이고 차별화된 다양한 서비스 기능을 제공하여 장애인 한 사람 한 사람이 건강한 사회의 한 구성원으로서 비장애인과 자연스럽게 살며 자신의 역할과 책임을 다하며 살아가길 소망하는 기관이다.

2) 기관 사업의 역사적 변천

2001. 11. 15	경기도 ○○시 ○○면
2001. 01. 07	설립자 ○○○님 사회복지법인 기본재산 기증
2002. 02. 07	법인 설립인가
2003. 07. 29	건물 준공
2003. 08. 06	법인 산하 장애아동생활시설 ○○○○ 신고(○○시)
2003. 09. 01	사회복지법인 한국대표이사협회 가입
2004. 01. 01	정부지원시설확정
2004. 07. 14	서울아동복지회 미국대사관 후원 원내 샤워시트 및 손잡이 설치
2004. 09. 16	카운티 구매(25인승)
2004. 12. 09	제1차 축대벽 및 펜스공사 완공
2005. 05. 25	스타렉스 구매(한진 이웃사랑회 및 사회복지 공동모금회)
2005. 05. 30	경기도사회복지공동모금회 지원 제1차 심리재활프로그램 실시
2005. 10. 27	시설유형변경[장애아동생활시설 ⇒ 지적장애발달장애인생활시설]
	실외놀이터 완공(미국상공회의소 외 5곳 후원)

2006. 01. 13	제2차 축대벽 및 펜스공사 완공
2007. 11. 17	시설명칭변경[○○○○ ⇒ ○○○○○○]
2009. 03.	경기도재활프로그램 해랑루리 진행
2010. 05. 10	태평양복지재단 제9회 아리따운 나눔 물품기구 선정
2011. 01.	2011년도 경기도재활프로그램 일반재활사업/○○○○○
2011. 01.	경기도의료재활사업/치과보철사업
2011. 10.	2011년도 경기도 사회복지공동모금회 기능보강 지원사업
	"○○○○○" 주방공사 선정
2011. 10.	경기도 기능보강사업/2층 생활실 증축공사
2012. 01. 01	경기도사회복지공동모금회 신청사업/"○○○○○" 진행
2012. 01.	경기도재활프로그램 일반재활사업/○○○○○
2012. 02. 28	2층 생활실 준공
2012. 11. 23	○○○○마을 "일일밥집" 개최
2013. 01.	경기도재활프로그램 일반재활사업/○○○○○
2013. 01.	경기도의료재활프로그램/○○○○○
2014. 01.	경기도재활프로그램 일반재활사업/○○○○○(○○○)
2014. 01.	경기도의료재활프로그램/○○○○○○○
2014. 02. 27	2013년 시설평가관련 최우수시설 선정
2014. 09. 19	보건복지부장관상 수상(2013년 시설평가관련)
2014. 12. 13	다목적프로그램실 준공
2015. 01.	경기도재활프로그램 일반재활사업/○○○○○(○○○)
2015. 01.	경기도의료재활프로그램/○○○○○(○○○) ○○○
2016. 01.	경기도재활프로그램 일반재활사업/○○○○○
2016. 01.	경기도의료재활프로그램/○○○○○(○○○) ○○○
2016. 01.	경기도사회복지공동모금회 원가정 관계 강화 프로그램

3) 기관 역사에 대한 실습생의 평가

2. 기관의 목적

무연고자이거나 부모가 기초생활수급 대상자와 그 자녀로서 보호 및 양육할 수 없는 장애인을 입소시켜 바르고 건강하게 성장하는 데 있어서 필요한 생활 여건과 종합적인 재활을 행하여 장애인들이 지니고 있는 잠재능력을 최대한 이끌어내고 부족한 기능을 회복시키고자 함이 비전이며 목표이다.

3. 기관의 주요사업 및 프로그램

1) 클라이언트 및 대상지역

구분	총인원		장애등급		
			1급	2급	3급
남	19명	35명	11명	4명	4명
여	16명		10명	4명	2명

취학 현황						
구분	유치원	중학교 특수학급	고등학교 일반학급	재택학급		
				초등학교	중학교	고등학교
남	2	2	2	–	1	3
여	1	–	–	–	–	3

2) 주요사업

구분	내용
주거서비스	• ADL(일상생활훈련지도), IPP(개별화지도프로그램) • 사례관리(정기적인 사례회의), 상담(정기 및 비정기 상담)
사회심리재활	정기행사, 캠프, 나들이, 기념행사, 외식프로그램, 원예치료
의료재활서비스	건강검진, 통원치료, 투약관리, 응급처치, 촉탁의 진료, 물리치료
언어치료 및 인지치료서비스	PPVT(그림어휘력검사), PRES(수용언어 및 표현 언어발달 척도), 언어문제해결력검사, 구문의미이해력검사, 언어이해인지력검사
교육서비스	• 통합수업(○○중학교, ○○고등학교) • 순회학급(○○중학교, ○○고등학교, ○○고등학교) • 학습프로그램(국어, 수학, 컴퓨터, 미술교실 등)
직업재활	• 목공예를 통한 자기효능감 향상프로그램 "○○○○○(○○○)" • 비즈, 비누공예 만들기 및 판매 • 직업적응훈련프로그램(원내), 직업활동프로그램(원외)
후원활동	법인 및 시설이 함께하는 지역의 특성을 살린 포도 바자회, 물품의류 판매, 일일밥집 등을 운영 지역사회에서 후원활동

3) 서비스 전달체계

입소의뢰 ⇒ 대상자 적격여부 확인 ⇒ 입소상담 침 초기면접 ⇒ 1차 판정회의 ⇒ 단기입소 ⇒ 2차 판정회의 ⇒ 입소

4) 기관의 대상층 및 주요사업에 대한 실습생의 평가

4. 기관의 행정사항

1) 기관의 조직구조

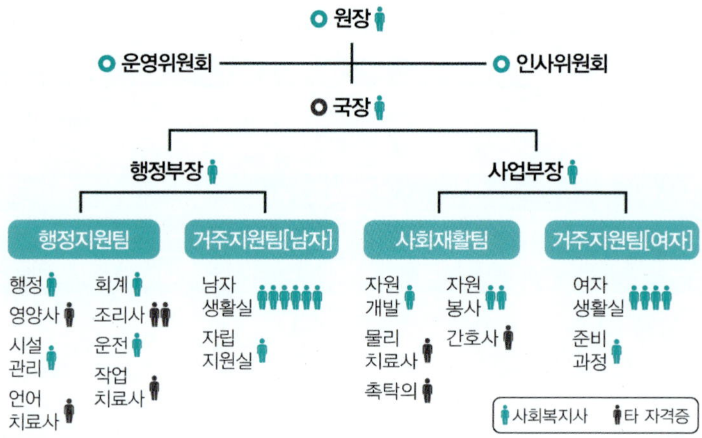

2) 예산, 후원 및 지원 사항

세 입				세 출		
구 분		내 역		구 분	내 역	
		2020년(결산)	2021년(예산)		2020년(결산)	2021년(예산)
합 계		1,912,067,240	1,883,644,780	합 계	1,912,067,240	1,883,644,780
사업수입			-	사무비	1,465,420,980	1,563,352,520
이용자 부담금수입		13,032,000	13,032,000	재산 조성비	187,894,330	77,950,000
보조금 수입	국고보조금	1,678,472,410	1,608,913,730	사업비	213,824,830	187,443,610
	법인보조금	27,000,000	27,000,000			
	기타후원금	107,717,000	106,594,000			
차입금			-	잡지출	5,889,270	6,485,520
기타수입		85,845,830	128,105,050	예비비	39,037,830	48,413,130

3) 기관의 행정구조와 예산 사용 및 후원에 대한 실습생의 평가

예산에서 급여에 관계되는 항목이 없다. 급여가 사업비에 포함되어 있음을 알았다.

5. 기관이 속한 지역사회, 물리적 환경의 특징

1) 지역사회

○○○○○○○은 전형적인 농촌지역에 있으며, 도시번화가와 차량으로 5Km 정도 떨어진 곳에 있어 대중교통을 이용한 시설 진입이 수월하지 않은 편이며, 접근성이 현저하게 낮으므로 지역주민과의 교류가 원활하지 않은 편이다. 또한, 이곳을 찾는 자원봉사자 및 후원자의 정기적인 방문 외에 수시방문의 어려움이 존재하는 곳이다.

2) 물리적 환경(시설, 공간 등)

6. 사회복지기관으로서 지역 내 타 기관들과의 연계

1) 관계유형 및 내용

타기관	관계 유형	내용
○○시청 사회위생과	복지 행정	시설운영 및 거주인 행정지원
○○면사무소		
○○ 복지회관	복지 인프라 구축	대외활동 및 기관협력
○○○ 해누리		
○○○		
○○○○○종합복지관		
○○○지역사회보장협의체		
○○○사회복지사협회		
○○보건소	건강보건	거주인 진료 및 보건지원
○○보건소		

2) 기관의 타 기관과의 관계유지에 대한 실습생의 평가

7. 기관의 특별한 면이나 전반적인 사항에 대한 인상이나 느낌

예시 2(○○○데이케어센터) **〈2020. 3. 일지보고서 내용 중〉**

실습기관분석보고서

실습생명	나실습	기관명	○○○데이케어센터
작성날짜	2020. 3. 7.		

1. 기관의 역사

1) 기관 설립동기 및 설립목적

○○○데이케어센터는 가족의 보호를 받을 수 없는 치매 및 노인성질환을 가진 어르신을 하루 동안 시설로 입소시켜 필요한 각종 서비스를 제공하고, 어르신의 생활안정과 심신기능의 유지향상을 도모하며, 부양가족의 신체적·정신적 부담을 경감하는 데 목적을 두고 있다.

2) 기관 사업의 역사적 변천

년	월	일	주 요 연 혁
2012	08	06	○○○데이케어센터(○○○) 착공
2013	03	31	○○○데이케어센터(○○○) 완공
2013	05	13	○○○데이케어센터(○○○) 개원준비팀 구성
2013	05	27	설치신고필증 발급
2013	05	29	고유번호증 발급
2013	06	08	○○○데이케어센터(○○○) 개원 축복식
2013	06	10	사업개시
2013	07	01	○○신경외과와 의료 협약체결
2013	08	08	인원증원 21명
2013	10	17	○○○ 인증심사 실시
2013	11	01	야간 운영 실시
2013	11	11	○○○ 데이케어센터 인증
2013	11	22	○○○ 모니터링 실시
2014	02	08	토요일 운영 실시
2014	04	01	○○○ 치매지원센터 협약체결
2014	07	16	○○보건대학교 산학협동 협약체결
2014	11	03	서울시○○여성발전센터 협약체결
2015	02	03	○○여자대학교 산학협동 협약체결
2015	05	01	○○○성당데이케어센터로 명칭변경
2015	05	01	○○가정의학과와 의료 협약체결
2015	05	01	○○○치매지원센터와 치매통합관리서비스제공에 대한 협약체결
2015	06	03	○○○ 재인증심사 실시
2015	06	04	국민건강보험공단 ○○지사 안심모니터링 실시
2015	10	24	○○사회복지회 시설장 등반대회 실시
2015	11	17	국민건강보험공단 ○○지사 우수종사자 선정 이사장, 본부장상
2016	01	15	○○○사회복지회 시무 미사
2016	01	22	서울특별시○○여성발전센터 여성인력의 개발과 활용 협약체결
2016	03	02	○○여자대학교 평생교육원 현장실습 협약체결
2016	03	28	천주교○○대교구 사회복지단체 등록

3) 기관 역사에 대한 실습생의 평가

여러 센터와의 협약 체결로 센터를 발전시켜 가는 모습이 더욱더 센터에 믿음이 가고, 많은 걸 배워야겠다고 생각했다.

2. 기관의 목적

신앙을 중심으로 하는 복지사업의 실천, 활기찬 신앙과 노년을 실천하는 복지사업, 약한 노인을 배려하는 복지사업, 노인을 위한 정책실현과 변화를 이끄는 복지사업, 정보화시대에 맞는 복지사업을 실현하는 데 목적을 둔다.

3. 기관의 주요사업 및 프로그램

1) 클라이언트 및 대상 지역

본 센터가 있는 곳은 ○○초등학교 인근 주택지와 상가가 혼합된 구시가 지역으로, 대로변이 아닌 한적한 곳이어서 어르신과 가족들이 안정된 분위기 속에서 편리하게 이용할 수 있다.

2) 주요사업

데이케어사업	상담사업	이용어르신, 가족상담, 자원봉사자상담, 이용상담
	이용어르신관리사업	이용자 선정, 욕구조사 및 만족도조사, 사례관리
	가족지원사업	보호자, 간담회, 가정통신문
데이케어사업	사회재활교육사업	송영서비스, 프로그램, 기초건강체크, 물리치료, 운동치료, 회상활동
	자원봉사 및 강사관리사업	자원봉사자 모집, 자원봉사자 활동 및 관리, 자원봉사자 간담회
	후원자 관리 사업	후원자개발, 후원자관리
	홍보사업	홍보(전시회) 등 리플릿 제작
	연구개발사업	직원교육, 직원워크숍, 운영위원회, 사업평가회

3) 서비스 전달체계

지역 어르신들의 다양한 복지욕구를 파악하고 수렴하여 체계적이고 전문적인 노인복지 서비스를 제공함으로써 지역의 어르신 생활 향상과 지역주민의 복지증진을 향상하기 위해 항상 노력하고 있다.

4) 기관의 대상층 및 주요사업에 대한 실습생의 평가

4. 기관의 행정사항

1) 기관의 조직구조(조직도 그리기)

- 센터장 - 사회복지사(과장)
  - (주간) 간호팀장 1명, 사회복지사 1명, 요양보호사 3명, 조리사 1명
  - (야간) 사회복지사 1명, 간호(조무)사 1명, 요양보호사 2명, 운전기사 1명
- 운영위원회

2) 예산, 후원 및 지원 사항

3) 기관의 행정구조와 예산 사용 및 후원에 대한 실습생의 평가

5. 기관이 속한 지역사회, 물리적 환경의 특징

1) 지역사회

본 센터가 있는 곳은 혜화초등학교 인근 주택지와 상가가 혼합된 구시가 지역으로, 대로변이 아닌 한적한 곳이어서 어르신과 가족들이 안정된 분위기 속에서 편리하게 이용할 수 있다.

2) 물리적 환경(시설, 공간 등)

층	운영프로그램실 세부내역	면 적(m^2)	비 고
1층	강당, 화장실	166.32(50.4평)	
2층	조리실, 식당, 물리치료실, 상담실, 화장실, 휴게실	138.59(42평)	
3층	사무실, 일상생활동작실, 세탁실, 샤워실, 화장실	138.59(42평)	
4층	옥상, 산책로	–	

6. 사회복지기관으로서 지역 내 타 기관들과의 연계

1) 관계유형 및 내용

○○신경외과와 의료 협약체결, ○○구 치매지원센터 협약체결, ○○보건대학교 산학협동 협약 체결, 서울시○○여성발전센터 협약체결, ○○여자대학교 산학협동 협약체결, ○○가정의학과와 의료 협약체결, ○○구치매지원센터와 치매통합관리서비스제공에 대한 협약체결

2) 기관의 타 기관과의 관계유지에 대한 실습생의 평가

지역 내 타 기관들과의 연계를 통하여 지속적으로 홍보하고 정보를 공유하며, 센터가 더욱 활성화될 수 있도록 끊임없이 노력하고 있고, 어르신들을 위한 노인성 질병이나, 센터의 소방안전을 위한 지속적인 교육으로 기술력을 강화하려 노력하고 계셨다. 데이케어센터를 오픈하는 날짜를 정하여 지역사회 주민들과의 만남을 통해 데이케어센터가 유해, 혐오시설이 아니라 향후 우리의 노후를 위해 꼭 필요한 시설이라는 인식을 전환할 수 있는 계기를 만들어 주는 것 또한 노인복지향상에 기여하는 것이라 생각한다.

7. 기관의 특별한 면이나 전반적인 사항에 대한 인상이나 느낌

시설이 잘 갖추어져 있고, 깨끗하고 청결하여 어르신들이 편안하고 안전하게 생활하실 수 있는 곳이라는 생각이 들게 하는 곳이었다.

예시 3(재가노인복지센터) 〈2020. 9. 일지보고서 내용 중〉

실습기관분석보고서

실습생	나실습	학 번	
실습기관	ㅇㅇ재가노인복지센터	제출일	

1. 기관의 역사

1) 기관 설립동기 및 설립목적

노인성질환으로 가족의 보살핌이 어렵거나 보호가 필요한 노인을 가정과 같은 환경 속에서 일상생활에 필요한 편의 제공 및 기능훈련과 공동생활을 통해 자립된 생활을 영위하도록 지원하는 시설로, 특히 타인들과의 공동생활을 통해 치매노인들의 문제행동과 행동장애완화를 목적으로 하며, 노인의 생활안정과 심신기능의 유지 및 치매현상 억제를 도모하고, 부양가족의 신체적, 정신적 부담을 경감시켜 가족의 유지기능을 강화하고자 함.

2) 기관사업의 역사적 변천

2008. 11. 05	ㅇㅇ재가노인복지센터 설립 (노인장기요양보험법 제32조 및 같은 법 시행규칙 제24조 제3항, 재가장기요양기관으로 신고)
2008. 12. 08	방문요양 서비스 1명 최초계약, 서비스 시작
2009. 01. 01	최초 서비스비용 청구 실시
2009. 02. 27	직원회의 및 교육 실시
2009. 03. 24	무료 이·미용 서비스 실시
2009. 03. 30	직원회의 및 교육 실시(최ㅇ현 팀장선임)
2009. 05. 08	어버이날 재가 방문 인사
2009. 06. 24	무료 이·미용 서비스 실시
2009. 07. 03	직원회의 및 교육 실시
2009. 09. 09	기초생활수급자 집수리 지원 – 1세대
2009. 12. 24	장기요양급여비용 현지 확인 심사(노인장기요양보험법 시행규칙 제31조 제1항)
2009. 12. 30	2009. 12. 30 현재 방문요양 서비스 제공 인원 19명 확보
2010. 01. 01	장ㅇ미 실장 선임
2010. 03. 30	노인요양공동생활가정설립계획
2010. 04. 09	직원회의 및 교육 실시
2010. 04. 17	노인요양공동생활가정공사시작
2010. 05. 08	어버이날 재가 방문 인사

2010. 06. 01	장O미 시설팀장 선임
2010. 06. 19	센터이전 작업
2010. 07. 07	노인요양공동생활가정개소
2010. 07. 10	센터 개소식

3) 기관의 역사에 대한 실습생의 평가

○○재가노인복지센터는 2008년 11월 설립으로 12년 반 정도의 긴 역사를 가지고 있다. 나는 재가노인복지센터라는 곳을 실습으로 인해 처음 방문했는데, 조촐하면서도 가정적인 분위기에 놀랐다. 센터장도 오랫동안 사회복지 쪽에서 일해 오면서 경력과 노하우를 가지고 ○○재가노인복지센터라는 것을 설립하였고, 노인요양공동생활가정을 개소한 것은 10년 이상 되지만, 센터장의 젊고 확실한 경영마인드로 앞으로의 발전 가능성이 엿보인다.

2. 기관의 목적

- 노인의 독립생활 능력을 유지, 강화하여 수용시설 입소를 예방하고 가정에서 계속 살아갈 수 있도록 돕는다.
- 치매현상의 심화를 억제시키고 지역사회에서 보호를 받으며 생활을 유지토록 지원한다.
- 재활서비스를 제공하여 노인의 신체적, 정신적, 사회적 기능을 회복토록 한다.
- 노인들이 지지적인 환경에서 각종 전문적 프로그램 경험과 상호교류를 통해 삶의 기쁨을 증진한다.
- 부양자들이 치매에 관한 지식과 보호기술 등을 습득, 가족 내 보호방법 및 기술을 강화한다.
- 가족구성원의 수발부담을 경감시켜 정상적 사회활동을 지원하여 안정적 생활을 유지토록 한다.

3. 기관의 주요사업 및 프로그램

1) 클라이언트 및 대상지역

- 대상 : 무의탁 독거노인, 치매나 중풍 등 노인성질환으로 어려움을 겪는 노인가정, 낮 동안 보호가 필요한 노인가정 등
- 지역 : 경상북도 구미시 일대

2) 주요사업

- 상담사업 : 전화, 내방, 방문상담 서비스
- 간호서비스 : 건강 체크, 의료진료 서비스
- 재활서비스 : 기능회복을 위한 정기적인 운동치료, 물리치료, 작업치료 등
- 급식서비스 : 식사 3회, 간식 3회 제공, 충분한 영양 섭취를 통한 건강유지 및 관리
- 일상생활서비스 : 대·소변 수발 등의 일상서비스 제공
- 위생서비스 : 이·미용, 목욕, 손발톱 깎아 드리기, 귀 관리 등의 위생관리
- 심리·사회증진서비스 : 음악요법, 인지활동, 미술요법, 레크리에이션, 원예요법, 회상요법, 손뜨개질 등을 통한 심리·사회적 기능회복 도모
- 정서적지원사업 : 생일잔치, 나들이 등의 프로그램으로 심리·정서적 측면 강화

- 프로그램개발 및 지역사회자원 연계사업 : 치매가족 간담회 및 운영지원위원회 간담회, 지역사회복지서비스기관 등과의 네트워크 형성을 통해 다양하며 효율적이고 질적인 서비스 제공 모색
- 직원 교육 및 기타사업 : 홍보, 직원교육 등 시설취지에 부합한 질 높은 프로그램 제공 및 활성화 도모

3) 서비스 전달체계

센터장 이하 직원들과 실습생 및 자원봉사자를 중심으로 서비스가 이루어지고, 인근 요양보호센터와 연계하여 파견이 이루어짐.

4) 기관의 서비스대상 및 주요사업에 대한 실습생의 평가

노인요양공동생활가정은 담당 직원과 간호사, 요양보호사 등 함께 생활하면서 서비스가 이루어지고 있으며, 재가방문 역시 33명의 종사자가 안정적이고 적절한 서비스를 제공하고 있다.

4. 기관의 행정사항

1) 행정구조(조직도 추가로 작성하기)

(1) 직무분담

성명	직위/직무/자격	담당 업무	발령(임용)일	연락처
고○훈	센 터 장 사회복지사	시설운영 전반 총괄 및 직원에 대한 지휘감독 일반행정 및 인사·회계관리 후원 및 자원봉사자 관리 사회복지사실습관리/슈퍼바이저	2010. 00. 00	
장○미	실 장 사회복지사 간호조무사	입소상담 및 노인복지 관련 상담 입소자 생활지도 및 상담 프로그램 개발 및 진행, 물품관리	2010. 00. 00	
장○미	시설/재가지원팀장 (노인요양공동생활 가정/재가서비스) 사회복지사 간호조무사	입소자 건강관리 및 상담 환자진료 및 관리(입·퇴원 절차) 입소자 투약관리 및 건강 체크 재활치료 및 신체기능 유지 및 강화훈련 자원봉사자관리/교육	2010. 00. 00	
이○아	시설지원팀장 (노인요양 공동생활가정) 간호조무사	입소자 건강관리 및 상담 환자진료 및 관리(입·퇴원 절차) 입소자 투약관리 및 건강 체크 재활치료 및 신체기능 유지 및 강화훈련	2011. 00. 00	
배○진	요양관리	입소상담 및 노인복지 관련 상담 입소자 생활지도 및 상담 프로그램 개발 및 진행, 물품관리 사례관리	2011. 00. 00	

성명	직위/직무/자격	담당 업무	발령(임용)일	연락처
송○선	시설지원팀장 (시설서비스) 요양보호사	시설서비스 요양보호사 총괄 관리 입소자 일상생활 수발 및 위생관리 프로그램 지도 및 보조 입소자 여가선용, 환경관리 입소자 간병 및 환자관리 보조	2010. 00. 00	
최○현	재가지원팀장 (방문요양, 방문목욕) 요양보호사	재가서비스 요양보호사 총괄 관리 입소자 일상생활 수발 및 위생관리 프로그램 지도 및 보조 입소자 여가선용, 환경관리 입소자 간병 및 환자관리 보조	2010. 00. 00	

(2) 조직 구성

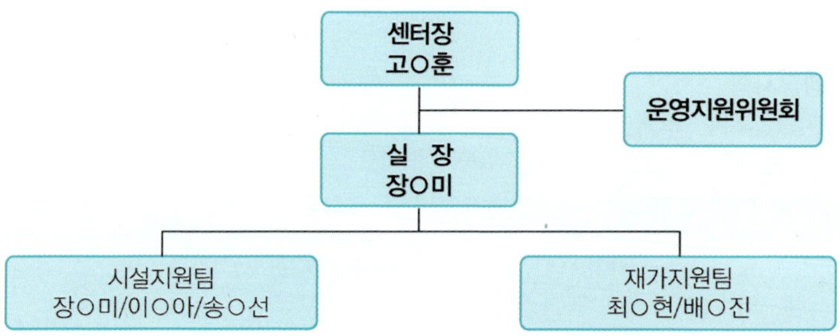

(3) 노인요양공동생활가정 종사자현황

2020. 07. 01 현재

연번	직종	이름	주민등록번호	근무형태	입사	근무시작일
1	관 리 책임자	고○○		전임/겸임	2010. 07. 01	2010. 07. 01
2	간 호 조무사	장○○		전임/겸임	2010. 07. 01	2010. 07. 01
3	요 양 보호사	윤○○		시간제/겸임	2010. 07. 01	2010. 07. 01
4	요 양 보호사	이○○		시간제/겸임	2010. 07. 01	2010. 07. 01
5	요 양 보호사	송○○		시간제/겸임	2010. 07. 01	2010. 07. 01

2) 예산, 후원 및 지원사항

• 예산

단위 : 천원

세 입		세 출	
구 분	예산액	구 분	예 산 액
총 계	93,360	총 계	93,360
사업수입(이용료수입)	35,208	사무비	39,773
본인부담금	15,552	사업비	10,850
기타수입금	42,600	재산조성비	42,600
		예비비	137

※ 기간 : 2020년 7월~12월, 6개월간/인원; 2등급, 5명 기준

• 후원 및 지원사항 : 별도 후원 및 지원 사항 없음

3) 실습부서/팀

(1) 행정구조(조직도 그리기)

실습내용	담 당 / 지 도	비 고
사회복지사 현장실습	• 슈퍼바이져 : 고○훈 • 재가현장실습 : 장○미 • 시설현장실습 : 장○미	• 각 실습신청 대학 • 사회복지관련학과
요양보호사 실습	• 총괄 : 고○훈 • 재가현장실습 : 고○훈, 최○현, 송○선, 장○미 등	• ○○요양보호사교육원 • ○○요양보호사교육원
자원봉사자 교육/지도	• 사회복지자원봉사 • 인증관리요원 : 고○훈 • 자원봉사현장지도 : 장○미	• 2020년 10월 12일 사회복지자원봉사관리센터(VMS) 지정(한국사회복지협의회)

(2) 예산, 후원 및 지원사항

예산은 사업수입(공단부담금)과 이용료 수입, 본인부담금 외 기타수입으로 이루어지며, 지원사항은 없음.

4) 기관의 행정구조와 예산 사용 및 후원에 대한 실습생의 평가

총 예산은 93,360,000원에서 공단 부담금 35,208,000원, 본인부담금 15,552,000원, 그 외 기타수입으로 예산이 이루어지며, 본인부담금보다 공단 부담금이 배 이상 높아서 지금 직장을 다니며 노인장기요양보험료를 내고 있는 나는 그 돈이 이렇게 쓰이는구나 싶어 꽤 괜찮은 제도라는 생각을 할 수 있었다. 예산은 투명하게 사용되고 있었으며, 후원을 받고 있지 않다는 것에 적잖이 놀랐다. 센터장이 후원은 너무나 미비할 뿐더러 후원을 받을 경우 여러 가지 제한이 있어 받지 않는 편이 더 낫다는 설명이 있었다.

5. 지역 내 타 기관들과의 연계상황과 활동

촉탁의사와 지역 내 종합병원과 연계하여 정기적인 치료와 치료서비스를 제공하고 있으며, 자원봉사센터에 등록된 자원봉사자들이 정기적인 자원봉사를 해주고 있다.

6. 전반적인 기관에 대한 인상과 평가

가장 특이한 것은 동네 안에 있다는 것이었다. 센터장의 설명으로는 이렇게 있으면 가족들이 찾아보기 쉽다고 했다. 요즘 맞벌이를 많이 하는 사회환경으로 가까운 복지센터에 부모님을 모시고 오가며 혹은 임종 등의 위급한 상황에서 빨리 올 수 있다는 것이 꽤 좋다는 생각이 들었다. 또한, 많은 사람이 아닌 가족적인 분위기에 놀랐다. 보통 기관이라 하면 많은 사람이 한꺼번에 모여 있는 것만 생각했는데, 여기 입소자는 5명이 최대라고 했다.

그렇다면 외로움도 적을 것이고 익명 속에 갇히지 않을 수 있으니, 큰 기관보다는 더 좋은 환경이라는 생각도 들었고, 말 그대로 그냥 가족적인 분위기이고 청결하고, 요양보호사도 엄마처럼 푸근하고 밝으시고, 어르신들께 성심을 다하며 웃으시는 모습이 참 보기 좋아 보였다. 어르신들이 산책하기에 마당이 좁은 것 같다며, 마당도 크고 더 좋은 시설을 신축하고 있다는 것과 여기는 항상 열려있는 공간이라며 언제든 들려 어르신들의 말벗도 해주고 함께 놀다 가라는 센터장의 말에 마음으로 어르신들을 공경하고 있는 것 같다는 생각이 들었다.

예시 4(아동복지시설) **〈2020. 9. 일지보고서 내용 중〉**

실습기관분석보고서

실습생	나실습	학 번	
실습기관	○○의 마을 아동복지센터	제출일	

1. 기관의 역사

1) 기관 설립동기 및 설립목적

1951년 8월 6·25전쟁으로 가족을 잃고 방황하는 어린이들을 수용보호하기 위해 설립되었으며, 사회, 경제, 신체, 정서적 위기에 있는 아동 및 청소년이 독립된 인격체로서 권리를 존중받으며 건전한 성인으로 자랄 수 있도록 보호하고 양육하며 지역사회 아동과의 연대사업을 그 목적으로 한다.

2) 기관사업의 역사적 변천

1951년 8년 20일 개설(설립자) → 1981.8.29 대전 애○원 시설인가 → 1967.5.20 현재의 위치에 신축 이전 (장○순 원장) → 1971.4.29 사회복지법인 인가 → 1987.3.20 김○태 대표이사 취임 → 1987.4.19 회보창간 → 1988.7.28 중고생 조국기행 시작 → 1990.9.20 ○

○어린이집 위탁운영 → 1991.1.1 ○○그룹홈 위탁운영 → 1995.7.1 삼성복지재단 사회복지프로그램선정 → 1998.11.11 ○○○○○로 법인명칭 변경 → 2002.5.2 ○○○○○ 아동복지센터로 시설명칭 변경 → 현재 운영 중임

3) 기관의 역사에 대한 실습생의 평가

시설과 직원은 단순히 아동을 보호, 양육한다는 소극적 자세에서 벗어나 아동을 장차 건전한 시민의 일원으로 양육시킨다는 적극적인 자세를 가지고 임하는 운영방침을 갖고, 기독교정신을 기본 철학으로 봉사, 사랑, 인내, 창조라는 원훈이 감동적이며, 직원들 모두 아동의 성공적인 가정 복귀, 사회복귀를 위해 힘쓰는 모습이다.

2. 기관의 목적

- 아동복지시설에서 퇴소하는 만 18세 이상의 자가 사회에서 자립할 때까지 건전한 시민의 일원으로 육성시킨다는 적극적인 자세를 가지고 양육에 임한다.
- 시설의 환경이 아동들에게 안정감을 주고 집단생활 속에서 자신의 개성을 온전히 발휘할 수 있는 생활환경이 조성되도록 한다.
- 지역사회와의 관계를 발전시키고 지역사회의 인적, 물적 자원을 충분히 활용하여 아동의 지식과 능력을 개발하고 인격형성에 이바지한다.
- 자선적인 차원의 보호보다는 전문적인 서비스 제공을 위하여 시설은 물론 직원의 자질함양에 힘쓴다.

3. 기관의 주요사업 및 프로그램

1) 클라이언트 및 대상지역

- 취학 전 아동 : 6명, 초등학생 : 25명, 중학생 : 19명, 고등학생 : 18명, 대학생 : 4명, 총 : 75명
- ○○지역에 거주한 결손아동, 폭력가족아동 등 상처가 무성한 그늘진 땅에 울타리를 치고 웃음과 햇빛을 주고자 평화의 마을을 찾는 우리 마을 지역을 대상으로 함.

2) 주요사업

- 아동양육(인재양성프로그램, 아동, 직원욕구조사)
- 생활지도(가정적응훈련)
- 학업지도(특기지도, 취미활동, 정서지도)
- 신앙지도(수요예배, 주일 중고등부예배)
- 관련 기관과의 연계(가족음악회, 교사초청간담회, 역사기행봉사단)
- 자원봉사자 모집과 관리(자원봉사자 교육 및 간담회)
- 후원자모집과 관리(후원자 개발사업)
- 사회복지사 지도(실습생교육)

3) 서비스 전달체계

- 사회복지법인 ○○의 마을 법인이사회
- 대표이사
- 실무를 총괄하는 원장

- 사무국장
- 담당 팀장 및 팀원을 중심으로 서로 협의하여 협력체계유지

4) 기관의 서비스대상 및 주요사업에 대한 실습생의 평가

아동 및 직원 욕구조사, 원내 자체 프로그램 개발, 기업재단 신청프로그램 개발, 후원자개발사업, 사랑의 저금통 엽서보급사업, 모금행사, ○○○○○ 가족음악회, 교사초청간담회, 역사기행, 소식지 발간, 자립선배 및 연장아동 관리사업 등 각자의 역할을 책임감 있게 하고 있으며, 혼자 하는 일이 아니기에 가능하다는 생각이 든다.

4. 기관의 행정사항

1) 행정구조(조직도 그리기)

- 사회복지법인○○○○○ 법인이사회
- 대표이사
- 원장
- 사무국장
- 팀장

2) 예산, 후원 및 지원 사항

- 정부보조금 : 939,889천 원
- 법인전입금 : 40,000천 원
- 일반후원금 : 36,084천 원 2020년 총지원금 : 1,15,973천 원

3) 실습부서/팀

(1) 행정구조

- 자립 중~단기 관리
- 자원봉사관리
- 후원관리
- 사회복지현장실습지도

(2) 예산, 후원 및 지원 사항

- 정부보조금 : 939,889천 원
- 법인전입금 : 40,000천 원
- 일반후원금 : 36,084천 원 2020년 총지원금 : 1,15,973천 원

4) 기관의 행정구조와 예산 사용 및 후원에 대한 실습생의 평가

- 2020년 총예산현황은 965,287,882원
- 2021년 총예산현황은 1,015,973,000원으로 전년대비 약 5천만 원 이상 증가하는 등 후원자가 지속해서 증가하고 있으며, 체계적인 관리와 헌신적인 노력으로 지역 내에서 오랜 역사와 모범적인 복지센터로 널리 알려져 있음.

5. 지역 내 타 기관들과의 연계상황과 활동

○○○봉사단체는 매달 셋째 주 일요일에 아이들과 자연체험을 하고 있으며, 대전 새마을운동협회와 유기적인 관계를 유지하고 있으며, 동구 롯데마트에 입주한 던킨 도너츠에서 1달에 1회 이상 아동들을 초청 유익한 시간을 함께 보내는 등 ○○의 마을 복지 기금마련을 위한 "사랑의 옴살이" 홍보대사 정애리 씨와 여러분들의 자선으로 행사를 함께 하고 있으며, 다수의 기관과 연계하여 활동하고 있음.

6. 전반적인 기관에 대한 인상과 평가

아이들의 해맑은 미소와 서로서로 챙겨주는 모습과 인상 좋은 어머니상인 국장님, 항상 편안한 미소로 여러 면에서 잘 알려주시는 이○표 복지사님, 투철한 원장님의 원훈 아래 시스템이 잘 되어있는 것 같다. 아이들의 의견을 존중하고, 잘 짜인 프로그램 참여를 통해 다양한 체험을 느끼는 것에 개인적으로 부러웠다.

사회복지사로서 처음에는 힘든 일을 잘 감당해 내는 것에 존경스럽다고 말했을 때, 부족함이 많지만, 현장에서 맡겨진 책임감으로 느끼면 자연스레 해낸다며, 스스로는 대단하다고 생각하지 않는다는 말씀과 같은 여건이라도 어떤 생각과 열정을 갖느냐에 따라서 서비스의 양과 질은 크게 달라지는 복지사님의 말씀에 다시 한번 가슴이 뭉클했습니다.

예시 5(지역아동센터-1) 〈20. 9. 일지보고서 내용 중〉

실습기관분석보고서

실습생	나실습	학 번	
실습기관	○○지역아동센터	제출일	

1. 기관의 역사

1) 기관 설립동기 및 설립목적

가정의 빈곤과 결식아동 및 청소년의 안전한 보호와 양육이 필요하여 다양한 복지 및 교육활동을 통해 전인적인 성장발달과 권리보장을 위해 통합교육 및 사회복지 활동을 목적으로 한다. 공교육이 붕괴하고 사교육이 판을 치고 있는 이때, 학교는 공부만 가르치고 배우는 곳이 아니라 인간이 인간답게 살 수 있도록 연습하는 공간이라고 배웠지만, 실제 현장은 그렇지 못한 것이 현실이다. 가난 때문에 기가 죽어서 자신의 꿈이 무엇인지도 생각할 겨를이 없고, 그냥 밀려오는 물살에 자신을 내맡기는 아이들이 많아지고 있다. 분명히 오늘날 우리 사회가 어제보다 물질적으로 풍요로워진 것은 사실이지만, 상대적인 박탈감과 함께 빈곤함이 심화된 것도 오늘의 모습이다. 빈부의 차가 정보와 교육 불평등의 요인이 된다고 불평만 하기에는 우리의 아이들이 너무나 소중하므로 빈곤아동을 위한 결식아동 및 청소년의 안전한 보호와 양육이 필요하여 다양한 복지 및 교육활동을 통해 전인적인 성장발달과 권리보장을 위해 통합교육 및 사회복지 활동을 한다.

2) 기관사업의 역사적 변천

2001. 03.	경기도 ○○시에서 ○○사랑공부방 개설-영어, 학습실시
2001. 02. 01.	○○시청 문화진흥과에 ○○사랑문고 신청하여 신고번호 제18호로 문고설립 신고증을 받음

2003. 01.~09.	○○시청 문화진흥청과에서 "○○사랑청소년공부방"으로 지원을 받음
2003. 10.	○○시 ○○동 718-8호 1층 이전 ○○사랑공부방에서 "○○○○ 사랑문화센터" (공부방)으로 명칭개정
2003. 10.	경기도청에 "○○○○○문화연구회" 청소년 비영리인가로 승인을 받음
2004. 05.	○○시 ○○동 718-8에서 ○○시 ○○동 815-26호 ○○마을회관 2층(25평)으로 이전
2004. 07.	"사랑의 열매" 사회복지 공동모금회에서 로또 복권 기금지원사업 공부방으로 선정
2004. 09.	"○○○○사랑문화센터"에서 "지역아동센터 ○○공부방"으로 명칭 개정
2004. 11. 11.	삼성사회봉사단에서 "2004년 희망의 공부방 만들기" 지원사업에 선정
2004. 12.	"사랑의 열매" 사회복지 공동모금회 신청사업(2005년도 체험학습) 선정이 되었음
2005. 02.	○○시청 사회복지과 아동계로부터 "○○지역아동센터" 아동복지시설로 인가받음
2006. 05.	경기도 ○○시 ○○동 ○○○번지로 센터 이전
2008. 01.	○○시청 사회복지과 아동계로부터 전세자금지원을 받아 ○○동 ○○○호로 이전(현재)
2008. 07.	○○시청 사회복지과 아동계로부터 ○○지역아동센터를 경기도 ○○시 ○○동 ○번지로 추가로 인가받음

3) 기관의 역사에 대한 실습생의 평가

우리나라의 수도권은 개발의 붐 때문에 많은 수도권 지역들이 발전하고 문화적인 혜택을 누리고 있지만, ○○시 ○○동 지역처럼 소외되고 관심을 받지 못하여 문화적인 혜택은 누리지 못하는 지역도 많은 걸로 알고 있습니다. 그렇다 보니 특히 아이들이 누릴 수 있는 혜택은 더더욱 부족했으리라는 생각이 듭니다.

이러한 상황 속에서 ○○지역아동센터는 오랫동안을 소외되어서 배고프고 외로웠을 아이들을 돌보아 오고, 이 아이들에게 조금이라도 더 많은 혜택을 누릴 수 있게 하도록 많은 노력을 하면서 발전해 온 역사를 볼 때 정말 본받을 만한 기관이라는 생각이 듭니다. 사회복지 공부를 하기 전 무관심으로 일관했던 나 자신부터 반성이 되고, 앞으로는 소외된 계층에 조금 더 관심을 두고 나의 작은 능력이나마 사회에 기여할 길을 찾아봐야겠다는 생각을 하게 되었습니다.

2. 기관의 목적

가정의 빈곤과 결식의 아동 및 청소년을 안전하게 보호와 양육이 필요하며 다양한 복지 및 교육활동을 통해 전인적인 성장발달과 권리보장을 위해 통합교육 및 사회복지 활동을 한다. 공교육이 붕괴하고 사교육이 판을 치고 있는 이때, 학교는 공부만 가르치고 배우는 곳이 아니라 인간이 인간답게 살 수 있도록 연습하는 공간이라고 배웠지만, 실제 현장은 그렇지 못하는 것이 현실입니다. 가난 때문에 기가 죽어서 자신의 꿈이 무엇인지도 생각할 겨를이 없고 그냥 밀려오는 물살에 자신을 내맡기는 아이들이 많이 있습니다. 분명히 오늘날 우리 사회가 어제보다 물질적으로 풍요로워진 것은 사실이지만, 상대적인 박탈감과 함께 빈곤함이 심화된 것도 오늘의 모습입니다. 빈부의 차가 정보와 교육의 불평등 요인이 된다고 불평만 하기에는 우리의 아이들이 너무나 소중하므로 빈곤아동을 위한 가정의 빈곤과 결식의 아동 및 청소년을 안전하게 보호와 양육이 필요하여 다양한 복지 및 교육활동을 통해 전인적인 성장발달과 권리보장을 위해 통합교육 및 사회복지 활동을 한다.

3. 기관의 주요사업 및 프로그램

1) 클라이언트 및 대상지역

경기도 ○○시 ○○동에 있는 빈곤아동 및 차상위 계층의 아동

2) 주요사업

사업부분	사업내용		비고
기본 프로그램	급식프로그램	평상시-저녁, 방학중-점심과 저녁, 도시락 지원	매일
	학습프로그램	학습지도 : 평가(국어, 사회, 과학), 수학 문제집 풀기 한자교실 : 급수 시험에 대비한 한문 학습 영어교실 : CMS를 통한 영어회화교실과 파닉스교육 주산교실 : 기초(10급)부터 고급(단)까지 종이접기교실 : 종이접기를 통한 정서 함양	매주 5회
기타 프로그램	문화/체험활동	문화유적답사 : 방학 중 문화유적 답사 박물관 학교 : 방학중 특이한 박물관 견학 현장체험학습 : 사회 교과목에서 가볼만한 곳 답사 공연 및 영화관람 : 정기적인 공연 및 영화관람 Face painting, 풍선아트, 동화구연	토요일
	지역사업 및 기타사업	학부모교실 : 학부모를 대상으로 한 부모교육 이발, 미용사업 : 어른 및 아이들을 위한 이, 미용봉사 심리검사-MBTI, MMPI, 그림유형검사(HTP) 등	분기별

3) 서비스 전달체계

• 행정기관 : – ○○시청 사회복지과 아동계 : 운영비 지급 및 종사자 보수교육
– ○○동사무소 : 기초생활보장수급자와 차상위계층 확인

4) 기관의 서비스대상 및 주요사업에 대한 실습생의 평가

사회복지의 분야에는 장애인복지, 노인복지, 청소년복지, 여성복지, 가족복지 등 그리고 아동복지까지 정말 다양한 분야에서 복지의 손길이 필요합니다. 이러한 면에서 ○○지역아동센터에서는 아동들을 대상으로 복지사업을 펼쳐 빈곤 아동들에게 많은 혜택을 주고, 그들의 부모님들의 부담을 덜어 주고 있습니다.

특히, 아동들을 위해 주요사업으로 펼치고 있는 급식프로그램은 아이들이 영양적으로나 정서적으로 안정을 가져다주어 건강한 청소년으로 자랄 수 있는 토대를 마련해 주는 정말 좋은 프로그램이고, 그들의 부모님들에게도 가장 큰 부담을 덜어주는 일석이조의 사업이라는 생각이 듭니다.

그리고 요즘은 사교육이 없이는 학교에서의 교육을 따라갈 수 없을 정도로 공교육이 붕괴되어 있어서 정말 심각한 문제로 대두되고 있는데, 빈곤 가정의 아이들을 방과 후에 체계

적으로 교육도 해주고 있고, 여러 가지 다양한 문화체험과 견학프로그램들이 마련되어 있어 아이들의 정서를 풍요롭게 만들어 주고 있다는 생각을 했습니다.

4. 기관의 행정사항

1) 행정구조

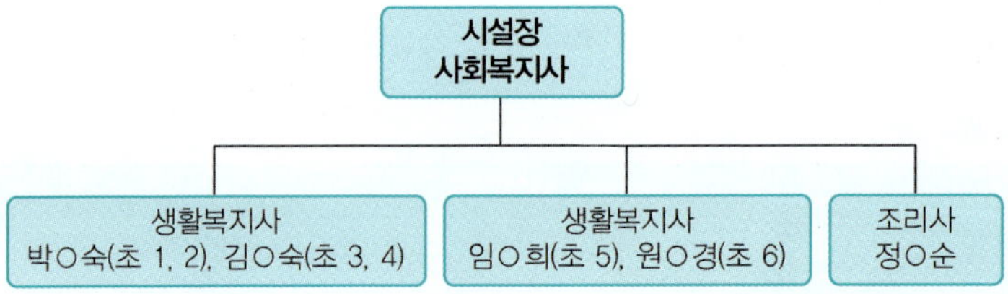

2) 예산, 후원 및 지원사항

3) 실습부서/ 팀

(1) 행정구조

(2) 예산, 후원 및 지원사항

〈연간 총 예산 2020년 129,400,000원/2021년 127,800,000원〉

세입			세출		
구분	내역		구분	내역	
	2020년(결산)	2021년(예산)		2020년(결산)	2021년(예산)
계	129,400,000	127,800,000	계	117,280,000	118,800,000
정부 · 지자체 운영비	24,000,000	25,800,000	인건비	31,200,000	31,200,000
정부 · 지자체 급식비	44,000,000	60,000,000	급식비	44,000,000	60,000,000
경기도청	14,000,000	0	관리비	6,000,000	12,000,000
일반후원금	12,400,000	12,000,000	차량구입 (하이브리드)	24,000,000	0
이용료	0	0	한국타이어 (기자재구입)	5,000,000	0
한국타이어	5,000,000	0	화재보험료	1,200,000	1,200,000
교회법인전입금	30,000,000	30,000,000	학습교재비	5,880,000	14,400,000
			차량관리비 (보험, 연료포함)	4,000,000	6,000,000
			센터월세	7,200,000	0
	129,400,000	127,800,000	기타	920,000	3,000,000

4) 기관의 행정구조와 예산 사용 및 후원에 대한 실습생의 평가

아이들에게 질 좋은 복지사업을 펼치기 위해서는 많은 예산이 우선해야 다양한 사업을 펼칠 수 있고, 더 질 좋은 급식도 제공해 줄 수 있을 거라는 생각이 듭니다. 그런데 우리나라의 경우 사회복지의 예산이 점점 더 축소되고 예산을 받기도 점점 더 까다로워지는 걸로 알고 있습니다. 실질적으로 현장에서 일하다 보면 정말 필요한 예산들이고, 더 많은 아이에게 혜택을 제공하려면 꼭 필요한 사회복지 예산임에도 축소되는 부분이 있어 아쉬웠습니다. 그렇다 보니 더 많은 인력의 손길이 필요함에도 인력을 더 쓸 수 없는 상황이어서 많은 아이를 한 명의 복지사 선생님께서 지도하고 있는 현실입니다.

앞으로 사회복지의 예산이 아동복지의 예산에도 충분히 반영되어 아이들이 좀 더 많은 문화적인 혜택과 좀 더 개선된 넓은 공간에서 생활할 수 있었으면 하는 생각이 들었습니다.

5. 지역 내 타 기관들과의 연계상황과 활동

- 행정기관 : – ○○시청 사회복지과 아동계 : 운영비 지급 및 종사자 보수교육
  – ○○동사무소 : 기초생활보장수급자와 차상위계층 확인
- 의료기관 : – 보건소(○○동 소재)
  – 성모병원(○○동 소재) 내외래진료 30% 할인(자부담 부분)
  – ○○메디컬(○○동 소재) : ○○메디컬 원장님은 지역아동센터 자문위원으로 위촉되어 있으며, 지역아동센터에 근무하는 생활복지사나 아이들은 최고 의료보험부분을 제외한 나머지 금액에 대해 40%까지 할인 혜택을 줌
- 종교단체 : – ○○○교회, 예수교대한성결교회 지방회에서 후원금 지원
  – ○○감리교회 : 명절마다 쌀 및 부식 지원
- 기타기관 : – ○○○○○박물관 : 박물관 견학
  – ○○○○복지관 : 재정구장학회를 통해 장학금 지원
  – ○○복지관 : 아동들을 위한 문화활동(뮤지컬 및 영화상영)
  – (사)부스러기사랑나눔회 : 회원관리 및 지역아동센터 지원(기업연계)
  – (사)나눔과섬김 : 노동부 일자리 창출 급식교사 파견
  – 경기남부지원센터 : 복지교사 파견
  – CJ 도너스캠프 : 지역아동센터 지원(제안서를 올려 승인을 받아 집행)

6. 전반적인 기관에 대한 인상과 평가

지역의 소외된 곳에서 환한 등불이 되는 ○○지역아동센터가 있어서 지역의 아동들이 밝고 건전하게 자랄 수 있겠구나 생각을 했습니다.

이웃의 어려움을 돌보지 못하고 자신들의 생활에만 바쁘게 생활했던 십여 년 전부터 이웃의 어려움을 함께하기 위해 노력해 왔던 복지사 선생님들이 정말 존경스럽습니다.

사회복지 사업을 펼친다는 것이 나 자신의 이익보다는 남을 위하는 마음이 커야 하는 만큼 얼마나 많은 열정과 노력이 있었을지…. 그래서 지금의 모습으로 자리 잡고 있지 않나 하는 생각이 듭니다. 특히, ○○지역아동센터의 프로그램을 보면 급식 프로그램이라든지 아이들의 학습 프로그램 등은 빈곤가정의 부모님들이 최우선으로 바라는 도움이라는 생각이 듭니다. 이런 부분들을 아동센터에서 대신해 주니 부모님들은 좀 더 안정되게 가정과 사회생활을 하는

것 같았습니다.
또한, 다양한 현장체험학습의 기회를 얻고 문화체험의 기회를 가지면서 서로 간에 유대관계도 돈독해지면서 정서적으로도 안정감을 느끼고 아이들이 자랄 수 있도록 많은 배려를 하고 있었습니다. 지역사회의 소외된 곳에서 그들이 필요로 하는 부분을 정확히 파악해서 사회복지서비스를 제공하는 기관들이 있어 우리 사회가 조금은 더 발전된 방향으로 나아가지 않을까 생각이 듭니다. 이번 기회를 계기로 "나 자신보다는 조금은 더 '우리'라는 생각을 하고 생활해야겠다"는 생각을 하게 되었고, "작은 능력이나마 사회에 기여할 기회를 만들어야겠다"는 생각도 하게 되었습니다.

예시 6(지역아동센터-2)

실습기관분석보고서

실습생명	나실습		기관명	○○○지역아동센터
기관주소	안산시 단원구		전화	
기관소개자	부서	실습지도자	직책	주야간통합교사

1. 기관의 역사
   1) 기관 설립동기 및 설립목적

   한 부모가정, 저소득층가정, 맞벌이가정, 조부모가정 등 열악한 환경 때문에 방치되고 방임 상황에 있는 아동 및 청소년이 사회의 유해환경으로부터 보호받으며, 기초학습지도 및 생활지도, 사회성교육, 공동체교육을 받아 이 사회의 당당한 구성원으로 성장 발전하는 것을 운영이념으로 지역에서 소외된 아동들이 방과 후에 다양한 학습체험과 의식 프로그램을 통하여 생명을 존중하고 꿈과 희망을 만들어 가며, 자신을 소중한 존재로 가꾸어 나갈 수 있도록 돕기 위하여 설립되었다.

   2) 기관 사업의 역사적 변천

연번	주요내용	비고
1	2013. 12. 01 – 가칭 미래지역아동센터 개소 준비위원회 발대식	
2	2013. 12. 15 – 지역아동센터 개소식	
3	2014. 01. 15 – 지역아동센터 설치신고	
4	2014. 01. 16 – 사회복지비영리 사업자신고(고유번호증 발급)	
5	2014. 01. 24 – 사회복지현장실습 지정 협약식(○○직업전문학교)	
6	2014. 01. 27 – ○○ 필 치과(자매결연)	
7	2014. 01. 28 – 적십자 ○○봉사회(자매결연)	

연번	주요내용	비고
7	2014. 01. 28 – 적십자 ○○봉사회(자매결연)	
8	2014. 02. 01 – 시설운영위원회 발족	
9	2014. 03. 12 – 사회복지자원봉사관리센터 지정	
10	2014. 05. 15 – 경기공동모금회 취약시설 기능보강사업 선정	
11	2015. 02. 17 – 자원봉사활성화 유공표창(경기도지사)	
12	2015. 05. 10 – ○○시 기능보강사업 선정	
13	2015. 07. 20 – 지역아동센터 진입평가	
14	2015. 07. 28 – 안산시 예절교육 사업 선정	
15	2015. 10. 27 – 지역아동센터 발전기여 표창(○○시의회)	
16	2015. 12. 01 – ○○○지역아동센터 2기 운영위원회 발족	
17	2016. 01. 01 – 지역아동센터 운영보조금 수령	
18	2016. 08. 29 – ○○원격평생교육원 운영협정	
19	2016. 11. 15 – 공동모금회 야간보호사업 확정	
20	2017. 01. 01 – 공동모금회사업 아동청소년 야간보호 시작	

3) 기관 역사에 대한 실습생의 평가

2013년 12월 15일 대표이자 시설장님의 생일 날짜에 개소해서 현재 9년이 조금 넘은 기관으로 올해부터 복권기금위원에서 지원하는 공동모금회 사업인 야간 사업을 진행하고 계셨으며, 시설장님과 실습지도자분의 경력이 많아서 사회복지현장실습 지도도 진행하시고, 다양한 일정들의 역사를 만들어 가는 기관으로서 앞으로가 더욱더 크게 성장해 나갈 자질을 갖춘 기관이라 아이들이 행복할 것 같다.

2. 기관의 목적

지역사회 내 보호가 필요한 만 18세 미만 아동(수급자, 한 부모가정, 조손가정, 저소득가정, 맞벌이가정) 등을 대상으로 지역사회 아동의 건전한 사회적, 정서적 발달을 도모하여 학업성취 능력 향상의 기회를 제공하고 안전한 보호, 교육, 건전한 놀이와 오락의 제공, 보호자 및 가족 전체와 지역사회의 연계 등 아동이 건강한 사회 구성원으로 성장하도록 돕는 종합적인 아동보호 서비스를 제공하는 데 있다.

3. 기관의 주요사업 및 프로그램

1) 클라이언트 및 대상 지역

구 분	내 용	인원수
일반집단	일반 보호가 필요한 18세 미만의 아동	3명
우선보호	우선보호 아동 90% 국민기초생활보장 수급권자가정아동, 장애가정아동(아동 본인 또는 장애가장 내 아동 포함), 차상위 가정, 한부모 모자, 부자가정, 조손가정, 기타승인아동으로 보호가 필요한 아동에 대한 우선보호를 위해 지역아동센터 신고정원의 90% 이상 우선보호아동 비율을 유지	26명

2) 주요사업

주요사업	세부내용
생활지원(보호)사업	지역 내 보호아동 발굴, 급식제공, 위생지도, 생활지도
놀이 및 문화체험사업	집단놀이, 지역탐방과 문화체험, 각종 문화생활
학습 지원사업	학년별 숙제지도, 체계적인 학습지도, 독서지도, 특기적성교육
지역 연계사업	자원봉사 모집 및 교육, 후원자모집, 지역사회 연계

3) 서비스 전달체계

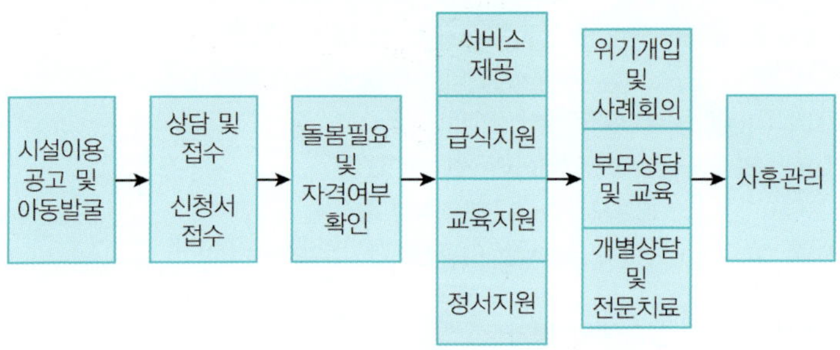

4) 기관의 대상층 및 주요사업에 대한 실습생의 평가

지역아동센터라는 기관에 대해서는 방과 후에 돌봄기관이라는 정도만 알고 있었고, 이곳에서 숙제지도나 학습지도 정도만 이끌어 가는 줄 알았는데, 정말 많은 프로그램과 사업을 해 가고 있음을 알았다. 그리고 서비스전달체계에서 드림스타트라는 상위기관에서 승인을 거쳐 입소한다는 사실을 알게 되었다.

지역아동센터는 개인이 설립해서 2년 동안 자부담으로 운영하고도 여러 사업에 자부담이 들어가고 있는 실태인데, 상위기관인 드림스타트가 승인여부를 내린다는 것에 위의 사심이 있을 것이라는 생각이 들어간다.

4. 기관의 행정사항

1) 기관의 조직구조

(1) 조직도

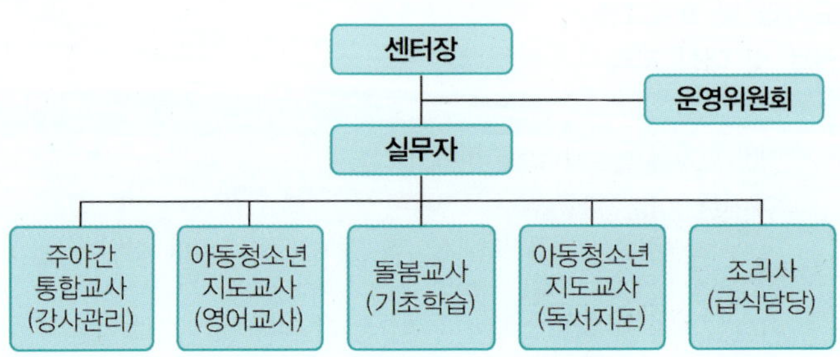

(2) 행정구조

구분	계	시설장	사무국장	주야간 통합교사	돌봄교사	공익	조리사	아동청소년 지도교사
		법정 종사자	법정 종사자	공동 모금회	안산시 계약직		계약직	지원교사
계	8	1	1	1	1	1	1	2
상근자 수	4	1	1	1	–	1		–

2) 예산, 후원 및 지원사항

2020년도

세 입		세 출	
과목	금액	과목	금액
운영비보조금	52,908,000	사무비	55,000,000
급식비보조금	37,500,000	운영비	15,000,000
급식교사보조금	3,000,000	재산조성비	2,000,000
돌봄교사보조금	10,848,000	사업비	39,696,000
기타보조금	2,000,000	급식비	40,500,000
후원금수입	12,000,000	잡지출	–
공동모금회지정후원금	30,940,000	예비비	–
실습사업수입	3,000,000		
개인전입금	–		
이월금	–		
잡수입	–		
총계	152,196,000	총계	152,196,000

3) 기관의 행정구조와 예산 사용 및 후원에 대한 실습생의 평가

29인 시설이어서 실제 법정종사자는 시설장과 실무자 2명이고, 다른 분들은 공동모금회나 시 지원의 돌봄 교·강사이어서 인력의 부족함이 많이 느껴진다. 19인 미만의 시설도 법정 봉사자가 2명, 29인 미만의 시설도 2명, 49인 미만의 시설은 3명만이 법정 봉사자로 급여가 지원되는 것이다. 왠지 형평성에 어긋난다 생각된다. 19인 미만도 2명인데, 29인이면 10명이 더 많은데도 2명이라는 것은 정말 현실적으로 불가능한 채용체계인 것 같다. 이런 현실은 질이 낮은 서비스를 할 수밖에 없는 현실을 만들어 주는 것이라고 생각된다.

5. 기관이 속한 지역사회, 물리적 환경의 특징

1) 지역사회

현재 단원구 내에는 종합사회복지관이 2개 있으며, 1개의 도서관이 있고, 12동에 24개의 지역아동센터가 있다. 안산시 단원구는 다가구 주택, 오피스텔 및 연립단지 복합주거지역

으로 낙후된 건물들이 많은 열악한 환경의 세입자가 많은 편이고, 문화적으로 저소득층 가정이 많아 보호가 필요한 아동들이 복지사각지대에 놓여있는 실정이기에 기초생활수급권자, 차상위계층의 결손가정 한부모 및 다문화 가정 등의 아동·청소년 중에 정부나 학교, 학원 등에서 보호를 받지 못하는 아동에 대한 지역사회 차원의 보호와 관심이 필요한 지역이다.

2) 물리적 환경(시설, 공간 등)

집단실	프로그램실	주방	화장실	사무실	상담실	기타
1	2	1	2	1	1	옥상

6. 사회복지기관으로서 지역 내 타 기관들과의 연계

1) 관계유형 및 내용

번호	연계기관	연계서비스	비고	
			증서	년도
1	○○시	위기아동·청소년 통합지원체계		2014
2	○○직업전문학교	사회복지현장실습	협약서	2014
3	○○광림푸드뱅크	물품지원		2014
4	○○시자원봉사센터	자원봉사관리업무협약	협약서	2014
5	○○필치과	아동구강검진	협약서	2014
6	적십자○○봉사회	자원봉사 지원	협약서	2014
7	경기공동모금회	취약시설 시설보강지원사업	증서	2015
8	○○광림푸드뱅크	물품지원		2015
9	○○지역아동센터협의회	장학증서(교복지원)	증서	2015
10	○○시 예절교육관	예절교육지원		2015
11	○○원격평생교육원	운영협정	협약서	2015
12	경기공동모금회	야간아동보호사업	증서	2016
13	○○광림푸드뱅크	물품지원		2016

2) 기관의 타 기관과의 관계유지에 대한 실습생의 평가

주로 물품지원은 근처 ○○푸드와 연계하여 서비스를 받고 있었으며, 자원봉사센터나 적십자와는 봉사활동 프로그램으로 연계되어 인력지원 서비스로 연계하고 있었고, 치과와도 연 1회 연계서비스를 진행하고 있었다. 좀 아쉽다면 기관 바로 앞에 있는 21세기 병원과도 연계가 이루어졌으면 하는 생각이 들고, 거리가 많이 떨어져 있기는 하지만 피아노학원이나 태권도학원, 안경점이나 영화관과도 연계서비스를 했으면 좋겠다는 생각이 든다.

예시 7(노인요양원) 〈2020. 9. 일지보고서 내용 중〉

실습기관분석보고서

실습생	나실습	학 번	
실습기관	○○○○요양원	제출일	

1. 기관의 역사

1) 기관 설립동기 및 설립목적

예수님을 섬기는 마음으로 치매, 중풍 등 노인성질환으로 가정에서 모시기 어려운 어르신들을 돌보아 드리는 노인요양시설입니다. 깨끗하고 쾌적한 환경에서 감동의 서비스를 저렴한 비용으로 받으실 수 있는 우리 집은 정서적, 신체적으로 전문 서비스를 제공하여 어르신들에게 제2의 인생을 돕고자 합니다.

2) 기관사업의 역사적 변천

1999. 04. 27	지극히○○○의집 설립
2002. 08. 26	조건부 신고시설(○○시) 신고
2003. 04. 24	○○시 ○○면 소재 이전
2003. 06. 16	조건부 신고시설(○○시) 신고
2005. 07. 18	제2건물 신축 준공
2005. 08. 03	노인의료복지시설(실비요양시설) 신고
2008. 06. 09	노인장기요양기관 지정

3) 기관의 역사에 대한 실습생의 평가

본 요양원은 도시 외곽에 있어 조용한 자연경관에 둘러싸여 있다. 요양원에 소속되어 있는 어르신들은 종교를 바탕으로 기도하고 성경 공부하며 하루하루를 생활하고 있다. 어르신들에게 도움을 주는 복지사들은 가족 같은 마음으로 어르신들을 돌보며 조용히 지내는 곳이었다.

2. 기관의 목적

1) 깨끗한 환경조성
2) 감동의 서비스실현
3) 알뜰하고 검소한 살림살이
4) 능동적 복지활동의 추진
5) 관련 기관과의 협력체제 개선

3. 기관의 주요사업 및 프로그램

1) 클라이언트 및 대상지역

노인복지법 시행규칙 제18조에 규정한 만 65세 이상의 노인으로 국민기초 생활보장 수급자 또는 부양의무자로부터 적절한 부양을 받지 못하는 중풍 치매 등 중증 노인성 질환으로 요양 및 보호를 필요로 하는 분

2) 주요사업

(1) 주요사업 내용

① 사례관리 사업 : 인테이크, 사정 및 서비스계획, 평가

② 일상생활 지원 사업

- 기본생활보조 서비스 : 시설생활안내, 목욕서비스, 세탁서비스, 치아관리서비스, 이·미용서비스, 사고예방 케어
- 자치회 활동서비스 : 거주노인 상담
- 영양 - 급식서비스 : 일반식, 치료식
- 와상환자, 치매예방서비스 :
  와상환자서비스 – 욕창예방(체위변경), 자리이동, 휠체어 산책
  치매예방서비스 – 체조, 발마사지
- 대화증진서비스 : 대화증진서비스

③ 보건의료 사업

- 진료서비스 : 촉탁의 진료, 의사 내방 진료, 지역사회 의료기관 방문 진료
- 간호서비스 : 활력증후 측정, 투약, 틀니 소독, 체중 측정, 입·퇴원 관리, 간병, 예방관리, 의약품 의료용품 구입 및 관리, 의료기구 소독
- 재활서비스 : 운동치료, 열 전기치료, 작업치료, 미술치료, 원예치료, 치료레크리에이션, 음악치료, 치매문제행동 대처 서비스, ADL훈련, IADL훈련

④ 교육 사업

- 성경공부 : 성경, 한글 등 지적활동 기회제공

⑤ 사회심리 지원 사업

- 가족과의 유대관계유지 프로그램 : 어버이날 행사, 가족원들과의 상호 안부 전하기, 외출 외박, 가족방문에 대한 지원.
- 지역사회와 유대를 위한 프로그램 : 자매결연행사, 지역행사 참여, 시장보기
- 정서안정 : 가족적인 분위기와 환경조성, 개별적인 생신축하 및 외식, 연례행사(설/추석, 부활/성탄, 송년잔치)
- 여가/문화활동 지원 사업 : 나들이, 노래교실, 비정기 공연
- 종교활동 지원 사업 : 예배
- 지역사회 복지 사업 : 실습지도, 자원봉사자 개발 및 교육, 자원봉사자 배치 및 활동, 자원봉사자 관리, 시설개방 프로그램, 지역사회 내 복지시설 교류
- 시설홍보 사업 : 소식지 발송, 견학 안내
- 사업개발 및 평가 : 사업계획 및 평가, 프로포절 기획 및 지원
- 조사연구 사업 : 노인전문 요양시설 서비스 매뉴얼 제작, 시설프로그램 기록 유지관리

3) 서비스 전달체계
- 공적 사회복지 전달체계 : 군산시, 국민건강보험공단
- 사적 사회복지 전달체계 : 자원봉사

4) 기관의 서비스대상 및 주요사업에 대한 실습생의 평가

4. 기관의 행정사항

1) 행정구조

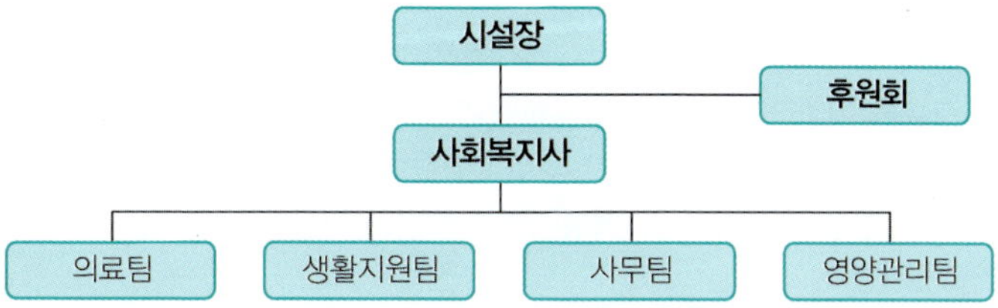

2) 예산

세입		세출	
과목	금액	과목	금액
입소비용수입	104,847	사무비	354,623
지방자치보조금	6,539	재산조성비	13,999
사업수입	332,049	사업비	79,386
과년도수입	3,830	부채상환금	10,000
후원금수입	3,500	잡지출	649
차입금	10,000	환경개선준비금	11,000
이월금	8,552		
잡수입	340		
총계	469,657	총계	469,657

3) 후원 및 지원사항

지자체 및 사회복지공동모금회 지원

4) 실습부서/팀

생활지원팀

5) 기관의 행정구조와 예산 사용 및 후원에 대한 실습생의 평가

본 기관의 행정구조는 복잡하지 않고 서로 일을 도와주면서 소규모로 움직이고 있었다. 보유한 예산으로는 많이 부족해 보였지만, 종교의 힘으로 잘 견뎌내고 있었으며, 실습을 하고 있으면서도 약간의 간식도 스스로 준비하고 싶은 그런 곳이었다. 후원금이 많지 않아 우리

사회의 복지행정에 관한 단점을 경험할 수 있었다. 앞으로는 금전적인 면뿐만 아니라 행정 자체에도 더욱 발전되는 그런 요양원이 되었으면 한다.

5. 지역 내 타 기관들과의 연계상황과 활동
   - 시범시설 벤치마킹 : 시범시설의 견학 및 각종 교육에 적극적으로 참여하여 발전적 복지활동을 전개하고 있다.
   - 자매결연행사 : 대야어린이집과 자매결연을 함으로 어르신들의 활력을 증진하고, 어린이들의 경로효친에 대한 자연스러운 체험의 장을 실천하고 있다.

6. 전반적인 기관에 대한 인상과 평가

   전반적으로 실습한 기관은 차분하고 조용하였다. 어르신들은 거의 치매를 가지고 있었고, 새로운 사람이 방문할 경우 관심을 가지고 반가워했다.

   가족적인 분위를 항상 유지하였고, 여생 동안 편안하게 생활할 수 있도록 보살피는 모습이 참 인상적인 곳이었다.

예시 8(주·야간단기보호센터) 〈2020. 9. 일지보고서 내용 중〉

실습기관분석보고서

실습생	나실습	학　번	
실습기관	○○주야간단기보호센터	제출일	

1. 기관의 역사
   1) 기관 설립동기 및 설립목적

      고령이나 노인성 질병 등의 사유로 일상생활을 혼자서 수행하기 어려운 노인 등에게 제공하는 신체활동 또는 가사활동 지원 등의 장기요양급여에 관한 사항을 규정하여 노후의 건강증진 및 생활안정을 도모하고, 그 가족의 부담을 덜어줌으로써 국민의 삶의 질을 향상하도록 함을 목적으로 한다.

   2) 기관사업의 역사적 변천

2009. 04. 01	○○시 ○○구 ○○동, 주야간단기보호센터 설치
2010. 03 .01	단기 보호생활시설로 전환

3) 기관의 역사에 대한 실습생의 평가

기관의 역사는 짧지만, 도심 속에 몸이 불편한 어르신들이 쉽게 이용할 수 있는 시설이라는 점과 송영 서비스와 병원 연계서비스가 잘 되어 있어서 미래지향적인 시설이라 생각된다.

2. 기관의 목적

부득이한 사유로 가족의 보호를 받을 수 없는 장기요양급여 대상자로서 경증치매, 심신이 허약한 노인, 장애 노인 등을 주·야간 단기 보호함으로써 각종 프로그램을 통해 시설에서 노인의 기능회복 및 욕구충족을 도모한다.

3. 기관의 주요사업 및 프로그램

1) 클라이언트 및 대상지역

- 클라이언트 : 장기요양급여 대상자
- 대상지역 : 대전시 전 지역

2) 주요사업

- 상담서비스 : 입·퇴소 상담, 전화, 내방, 방문상담, 가족상담, 사례관리
- 영양급식서비스 : 중식, 간식
- 사회적 서비스 : 도예치료, 알마향기요법, 산책, 종이접기, 적응훈련, 예능활동, 미술치료, 원예치료, 치료레크레이션, 인지활동, 생일잔치, 가족간담회, 만족도조사, 가정통신문, 송년회, 자원봉사간담회, 홍보
- 보건서비스 : 건강체조, 건강체크, 이미용서비스
- 특별서비스 : 송영서비스, 목욕서비스, 용변서비스
- 재활서비스 : 기체조, 발관리, 작업치료, 일상생활훈련, 진료, 검진, 찜질, 침술서비스

3) 서비스 전달체계

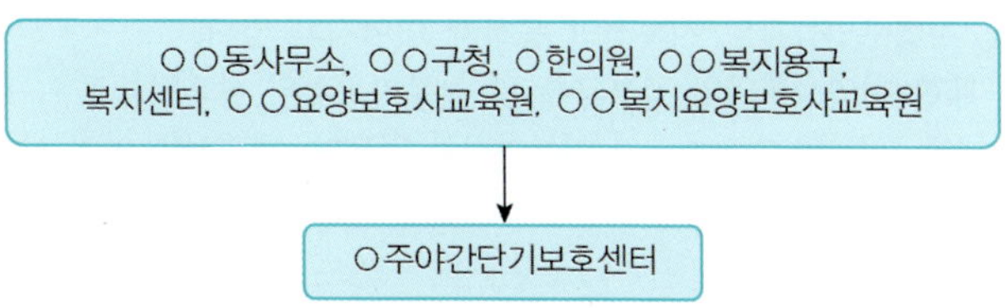

4) 기관의 서비스대상 및 주요사업에 대한 실습생의 평가

요양등급을 받은 어르신들의 모든 일상생활을 책임진다는 점에서 가족들의 심리적·경제적 부담을 줄일 수 있으며, 여러 가지 프로그램과 영양식을 포함한 규칙적인 식사를 제공하고 있으므로 어르신들의 건강유지와 심신의 안정에 큰 공헌을 하고 있다고 생각된다.

4. 기관의 행정사항

1) 행정구조

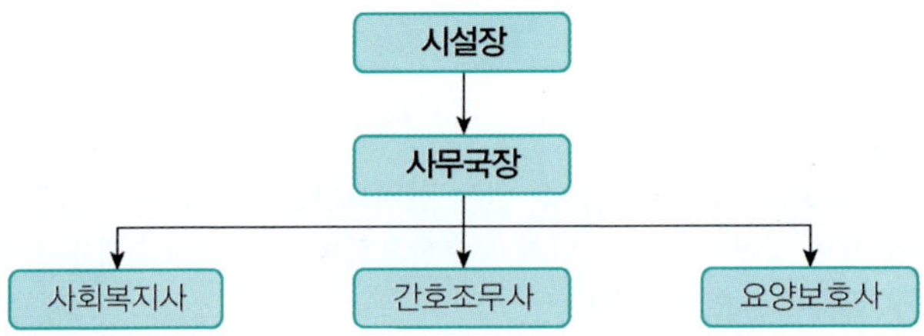

2) 예산, 후원 및 지원사항

본 시설은 정부나 지자체의 보조금을 받지 않고, 국민건강관리공단에서 85% 지원과 입소자로부터의 실비 15%와 후원금으로 운영되고 있음.

시설입소 보증금 : 없음/시설이용료 : 등급에 따라 다름

3) 실습부서/팀

(1) 행정구조

(2) 예산, 후원 및 지원사항

4) 기관의 행정구조와 예산 사용 및 후원에 대한 실습생의 평가

행정구조가 단조로우면서도 꼭 필요한 사람들로 구성되어 있는 것 같고, 정부나 지자체의 의존도가 없다는 점에서 투명경영과 기관의 어르신들에 대한 복지에 관심과 애정이 돋보인다.

5. 지역 내 타 기관들과의 연계상황과 활동

응급환자 발생시 3개의 병의원과 약국이 센터 내 건물에 입주되어 있어서 응급처리가 신속하게 진행될 수 있으며, 119 소방대와의 연계가 가능함. 또한, 자원봉사 단체로 대학생, 고등학생, 중학생 및 지역주민들과의 지속적인 봉사가 이어지고 있다.

시설입소자에 대한 지역사회와의 정보교류 및 전문기관과의 상호정보교류, 관할구청, 동사무소, 각 시설단체에 홍보 및 기관소개가 이루어지고 있으며, 대전시의 여러 시설을 통해 입소자 정보 또한 교류하고 있다.

6. 전반적인 기관에 대한 인상과 평가

쾌적한 공간에서 가족과 같은 분위기와 편안한 휴식을 제공하고 있는 안정된 요양보호 기관이라고 할 수 있다. 어르신들의 건강과 영양상태에 무엇보다 신경을 쓰고 있으며, 내 부모님을 모신다는 정성으로 어르신들을 모시는 한편, 각종 치료프로그램을 다양하게 활용하여 어르신들의 일상생활 능력을 증진시키는 데 세심한 배려를 하는 것 같았다.

예시 9(노인복지관) 〈2020. 9. 일지보고서 내용 중〉

실습기관분석보고서

실습생	나실습	학 번	
실습기관	○○○노인복지관	제출일	

1. 기관의 역사

1) 기관 설립동기 및 설립목적

사회복지이념을 바탕으로 노인들에게 상담, 의료, 급식, 사회교육, 취업알선, 경로당 활성화을 통해 사회적, 정신적 노화 및 사회환경적 요인으로 소외를 겪는 자를 대상으로 보람된 노후와 제2의 인생을 영위하도록 돕는 데 목적이 있다.

2) 기관사업의 역사적 변천

2010. 01. 27	노인여가복지시설 설치신고
2010. 01. 27	노인돌봄기본서비스 협약서 체결
2010. 02. 01	노인복지관 임시개관
2010. 03. 01	노인복지관 개관식
2010. 03. 01	노인일자리 복지형, 교육형 사업 실시
2010. 04. 01	디딤돌일자리 사업 수행기관 사업 실시
2010. 12. 16	한국보건복지인력개발원 우수실습기관 지정
2011. 03. 14	현) 노인일자리 복지형, 교육형, 복지형 사업 실시
2011. 04. 09	디딤돌일자리 사업 수행기관 사업 실시

3) 기관의 역사에 대한 실습생의 평가

첫걸음에 즐거움을 선사하며, 두 걸음에 삶의 의미를 부여한다.

세 걸음에 서로의 믿음을 주고받으며, 마지막 걸음에 인생의 동반자로 나란히 선다.

노인복지를 구현해 나가기 위해 김○진 관장님의 멋진 인사 말씀만큼이나 건물 곳곳에서부터 세심한 배려와 사랑이 묻어 있는 곳입니다. 개관 이후 짧은 시간이지만, 열심히 노력하며 다양한 사업을 통해 클라이언트의 욕구를 충족시키기 위해 많은 노력을 하고 있습니다.

2. 기관의 목적

시대의 변화와 함께 산업화와 고령화 때문에 노인들의 증가로 심각해진 노인문제에 대처하기 위하여 설립된 사회복지시설로서 각종 서비스를 통해 어르신들의 여가생활 전반을 돌보며, 사회적 환경으로부터 소외당하지 않고 노후생활을 즐겁게 지내도록 한다.

3. 기관의 주요사업 및 프로그램

1) 클라이언트 및 대상지역

- 클라이언트 : 65세 이상 노인
- 대상지역 : 전남 ○○군 내 거주

2) 주요사업

2011. 03. 14	현) 노인일자리 복지형, 교육형, 복지형 사업 실시
2011. 04. 09	디딤돌일자리 사업 수행기관 사업 실시

3) 서비스 전달체계

사회복지서비스 전달체계란 사회복지 서비스의 공급자와 소비자(수혜자) 간을 연결하기 위한 조작적 장치라고 할 수 있다.

4) 기관의 서비스대상 및 주요사업에 대한 실습생의 평가

전남 화순이라는 지역적 특성상 작은 지역임에도 많은 어르신의 여가취미활동을 위한 다양한 프로그램이 있어서 참 좋았습니다.

4. 기관의 행정사항

1) 행정구조

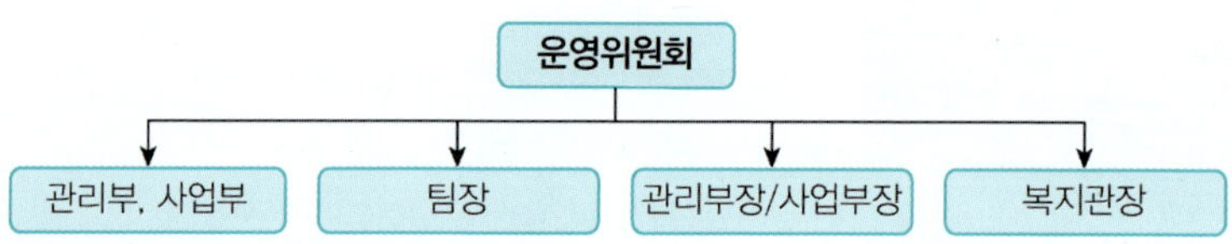

2) 예산, 후원 및 지원사항(2020년 기준)

- 경상보조금 : 5억 5천만 원
- 자 부 담 : 5천만 원
- 후 원 금 : 2천 5백만 원

3) 실습부서/ 팀

(1) 행정구조(조직도 그리기)

- 인원 : 총 10명
- 관장 : 1명, 부장 : 1명, 팀장 : 1명, 사회복지사 : 2명, 물리치료사 : 1명
- 사무원 : 1명, 영양사 : 1명, 조리사 : 2명

(2) 예산, 후원 및 지원사항

4-2 상동

4) 기관의 행정구조와 예산 사용 및 후원에 대한 실습생의 평가

관리부와 사업부로 구분되어 관리부의 경우 시설 및 차량관리, 사업부의 경우 복지관 내의 사업 총괄로 구분되어 진행 중. 많은 자원봉사자가 있어 대체로 안정된 느낌. 복지관 바로

앞이 공원이라 늘 자연과 함께할 수 있도록 조성이 아주 잘 되어 있음.

5. 지역 내 타 기관들과의 연계상황과 활동
   - 연계기관 : ○○군 보건소, ○○군 생활체육회, 녹십자사, 은행권, 사찰 등 연계를 통해 각종 후원금 및 강사 등을 지원받고 있어 복지관 내 예산 절감 등 효과를 거두고 있음.

6. 전반적인 기관에 대한 인상과 평가
   복지관 개관이 1년이 넘어 2년째임에도 현재 회원수가 3,000여 명과 프로그램 수 25개 이상이 진행되고 있어 타 기관보다 빠른 시간 내 기틀을 다진 것 같다. 특히 농촌지역 어르신들을 위해 프로그램이 5일 체제로 진행되고 있어, 매우 인상 깊으며, 실적 면에서도 성과가 높다는 것을 알 수 있다.

예시 10(법인 및 단체-1) 〈2020. 9. 일지보고서 내용 중〉

기관분석보고서

실습생명	나실습	기관명	사단법인 ○○○청소년회
기관주소	서울 관악구		
기관소개자	김○환(부서 : 사무처, 직책 : 사무처장)		

1. 기관의 역사
   1) 기관 설립동기 및 설립목적
      - 설립동기 : 한국의 청소년들과 대상으로 국내의 다문화 현실을 현장 답습·연구하고, 대한민국의 지역사회의 모임을 순회하면서 한국과 해외의 다문화정책과 현실을 비교 분석, 문화교류, 지역사회 복지서비스 제공 등을 통해 대한민국의 청소년들이 국제 감각을 익혀 훌륭한 국제인으로 성장하도록 돕고 바람직한 다문화환경이 정착되도록 하는 데 일조하고자 하는 취지에서 본 기관을 설립하였다.
        다문화 가정의 아동·청소년들은 부모의 다른 사회문화적 배경으로 가치관 혼돈과 신체적 외형의 차이로 정체성 혼란 및 사회적 차별 등의 어려움을 가지고, 또래와 지역사회에서 성장해나간다. 이들은 때로 집단 따돌림을 경험하기도 하는데, 갈등이 부정적 정체성으로 진행될 경우 사회적 문제를 일으킬 수 있다.
        반면에, 다문화가정의 자녀들이 적절한 문화소통과 교류를 통해 국제문화의 이해와 수용의 원리를 체질화시키면 국제사회에서 경쟁력을 갖춘 성인으로 성장할 기회를 받을 수 있으며, 아울러 국가발전의 원동력으로 작용하게 될 것이기 때문이다.
        오늘날 더욱 복잡하고 다양해지는 우리나라의 큰 사회적 변화는 단일민족국가에서 다민족이 공존하는 다문화 사회로 변하고 있다. 이러한 사회적 변화는 우리나라의 새로운 발전가능성과 동시에 차별과 적응문제 등 사회적 역기능을 초래하고 있다. 이에 따라 커져가는 다문화복지의 필요성과 중요성에 따라 사회복지 업무를 계획 추진해나가고 있다.

• 설립목적 : 신실한 사상과 정신을 가진 자로서, 청소년 사랑과 평화의 정신에 따라 청소년 자원봉사활동을 통한 바람직한 사회문화를 구현함을 그 목적으로 설립하였다.
아이들의 문제에 앞서 다문화가정의 문제는 근본적으로 국제결혼 이주여성에게서 시작되는 부분이 크다. 본 기관은 이주여성들이 내국인과 동등한 권리 및 의무를 최대한 누릴 수 있도록 취업, 신체안전, 사회복지 및 교육기회를 제공하고, 생활적응능력 향상과 사회적 결여문제를 해결하기 위해 한글, 인성, 컴퓨터 등의 직무 교육반을 개설하여 운영함으로써 국제결혼 이주여성의 사회적 참여도를 높여 이주여성의 가정 내에서 어머니와 아내로서, 사회의 일원으로서 역할능력을 상승시키는 동시에 자존감을 높이고자 한다.
이에 더 나아가 본 기관이 대상으로 하는 지역사회의 특성을 반영하여 중국 귀환동포 노인이나 지역사회의 취약계층에 대한 서비스로 영역을 확대하여 이들을 지원하고 있다. 궁극적으로는 지역사회의 다양한 구성원 간의 화합과 교류, 소통을 이루어 지역발전에 이바지함에 그 목적이 있다.

2) 기관 사업의 역사적 변천

2000. 01	명문화예술협회(○○○○클럽 전신) 설립
2000. 01	일본 후쿠오카, 동경 해외탐방
2000. 08	중국 해외탐방 진행(북경, 천진)
2001. 02	싱가폴, 말레이지아 해외탐방
2002. 09	홍콩, 마카오 해외탐방
2002. 12	중국, 동남아 7개국 해외탐방
2003. 04	러시아 연해주(우수리스크), 중국(백두산, 동북 3성) 해외탐방
2003. 08	중국 백두산 해외탐방
2004. 02	태국, 캄보디아 해외탐방
2004. 03	서남아시아 해외탐방(인도, 파키스탄, 방글라데시, 네팔)
2004. 08	중국 백두산 해외탐방
2005. 02	중국 상해 한중일 문화교류
2006. 12	볼런티어클럽 설립
2006. 12	태국, 캄보디아, 베트남 해외탐방
2007. 01	중국 연태, 청도 문화탐방
2007. 04	요보호대상자를 위한 자활사업 진행
2007. 05	일본 후쿠오카 문화탐방
2008. 03	지역주민을 위한 영어교육 프로그램 진행

2008. 05	일본(나고야) 문화탐방
2008. 08	영어파티 진행(Pot luck 파티)
2008. 09	중국 연태, 위해 문화탐방
2008. 10	사무실 이전(신림역)
2008. 12	크리스마스 영어파티 진행
2009. 01	중국 연태 해외탐방
2009. 09	대림 중국동포 경로당 자매결연 체결
2009. 10	사무실 이전(신원동 다문화 마을)
2009. 12	국제지역아동센터 설립
2010. 02	○○○○클럽. 서울시 비영리민간단체 등록(제1122호)
2010. 03	다문화 가정 국립박물관 방문
2010. 04	다문화 가정 전통어울마당
2010. 05	서울시 예비 사회적 기업 진행(언어팀, 교육탐방팀, 공연팀)
2010. 08	중국 청도, 상해 문화탐방(현지인 교류, 유적답사, 자원봉사)

3) 기관 역사에 대한 실습생의 평가

기관의 전신과 출범 이후 걸어온 길을 보았을 때, ○○○청소년회는 본질적으로 다국적 문화교류를 통한 청소년 문화선도와 발전에 초점을 맞춰왔던 것으로 판단된다. 대상을 다문화가정 및 지역 청소년들에 국한하지 않고, 이들과 밀접한 관계를 맺고 있는 이주여성(한 가정의 어머니), 지역주민들에게까지 올바른 다문화 사회적 문화가 정착될 수 있도록 그 서비스 영역을 확대하여 수행하고 있다. 이처럼 탄력적이며 광범위한 복지적 접근은 지역사회에서 일임하는 기관의 역할을 더욱 강화하고 있지만, 아직 그 정체성 부분에서는 아직 과도기적 측면이 있지 않으냐는 평가를 하는 바이다. 하지만 모든 사업을 기획하고 수행하면서 그 본질적 측면은 잘 유지하고 있어 향후 다문화 복지기관으로서 지역사회에서 큰 역임을 담당할 것으로 여겨진다.

2. 기관의 목적

사단법인 ○○○청소년회는 사랑과 봉사의 정신을 지역사회에 실현하고, 다문화가정이 이 사회에서 더불어 잘 살아갈 수 있도록 하기 위한 목적으로 설립된 비영리 민간기관이다.
문화교류와 다문화 마을 탐방을 통해서 내가 속해 있는 다문화 지역을 분야별로 이해하고 수용하는 마음가짐 함양, 궁극적으로 다문화 가족과 원주민들이 화합하는 조화로운 다문화 마을을 만들고, 국가와 지역사회에 이바지할 수 있는 국제인이 되는 훈련을 하게 한다.

3. 기관의 주요사업 및 제공되는 서비스

1) 클라이언트 및 대상 지역

- 클라이언트 : 다문화 가족
- 대상지역 : ○○동 신원시장 일대 다문화 마을 중심

2) 주요사업

(1) 재외국인과 지역주민을 위한 언어교육 프로그램 : ○○○○클럽에서는 지역에 많이 거주하는 중국귀화동포, 이주여성 등 외국인을 위한 한국어와 지역주민들을 위한 영어, 중국어 수업을 저렴한 비용으로(혹은 무료로) 제공한다.

(2) 다문화교육 및 탐방프로그램 운영 : 지역주민과 학생들을 대상으로 다문화에 대한 이해를 높이기 위해 찾아가는 다문화교육을 비정기적으로 운영하고 있으며, 국내외 다문화 지역 탐방프로그램을 매주 시행하고 있다.

(3) 이주여성의 업무능력향상 교육 : 이주여성의 취업역량을 높이기 위한 한국어 및 컴퓨터 활용 교육, 서류작성법 등을 시행하고 있다.

(4) 취약계층 지역민 지원프로그램 : 독거노인, 중국귀환동포, 이주여성 등 신림동 지역의 취약계층을 위한 가정방문 지원서비스를 수시로 제공하고 있다(말벗, 욕구조사, 반찬 전달, 컴퓨터 수리 등).

(5) 푸드뱅크 나눔 및 물물교환 : 푸드뱅크와 연계하여 매주 금요일마다 신림천 일대에서 빵 나눔 외부활동을 진행하고 있으며, 분기별로 안 쓰는 물건을 모아 아나바다 장터를 열고 그 수익금을 이웃돕기에 사용하고 있다.

(6) 공연예술 프로그램 : 국내 전문가 및 다문화 여성으로 구성된 탭댄스 공연팀 '스태퍼'의 멋진 공연이 지역축제 및 기념행사, 자체홍보 등을 위해 준비되어 있다.

3) 서비스 전달체계

- 5월 현재 비영리사회복지단체로 국가로부터 사회적기업 예산을 지원받아 서비스전달자와 클라이언트 사이에서 서비스를 전달하는 사적(민간)전달체계로서의 임무를 수행하고 있다. 기관 내부의 자원과 외부자원을 이용하여 다문화가정 방문서비스, 빵 나눔행사 등 다양한 복지서비스를 스스로 구축하여 직접 전달하고 있다.

4) 기관의 대상층 및 주요사업에 대한 실습생의 평가

- 다문화사회 도래라는 우리나라의 사회적 변화와 그에 따른 필요에 발맞추어 다문화 복지기관으로서 특화된 복지서비스를 제공해나가고 있다.
  특히 서비스지역의 세대특성(저소득층 중심으로 중국귀화동포 및 다문화가정이 많음)에 따른 수요에 맞추어 서비스대상을 적절히 선정하고 사업을 진행하는 탄력성이 높이 평가된다. 이에 따라 주어진 예산과 인력보다 다방면으로 많은 사업을 진행하고 있는 것처럼 보였는데, 모금과 후원 등을 적극적으로 활용하여 서비스공급자와 클라이언트 사이를 이어주는 하부기관으로서 실천적 역할을 효과적으로 수행하고 있었다.

4. 기관의 행정사항

1) 기관의 조직구조

- 기관의 실질적인 업무는 전체를 총괄하는 사무처장 산하에 실무를 담당하는 실장 2인(한국인 직원) 그리고 언어교육, 다문화교육을 담당하는 다문화직원(중국, 미얀마, 필리핀, 몽골 등), 한국인 인턴으로 구성된 직원들에 의해 이뤄지고 있다.

〈조직도〉

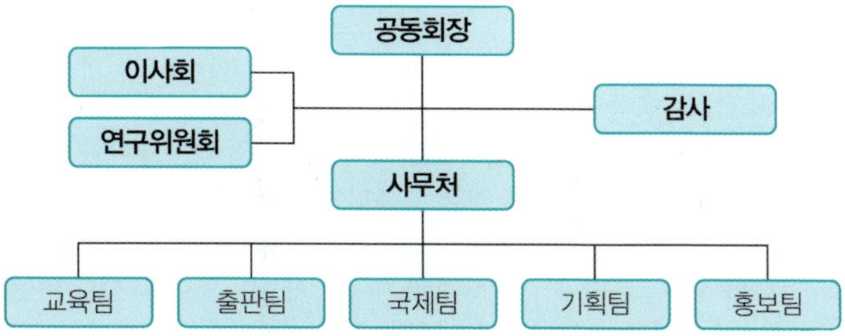

2) 재정구조

- 서울시 보조금 : 인건비 월 1,500만 원(다문화 직원급여)
- 후원 : 개인, 단체 기부금 연간 2천만 원
- 지원사항 : 개인, 단체의 기부물품(의류, 생필품, 학용품 등)

3) 기관의 행정구조와 예산 사용 및 후원에 대한 실습생의 평가

- 적은 예산으로 알뜰하게 사용하고 있으며, 활용가능한 모든 자원을 최대한 효율적으로 이용하고자 하는 노력이 상당했다. 많은 후원이 필요하지만, 아직 시설요건을 갖추지 못하여 민간후원이 많이 부족한 상태였다. 인건비를 포함해 사업을 추진하기 위한 예산을 마련하기 위해서는 주로 정부 및 지자체의 공모식 사업에 지원하여 통과를 해야 한다는 어려움이 있었다. 재정적인 어려움을 극복하기 위한 다양한 방안을 모색하며 클라이언트들에 대한 서비스를 최대한 실현하기 위해 노력하는 사명감에 높은 점수를 주고 싶다.

5. 기관이 속한 지역사회, 물리적 환경의 특징

1) 지역사회 (신림동 유래 및 연혁)

- 1975년 10월 1일 서울특별시 조례 제981호에 의거 신림1동에서 분동되었으며, 상업지역, 준 주거지역, 일반 주거지역이 각 1/3씩 혼합되어 형성된 지역이다.
  1970년대 초 토지구획정리와 함께 도로조성, 도시의 기반시설을 갖춤으로써 상가와 주택이 급속하게 신축되었으며, 특히 지하철 2호선의 개통과 더불어 신림역 주변이 상업지역으로 지정되자 관악구에서 가장 번화한 지역으로 발전하였다(2009년 자료).

2) 물리적 환경(시설, 공간 등)

- 신림동 지역은 먹거리 골목 및 각종 편의시설 등이 잘 갖추어진 곳이다. 대학동은 서울대학교가 있는 곳으로 고시촌이라는 독특한 동네가 형성되어 있으며, 대규모 하숙집, 고시전문서점 등이 들어서 있다. 또한, 남부순환도로와 신림로가 교차하는 교통의 요충지 역할을 하고 있어 유흥업소와 상가 등이 밀집하여 상업과 주거의 복합구조를 이루고 있다. 외국인 100만 시대를 맞이하면서 2만여 명의 외국인들(대부분 중국동포)이 관악구에 해서 거주하고 있으며, 다문화 가정은 현재 1,970세대가 관악구에 있다(2009년 자료). 시설이 위치한 건물은 번화지역을 벗어나 신원시장과 인접한 거주중심지역 초입에 있어 외부 노출이 잘 안 되고 있는 반면, 지역주민들의 접근이 용이하다.

6. 지역사회와의 연계상황
 1) 관계유형 및 내용
  • 푸드뱅크 : 매주 금요일 수원 푸드뱅크에서 빵 수거하여 신림동 지역에서 빵 나눔 행사진행
  • 외국인 단체(대림동 중국동포 경로당, 동대문 몽골 간단사원, 이태원 나이지리아 미인가 보육시설, 안산 미얀마 커뮤니티 등) : 다문화복지의 간접적인 클라이언트로서 물품 후원, 복지욕구를 조사할 수 있는 대상. 이들 단체에서는 다문화탐방 및 다양한 다문화행사 진행 등에 도움을 주고 있다.
  • 관악 무지개네트워크 : 관악구 내 다문화복지 담당자들이 모여 구성된 연합체인 무지개네트워크의 일원으로서 지역 단체 및 사회복지 담당자들과 유기적인 관계를 맺고 있다.

 2) 기관의 타 기관과의 관계유지에 대한 실습생의 평가
  • 매주 금요일에 지원받는 푸드뱅크에서도 알 수 있듯이 작은 기관이지만, 성실성을 인정받아 꾸준한 지원을 받고 있으며, 매주 먼 곳까지 음식 나눔을 위해 노고를 아끼지 않는 열정에 박수를 보내고 싶다. 이번 행사를 통해서도 많은 외국인 유관단체에서 참여해주시고 관심 가져 주셨는데, 평소 이들과 우호적 관계를 유지하고 상호 협조가 이뤄진다는 것을 알 수 있었다. 소수집단의 목소리에 귀 기울여 주고 전적으로 편이 되어 줄 수 있는 ○○○청소년회와 같은 단체가 있다는 것만으로도 이들 기관에 큰 힘이 되리라 생각한다. 관악 무지개네트워크와 같이 다른 단체에 속해 있지만, 공적/사적 각 전달체계에서 같은 대상을 클라이언트로 활동하고 있는 조직체가 있다는 것이 사업을 진행하는 데에 큰 도움이 되고 상호 시너지 역할을 할 것이라 기대한다.

예시 11(법인 및 단체-2) 〈2020. 9. 일지보고서 내용 중〉

실습기관분석보고서

실습생명	나실습	기관명	○○장애인단체총연합회
기관주소	서울특별시 영등포구 여의도동		
기관소개자	노○○(부서 : 대외협력실, 직책 : 고용지원팀장)		

1. 기관의 역사
 1) 기관 설립동기 및 목적
  • 설립동기 : 지금까지 장애인의 문제는 당사자가 아닌 전문가들의 손에 의해 지배됐고, 장애인은 남의 도움을 받아야만 살아갈 수 있는 그런 존재가 되어 있었다. 인권이 배제된, 시혜적 복지, 간단히 말하면 정부에서 일방적으로 은혜를 베풀어주는 수준 정도밖에 안 되는 복지만이 있었다는 것이다. 현재 장애인의 현실을 돌아보았을 때, 아직도 장애인은

생활의 안전을 보장받지 못하고 가난에 힘들어하고 있으며, 일자리 제공의 부족과 이동권, 접근성을 획득하지 못하고 차별 속에서 억압받고 있는 것이 사실이다. 이에 따른 권리 회복을 위하여 장애인 당사자가 사회와 장애인 정책에 완전한 참여가 이루어지도록 방안을 모색하고, 장애인 당자의 욕구와 역량을 제대로 발휘할 기회를 마련해보고자 본 기관은 장애인 단체들이 연합하여 바로 당사자들의 요람으로 장애인들이 모여 자기결정권을 행사할 수 있는 환경을 변화하고, 장애인의 삶을 개선하며 권리를 보장받기 위한 당사자 역량 강화와 강한 조직이 요구되므로 우리 힘으로 만들어 내보고자 설립되었다.

• 설립목적 : 장애인의 정치적 연대를 통해 장애인을 억압하는 사회 환경과 서비스 공급체계의 불평등한 권력관계를 비판·견제함으로써 장애인의 권한과 선택 및 평가가 중시되는 장애인복지를 추구한다. 그 결과 장애인의 권리, 통합과 독립, 그리고 자조와 자기결정을 달성하려는 장애인 당사자 주도의 발전된 권리운동을 펼쳐 나아가며, 장애정책 전반에 영향을 미칠 수 있는 권력을 지향함과 동시에 정책 결정자 및 서비스 제공자 그리고 전문가와의 건전한 긴장관계를 유지한다. 또한, 결정과정에 대한 실질적이고 영향력 있는 참여를 통한 장애인 당사자의 권익을 추구하며. 장애인을 억압하는 지배사상에 대한 저항을 포함하고 있다. 이를 위한 정치적 세력화가 중시되며. 장애인당사자주의를 근본이념으로 장애인의 완전한 참여와 평등을 목표로, 즉 '우리를 제외하고 우리에 관해 논하는 것은 의미가 없다'는 것을 주장하고자 설립되었다.

2) 기관 사업의 역사적 변천

1996. 05. 28.	한국장애인단체총연합회 발기
1996. 09. 11.	한국장애인단체총연합회 창립총회
1996. 12.~	현재 420장애인대회 및 장애인복지대상 시상식
1997. 05. 28.	전국장애인단체지도자연수회
1997. 12. 01.~12. 20.	"LG 정유와 함께 이웃사랑을" 사업
1997. 08. 30.	창립1주년 기념 및 전국대의원 총회
1997. 11. 10.	사회보장정책 토론회
1998. 09. 10.	장애인복지법개정안 공청회 개최
1998. 09. 10.	장애인복지법개정안 공청회
2002. 03. 27.	제1대 상임대표 취임식
2002. 07. 18.~7. 20.	제6회 DPI세계대회 삿포르 대회 참가
2002. 11. 29.	제6회 DPI세계대회 삿포르 보고회 주최
자료-절삭	
2014. 04. 16.	2014 420장애인대회 개최
2014. 04. 16	장애인차별금지법상의 웹 접근성(WA) 보장방안 세미나 개최
2014. 05. 08.	장애인보장구 보험급여 기준 현실화 방안 마련 토론회
2014. 05. 08.	중증장애인 IL인턴제 시범사업 제안 기자회견

2014. 05. 09.	중국 농아인 협회 교류
2014. 05. 16.	2014 장애인활동가 워크숍
2014. 05. 28.	장애인의 기상정보 접근성 점검 및 개선 관련 간담회

3) 기관 역사에 대한 실습생의 평가

기관 출범 23년, 사단법인으로 설립된 지 17년, 청년기의 역사를 지닌 본 기관은 당사자주의의 이념을 바탕으로 당사자들의 참여와 평등의 목표에 초점에 맞추어 많은 발전해왔다고 판단된다. '장애인당사자주의'를 근본이념으로 하여 장애인복지에 따른 각종 법, 정책들을 장애인의 정치적 연대를 통해 장애인 당사자의 권익을 추구하는 데 많은 노력의 흔적이 있다. 아직도 미흡하지만 많은 부분이 당사자 주도의 발전된 권리운동을 펼쳐 나아가고 있다고 본다. 특히, 중증장애인 직업재활지원사업, 장애인거주시설인권실태조사, 장애인 취업박람회 개최 등의 사업들이 지속적으로 발전되고 있으며, 기관이 주장하는 '우리를 제외하고 우리에 관해 논하는 것은 의미가 없다.'는 것을 실현하는 데 크게 기대가 되며, 장애인복지에 큰 역할을 담당할 것이라고 생각한다.

2. 기관의 목적

사단법인 ○○장애인단체총연합회는 장애인당사자주의 실현과 장애인의 인권 보장 및 권익옹호를 위한 활동과 각 장애 유형 및 분야를 대표하는 회원단체로 구성, 당사자주의 이념의 실천과 인권향상을 위해 국내외적으로 활동하여 장애인의 완전한 참여와 평등 실현, 장애인을 위한 차별과 장벽제거, 장애인 당사자의 참 주권회복, 장애인 당사자단체의 최고의 대표성 표방의 임무를 수행함을 목적으로 하고 있다.

3. 기관의 주요사업 및 프로그램

1) 클라이언트 및 대상 지역

- 클라이언트 : 단체총연합회 기관이므로 클라이언트를 직접 대상으로 하지 않는다.
- 대상지역 : 산하 단체가 있는 전 지역

2) 주요사업

(1) 역량강화 사업

- 사업목적
  - 교육을 통해 장애인단체 활동가들의 전문성 증진 및 실무 능력제고
  - 장애인 단체 활동가들의 역량강화를 위한 워크숍을 통해 지속적인 협력체계 구축 및 연대의식 강화
- 사업내용
  - 장애인단체 워크숍
  - 장애인단체 실무자 역량강화 교육
  - 직원역량강화 교육

(2) 장애인 인권실태조사

- 사업목적
  - 장애인 거주시설의 인권침해 및 차별을 사전 예방. 조기 발견. 사후 조치하여 인권 보호 구현
  - 인권실태조사 전문 조사원을 양성하여 매년 특정 기간 지정 없이 인권실태 조사 실시
- 사업내용
  - 교육교재 및 조사표 개발
  - 인권실태 전문조사원 양성
  - 장애인 거주시설 인권실태조사

(3) 중증장애인 직업재활지원 사업

- 사업목적
  - 장애인고용과 직업생활을 지원하는 사업을 통해 장애인의 경제적 독립, 공정한 경쟁을 통한 능력 발휘 및 자립생활의 기반 마련
  - 장애인이 고용을 통해 자신의 이상을 실현하고 사회에 적극적으로 참여하여 완전한 사회통합 실현
- 사업내용
  - 장애인 구직상담
  - 취업 전 교육
  - 다양한 직종개발 및 직무분석을 통한 취업알선
  - 취업 후 적응지원
  - 취업자 간담회
  - 장애인 채용 사업주 상담 업무
  - 사업체 지원

3) 서비스 전달체계

한국장애인단체총연합회는 국가 지원금과 후원단체의 후원금으로 당사자주의의 이념 아래 장애인의 자립, 차별로부터의 해방, 장애인의 삶의 질 향상이라는 목표를 실현하기 위하여 한국지체장애인협회, 한국교통장애인협회, 한국산재장애인협회, 한국장애인자립생활총연합회, 한국장애인인권포럼, 한국청각장애인협회, 한국근육장애인협회, 한국장애인고용안정협회의 장애인 당사자 단체들이 모여 활동하고 있다.

4) 기관의 대상층 및 주요사업에 대한 실습생의 평

장애인단체 활동가들의 전문성 증진 및 실무자들의 실무능력을 위한 역량강화 사업, 장애인 거주시설의 인권침해 및 차별을 사전 예방·조기 발견·사후 조치하여 인권보호 구현하기 위해 전문조사원을 양성하여 매년 일정 기간 지정 없이 실태조사를 지속적으로 실시하고 있다. 그리고 장애인 자신의 이상을 실현하고 사회에 적극적으로 참여하여 완전한 사회통합을 실현하고자 장애인 경제적 독립, 공정한 경쟁을 통한 능력 발휘 및 자립생활의 기반 마련 등의 역할을 충분히 하고 있다고 생각된다.

4. 기관의 행정사항

1) 기관의 조직구조

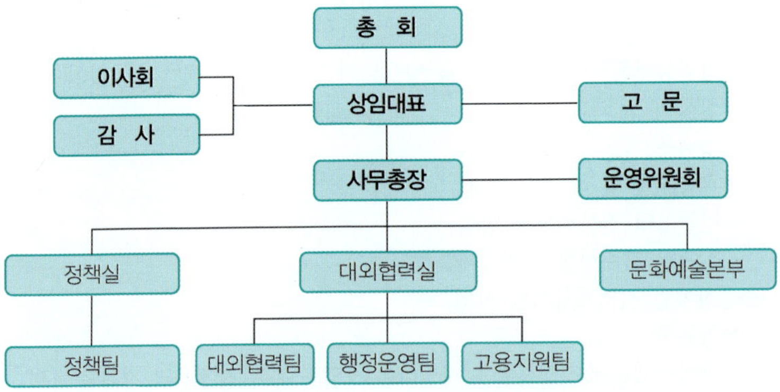

2) 산하 회원 단체

No	단체명	조 직
1	(사)한국지체장애인협회	시도 17개 협회, 시군구 232개 지회
2	한국교통장애인협회	시도 17개 협회, 시군구 166개 지회
3	(사)한국산재장애인협회	시도 8개 협회, 시군구 10개 지회
4	(사)한국장애인자립생활센터총연합회	전국 77개 센터
5	(사)한국장애인인권포럼	전국 7개 지회
6	한국근육장애인협회	전국 4개 지회
7	한국청각장애인협회	전국 12개 협회
8	(사)한국장애인고용안정협회	시도 17개 지부
계	8개 단체	54협회 17지부 419개 지회 77개 센터

3) 예산, 후원 및 지원 사항

〈2020년 후원금 수입·지출 결산보고〉

(2020. 1. 1. ~ 2020. 12. 31.)

2020년 세입		2021년 세출		
총계	69,058,973	총계		69,058,973
전년이월	7,814,458	사업비	장애인역량강화사업	3,353,964
후원금	61,242,561		장애인인식개선사업	1,631,458
소계	69,057,019		국제교류사업	5,003,591
이자수입	1,954		장애인거주시설실태조사	6,311,592
소계	1,954		소계	16,300,605

2014년 세입	2014년 세출		
	사무비	운영비	19,738,632
		소계	19,738,632
	지정기탁 후원	지원후원금	30,000,000
		소계	30,000,000
	이월금	2015년 이월금	3,019,736
		소계	3,019,736

4) 기관의 행정구조와 예산 사용 및 후원에 대한 실습생의 평가

예산사용에 관해서는 실습생으로서는 공개된 후원금 수입·지출만을 파악할 수 있었다. 후원금만으로는 각종 사업을 수행하는 되는 어려움이 많을 것으로 파악된다. 국가로부터 사업비로 지원받는 금액은 연간 3억 정도라고 간접으로 들었다. 그러나 사업지원 자금 속에는 직원들의 급여는 포함될 수가 없다. 다시 말해서, 사업 지원금은 기관에서 사업비 외에 직원들의 인건비 및 기관 운영비는 사용할 수 없다.

일선 복지관 또는 시설은 정부로부터 위탁받은 형태의 지원이므로 직원들의 인건비도 책정되지만, 이곳 기관은 자체사업으로 직원들의 인건비를 충당해야 하는 어려움을 겪고 있다. 본 기관은 이익사업으로 출판 사업을 하고 있다. 이렇게 자체 이익사업을 통해 자금을 마련하여 이와 같은 방대한 사업을 전개할 수 있다.

5. 기관이 속한 지역사회, 물리적 환경의 특징

1) 지역사회(이룸센터 개관)

2007년 12월 10일 개관한 이룸센터, 장애인들 간의 정보교류, 화합의 장이 되는 서울 여의도의 지하철 9호선 국회의사당역 4번 출구 앞에 있는 이룸센터는 한국장애인개발원을 비롯한 각 장애인단체가 입주해 있고, 장애인 관련 행사들이 매일 열리고 있어 항상 장애인들을 만날 수 있는 곳이다.

이룸센터의 건립은 고 노무현 전 대통령의 대선공약이었다. 대선공약이 지켜진 것은 맞지만, 운영비 마련은 장애인들의 몫이 됐었다. 건물 운영과 유지를 위한 비용을 확보하기 위해 이룸센터에는 일반 회사들도 입주해 있다.

2) 물리적 환경(시설, 공간 등)

한국장애인단체총연합회는 장애인단체들의 메카이며, 2007년 12월 10일 개관한 이룸센터는 3층에 자리하고 있다. 이곳은 한국장애인개발원이 총괄하며, 2015년 7월 29일 개정 시행된 장애인·노인·임산부 등의 편의증진 보장에 관한 법(이하 편의증진법) 제14조의2(교육 실시)가 신설됨에 따라 보건복지부장관이나 시설주관기관은 편의시설의 올바른 설치 및 편의시설에 대한 인식 개선을 위해 필요하다고 인정할 때에는 시설 주나 건축사사무소 종사자 등을 대상으로 교육을 할 수 있도록 하고 있다. 「장애물 없는 생활환경(Barrier Free)」 본 인증을 획득한 건물로써 장애인을 위한 따듯한 공간으로 장애인복지에 관한 정보교류의 장이기도 하다.

이곳 지하와 1, 2층에는 “단순한 일반 강당이 아니라 공연도 하고 미술전시도 할 수 있는 다목적 공연장 형태로 만들어졌다.”고 한다.

편의시설로는 장애인화장실, 안전유도 손잡이, 장애인용 엘리베이터, 비상구 연결통로가 문턱을 없애 휠체어 사용자들의 출입에 불편함이 없도록 설치. 점자형 블록, 안내 촉지도, 농아인 전용 화상전화기, 전동휠체어 급속 충전기, 음성 유도기, 피난대피용 보조기기가 설치되어 있다.

6. 사회복지기관으로서 지역 내 타 기관들과의 연계

1) 관계유형 및 내용

본 건물에는 한국장애인개발원, 대한정신보건가족협회, 한국지체장애인협회, 한국시각장애인연합회, 한국특수교육총연합회, 한국장애인자립생활센터총연합회, 한국장애인단체총연합회, 한국장애인단체총연맹, 한국장애인문화협회, 서울지체장애인협회, 한국지적장애인복지협회, 한국척수장애인협회 등의 단체가 입주해 있어 서로 유기적인 관계를 유지하고 있다.

2) 기관의 타 기관과의 관계유지에 대한 실습생의 평가

한국장애인단체총연합회 산하 8개 단체 중 3개 단체가 같은 이룸센터 내에 있어 편리함뿐만 아니라 그 외에 장애인 단체들이 같은 빌딩 내에 있으므로 기관과의 유기적인 관계는 물론 장애인들의 기본 목적을 달성하는 데 큰 힘이 될 것으로 생각된다.

7. 기관의 특별한 면이나 전반적인 사항에 대한 인상이나 느낌

한국장애인단체총연합회의 특별한 면은 사무국장, 3개 팀의 팀장이 모두 여성이고, 작은 조직이지만 방대한 사업을 계획, 수행하고 있음이 대단하다고 생각되며, 가족 같은 온화한 업무 분위기가 인상적이었다.

CHAPTER

10

사회복지현장실습의 과제물 작성 및 예시-3

1. 중간평가서 작성
2. 종결평가서

1. 중간평가서 작성

실습은 일반적으로 짧게는 20일을 진행하게 되고, 이에 따른 중간평가서 작성 및 실습지도자와의 함께 중간평가를 실시하게 된다. 중간평가의 의의는 실습 진행의 남은 기간 추가적인 모습이나 수정되어야 하는 부분이 있다면 수정할 수 있도록 중간평가를 활용할 수 있다.

중간평가서는 서술양식으로 작성한 뒤 실습지도자와 평가회를 갖는 것을 권장한다.

예시 1(데이케어센터) **〈2020. 3. 일지보고서 내용 중〉**

실습중간평가서

실습생명	나실습	기관명	○○○데이케어센터
실습기간	2020. 3. 6.~2020. 3. 22	실습지도자	홍길동
실습평가일	2020. 3. 22	실습지도교수	위교수

1. 실습목표와 관련된 실습내용 및 역할에 대한 평가

1) 수행한 실습내용 및 역할의 요약

오전 어르신 송영 맞이 서비스와 어르신들을 보살피고, 프로그램 자료들을 정리 그리고 프로그램 준비를 위한 보조업무를 하였다. 매일매일 송영서비스 후 어르신들의 기분과 건강 상태를 파악하며, 그분들의 마음을 헤아리고 공감해주는 서비스로 정서적으로 안정감을 드리는 역할도 수행하였으며, 어르신들의 행동변화를 관찰하고 체크해보는 업무를 수행하였다.

2) 평가

센터장님 외 여러 직원선생님들이 그들의 자리에서 각자 맡은 업무를 처리하고, 어르신들을 케어하는 모습에서 진정한 복지업무를 행하는 분들의 자세를 배울 수 있었고, 나 또한 그분들의 모습을 본받아 복지인으로서의 자세가 준비되어 있는지 돌아볼 수 있는 시간이 되었다.

3) 앞으로의 계획

어르신들이 가지고 있는 요구와 어르신들에게 필요한 케어서비스에 대해 더 알아야 할 것 같고, 노인성 질환과 정서상태, 심리상태에 대해 더 공부하고 알아가야 할 것 같다.

2. 실습에 임한 자세 및 노력
현장에서의 어르신을 대할 때 단순히 친절한 마음만이 아닌 어르신들에게 필요한 케어서비스에 대해서 정확히 이해하려 노력하고, 노인성 질환에 대한 공부를 겸해 가며 실습에 임해야 할 것 같다.

3. 실습으로 배운 점
센터장님 외 직원선생님들이 현장에서 쏟고 있는 열정적인 모습과 어르신들을 위한 프로그램을 위해 계속 고민하고 노력하는 모습에서 복지인으로서 필요한 마인드와 열정을 배울 수 있었다.

4. 앞으로 더 필요한 지식과 기술
어르신들이 가지고 있는 요구와 어르신들에게 필요한 케어서비스에 대해 더 알아야 할 것 같고, 노인성 질환과 정서상태, 심리상태에 대해 더 공부하고 알아가야 할 것 같다.

5. 실습에서 어려웠던 점
단순한 노인에 관한 지식과 어르신들에게 친절히 마음으로 다가가면 된다는 생각을 가지고 현장실습을 하게 되었는데, 센터에서 만난 어르신들께서는 각자 다른 질환을 가지고 계셨고, 더더군다나 치매어르신을 대해 본 적인 없는 터라 당황해했던 적인 간혹 있었다.

6. 기관 및 실습지도자에게 건의할 점
많이 부족하고 미숙한 상태로 실습에 임하면서 선생님들에게 방해가 되는 것은 아닌지 늘 염려스럽지만, 센터장님과 여러 선생님께서 잘 도와주시고 친절히 가르쳐주셔서 실습을 잘 이행할 수 있었다. 남은 실습기간 동안 더욱더 노력하여 어르신들을 잘 케어할 수 있는 보람된 실습을 마무리할 수 있게 노력한다.

예시 2(청소년센터) 〈2020. 3. 일지보고서 내용 중〉

실습중간평가서

실습생명	나실습	기관명	○○○ 청소년센터
실습기간	2020. 3. 6.~2020. 3. 22	실습지도자	홍길동
실습평가일	2020. 3. 22	실습지도교수	위교수

1. 실습목표와 관련된 실습내용 및 역할에 대한 평가

1) 수행한 실습내용 및 역할의 요약

인테이크를 시작으로 사례관리를 시작하면서 사례관리 계획서를 작성하고, 사례관리 프로그램을 진행하였고, 외부 봉사활동이나 빵 전달 등 전달체계를 직접 실행하면서 경험하고, 타 기관 방문이나 청소년복지 관련 단체 연석활동에 참여하여 기관 간 연계체계가 작동하는 방식을 확인하였다.

2) 평가

실습시작부터 바쁜 일정을 소화하기는 하였으나, 사례관리 클라이언트와의 만남과 놀이를 통해 좋은 라포를 형성할 수 있었으며, 여타 봉사활동이나 전달 실행 등을 통해 실제 사회복지 현장의 모습을 체험할 수 있는 좋은 경험이었다.

3) 앞으로의 계획

정해진 실습계획에 따라 슈퍼바이저의 지도로 사례관리와 프로포절 작성을 할 예정이며, 예방안전교육, 인권교육의 강의보조 등을 할 계획이다.

2. 실습에 임한 자세 및 노력

성실하게 열심히!

3. 실습을 통해 배운점

취약계층에 대한 복지전달체계가 많은 사람들의 관심과 노력 속에서 실행되고 있으며, 체계를 가지고 접근을 할 때 더 확실한 지지를 이끌어낼 수 있음을 알게 됐다.

4. 앞으로 더 필요한 지식과 기술

보다 체계적인 사회복지 이론과 실무 경험

5. 실습에서 어려웠던 점

실제 활동에 이론을 어떤 방식으로 연결시킬 것인지 구체화하는 것이 어렵다.

6. 기관 및 실습지도자에게 건의할 점

현재의 열의와 정성이 언제까지라도 지속될 수 있기를 진심으로 기원한다.

예시 3(지역아동센터) 〈2020. 12. 일지보고서 내용 중〉

실습중간평가서

* 본 평가서는 사회복지현장실습 지침서를 참고하여 실습생 본인이 작성하며, 서술양식으로 작성한 뒤 실습 실습지도자와 평가회를 갖는 것을 추천함.

실습생명	나실습	기관명	○○○지역아동센터
실습기간	2020. 1. 14.~2. 1	실습지도자	홍길동
실습평가일	2020. 2. 1	실습지도교수	위교수

1. 실습목표와 관련된 실습내용 및 역할에 대한 평가

1) 수행한 실습내용 및 역할의 요약

날짜	내용	평가	날짜	내용	평가
1/14	실습기관에 대한 이해 영화관람 건으로-이동 및 보조	○	1/20	지역아동센터 정서지원 및 지역사회연계프로그램 알아보기-환경정리 및 프로그램 보조	○
1/16	기관이용 대상자 파악하기	○	1/21	프로그램 계획서 작성하기-프로그램 보조	○
1/17	지역아동센터 보호프로그램 알아보기-간식지도 및 학습보조	○	1/23	사회복지정보시스템 활용법 익히기-사통망 기초자료입력	○
1/18	지역아동센터 교육프로그램 알아보기-학습보조 및 귀가지도	○	1/31	자원봉사자 관리 및 인증서 입력법 익히고 출력하기-봉사자 인적사항과 인증시간 입력	○
1/19	지역아동센터 문화프로그램 알아보기-간식, 학습지도 보조	○	2/1	중간평가서 작성하기	○

2) 평가

지역아동센터의 운영과 흐름을 이해할 수 있었으며, 다양한 아이들이 있는 만큼 다양한 프로그램과 다양한 손길이 필요함을 느꼈고, 특히 중·고생들을 위한 기초학습지도 선생님들의 파견이 어느 지역아동센터이든지 중·고생의 클라이언트들이 있다면 절실히 필요한 것 같다.

3) 앞으로의 계획

기관에 필요한 일손으로 좀 더 적극적으로 열심히 지원하고, 아이들에게 필요한 프로그램이나 자원연계가 될 수 있도록 알아보고 남은 일정도 열심히 임해야겠다.

2. 실습에 임한 자세 및 노력

일과 병행을 하는 이유로 야간에 진행되는 프로그램과 토요일에 진행되는 나들이나 체험학습 위주로 실습을 진행했기에 아이들을 관찰하기는 그리 어렵지 않았다. 그리고 지역아동센터 전반에 관련된 일정들로 편성해주셔서 기관에 대해 이해하기 쉬웠고, 밖에서만 듣고 알고 있는 현실과는 많은 다양함이 있는 것도 알았다. 실습기관분석보고서를 작성하면서 지역아동센터의 사회복지사들의 급여가 빨리 분리되어 시범으로 진행되었던 서울형 지원이 전국으로 확산하여 이분들의 수고와 노력이 보상되었으면 좋겠다는 생각이 간절해졌고, 남은 일정 동안 열심히 배우고 활용하며, 최선을 다하는 자세로 임할 것이다.

3. 실습으로 배운 점

지역아동센터가 학습지도 즉 돌봄과 학원의 개념으로 알고 있었는데, 학습 외에도 복지관련 프로그램, 보호관련 프로그램, 문화연계프로그램, 지역연계프로그램 등 다양함을 갖추고 있음을 알게 되었고, 무엇보다도 보조금의 항목과 중·고생 학습지도의 교사부족에 대해 알게 되었다.

4. 앞으로 더 필요한 지식과 기술

아동에 대한 지식과 상담기법, 아이들이 좋아하는 놀이나 프로그램 등과 프로포잘에 대해 더 자세히 배우고 기술을 익혀야겠다.

5. 실습에서 어려웠던 점

처음엔 모든 것이 낯설고 어렵고 뭐부터 해야 할지 모르겠었는데, 지금은 일정들에 대해서는 숙지했는데 프로그램마다 저마다의 목적과 목표가 있다. 하지만 그 부분을 헤아리는 데 아직도 어렵다.

6. 기관 및 실습지도자에게 건의할 점

크게 건의할 점은 없다. 그저 가족같이 원래 있었던 식구처럼 대해주셔서 편안하게 잘 적응하고 있어서 많이 배우고 느낄 수 있어서 좋다.

2. 종결평가서

실습이 막바지에 이르면 실습생은 자신의 실습수행 전반에 걸친 최종평가를 하게 되는데, 이때 작성하는 것이 종결평가서이다. 실습생은 종결평가서를 작성하면서 자신이 목표했던 것들이 어느 정도 달성되었는지, 실습과제는 성공적으로 수행했는지, 실습으로 자신에게 어떤 성장과 변화가 있었는지, 강점은 무엇이며 보완해야 할 점은 무엇인지 등을 알 수 있다. 또한, 실습지도자와 동료 실습생들로부터의 피드백을 통하여 자신을 객관적으로 볼 수 있는 기회가 될 수 있다. 실습종결평가서를 작성하여 실습지도자에게 제출하며, 실습종결평가 시에 서로 논의할 수 있는 평가시간을 갖는다.

종결평가서를 작성할 때는 다음의 사항들을 참고로 한다(서진환, 2001).

- **전문성 개발에 대한 평가**: 실습기관에서 받은 학습프로그램 및 실습과제수행의 평가를 통해 실습을 통한 전문성 개발 정도를 평가할 수 있다.
- **실습역할수행 상의 자세 및 노력에 대한 평가**: 실습생 스스로 자신의 실습지에서의 적응태도, 실습지도자와의 관계, 실습지에서 가용한 자원에 대한 활용 정도 등을 평가한다.
- **사회복지사로서의 자아인식 면에 대한 평가**: 사회복지사로서의 자신의 강점과 약점을 중심으로 자신의 능력이 실습을 통해 어떻게 발휘되었는지를 기술한다. 또한, 기관의 실무자, 동료실습생들 및 실습지에서의 대인관계 활용 정도를 평가하여 사회복지실습에 대한 인식과 동기에 실습이 준 영향에 대해 평가한다.
- **실습교육에 대한 평가 및 제언**: 실습과목과 기관, 실습과정 전반에 걸쳐 건의 사항과 학교의 실습세미나에 대한 평가 및 제언을 기술한다.

예시 1(데이케어센터) **〈2020. 3. 일지보고서 내용 중〉**

실습종결평가서

실습생명	나실습	기관명	○○○데이케어센터
실습기간	2020. 3. 6.~2020. 3. 31	실습지도자	홍길동
실습평가일	2020. 3. 31	실습지도교수	위교수

1. 실습일정과 실습내용

실습일정은 2020년 3월 6일(월)을 시작으로 3월 31일(금)까지 스케줄을 지정하여 실습을 진행했습니다. 주로 맡은 실습업무는 송영서비스와 어르신들의 일상수행능력을 키우기 위한 케어, 대화와 여러 치료를 통한 심리적 정서적 지지 그리고 프로그램 참여와 프로그램 보조업무, 자료정리 업무 등을 진행하였습니다. 그와 겸행하여 어르신들의 욕구를 파악하고, 그것에 따른 서비스를 제공하는 방법에 대해서 실습하고 많은 걸 배웠습니다.

2. 자신이 세운 실습목표의 성취정도

사회복지현장실습을 통해서 센터에 대한 전반적인 운영사항이나 어르신들의 요양보험 등급에 따른 차등지원 등에 대해서 전체적으로 알 수 있었고, 센터의 비용처리와 수급비 청구 같은 행정업무처리들에 대해서 알게 되었습니다. 이론을 바탕으로 한 실천이 중요하지만, 현장 안에서 경험을 통한 습득과 바로 적용할 수 있는 기술에 대한 공부도 많이 중요하다는 것도 느꼈습니다.

또, 어르신들 케어에 있어서 클라이언트 홍보와 상담, 타 센터와의 연계 그리고 유지 · 관리에 대한 사회복지사가 수행해야 할 여러 가지 역할들에 대해서도 많이 알 수 있었습니다. 그것을 바탕으로 어르신들의 안전을 최우선으로 하여 프로그램이 전개되어 가는 것을 보니 어느 하나 중요하지 않은 게 없다고 생각했습니다. 처음 실습목표는 이론상의 배움을 실천하는 것이었으나, 실습이 종결되어 감에 따라서 그것보다는 내가 얼마나 적극적으로 또는 실천적으로 해야 여러 가지 상황에 대처하거나 기술적인 부분을 어디에 활용할지에 대한 부분을 더욱더 많이 배우게 된 것 같습니다.

3. 실습으로 배운 점

1) 행정적인 면

사회복지현장실습을 통해서 센터에 대한 전반적인 운영사항이나 어르신들의 요양보험 등급에 따른 차등지원 등에 대해서 전체적으로 알 수 있었고, 센터의 비용처리와 수급비 청구 같은 행정업무처리들에 대해서 알게 되었습니다.

2) 교육적인 면

센터 내에서는 매주 프로그램을 조금씩 달리하여 진행하고 있습니다. 그 프로그램은 웃음

치료와 요가, 생활체조, 원예, 종이접기, 노래치료 등이 있는데, 이 외에도 지속해서 어르신들의 일상활동에 도움을 줄 수 있는 여러 가지 프로그램을 개발하기 위해서 사회복지사 선생님 외 여러 직원 선생님들께서 연구하시는 모습을 보며, 저도 많이 배울 수 있었던 것 같습니다.

어르신들 각각의 성격과 개성이 다르듯이 모두의 흥미를 이끌어 낼만한 통합적인 프로그램을 개발하는 것에 많은 고민을 해야 한다고 느꼈습니다.

3) 임상적인 면

어르신들과의 인사와 대화를 통해 어르신들의 하루 컨디션과 몸 상태를 체크할 수 있었습니다.

관심이 요구되는 어르신들에 대해서는 계속적인 정서적 지지를 통해 좀 더 기운을 낼 수 있도록 케어해 드렸습니다. 여러 상황 속에서 대처하는 법을 많이 배웠습니다.

4. 자아인식 및 전문성 개발에 대한 평가

1) 이번 실습 경험을 통해 알게 된 이론과 기술이 앞으로의 사회사업실천에 활용될 수 있겠습니까?

짧은 실습 기간이었지만, 여러 가지 상황에 대한 대처를 통해 습득한 이론과 기술은 앞으로 제가 사회사업을 실천하는 데 많은 도움이 될 것 같습니다.

2) 이번 실습 경험을 통해서 알게 된 사회복지현장에서의 본인 성격의 강점과 약점이 무엇이라 생각하십니까?

스트레스에 크게 노출되지 않는 성격으로 사회복지현장에서의 적성이 잘 맞는다고 생각했습니다. 여러 복지현장을 다녀보지 않았지만, 제가 실습했던 현장에서는 어떤 일이든지 적극적으로 참여하고, 어르신들에게 정서적 지지를 위해 많은 노력을 기울였던 거에 대해서 긍정적이고 밝은 성격으로 임했기 때문에 저의 성격이 큰 강점으로 작용했습니다.

반면, 이론을 바탕으로 한 프로그램 개발에서 좀 더 많은 공부가 필요할 것 같다는 생각을 했습니다. 이번 실습으로 알게 된 여러 가지 상황들을 토대로 접목해 볼 수 있는 프로그램 개발을 위해 더 많이 노력해야 할 것 같습니다.

3) 이번 실습으로 사회복지현장에서의 사회복지사의 역할이 무엇이라 생각되십니까?

사회복지사의 역할은 공감이라고 생각합니다. 어르신들에게 눈을 맞추며 케어하는 것 그리고 계속 지켜보는 것은 그 어르신들에 대한 공감이 없으면 할 수 없는 일이라고 생각합니다.

5. 기관에 건의사항

1) 차후에 있을 실습을 위해서 보완해야 할 실습프로그램이 있다면 무엇이고, 어떻게 바꾸어야 한다고 생각하십니까?

센터에서는 현재 음악치료, 원예, 웃음치료 등 여러 프로그램을 진행하고 있습니다. 계속 보완을 해 가며 프로그램을 진행하므로 앞으로 더욱 발전해 나갈 것으로 생각하나, 일정 중에 가족과 함께하는 프로그램도 한번 진행을 해보는 것도 좋을 것 같다는 생각을 했습니다.

2) 실습생이 보는 기관의 강점과 약점은 무엇입니까?

지역 내 타 기관들과의 연계를 통하여 지속해서 홍보하고 정보를 공유하며 센터가 더욱 활성화될 수 있도록 끊임없이 노력하고 있고 어르신들을 위한 노인성 질병이나, 센터의 소방안전을 위한 지속적인 교육으로 기술력을 강화하려 노력하고 계셨다.

데이케어센터를 오픈하는 날짜를 정하여 지역사회 주민들과의 만남을 통해 데이케어센터가 유해, 혐오시설이 아니라 향후 우리의 노후를 위해 꼭 필요한 시설이라는 인식을 전환할 수 있는 계기를 만들어주는 것 또한 노인복지향상에 기여하는 것으로 생각합니다.

3) 기관에 건의하고 싶은 것은?

실습기간 내내 정말 운이 많이 좋았다는 생각이 들었습니다. 그만큼 따듯한 배려속에서 실습을 진행한 것 같습니다. 센터 내에서 일하시는 여러 직원 선생님의 마인드에서도 많은 걸 배울 수 있었습니다. 저는 센터 내에 있는 지역에 살고 있는 지역주민으로서 ○○○데이케어센터에 대해서 정보를 아예 몰랐었습니다. 하지만 이젠 누군가에게 소개를 시켜주거나 여러 가지 정보를 공유해 줄 수 있을 만큼 데이케어센터의 인식을 바꾸는 데 앞장서야겠다고 생각했습니다. 그러기 위해서는 여러 가지 홍보나 홍보물들이 필요할 것 같다는 생각을 했습니다.

예시 2(사회복지관련 법인 및 단체-1) 〈2020. 3. 일지보고서 내용 중〉

실습종결평가서

실습생명	나실습	기관명	미래○○경영
실습기간	2020. 3. 6.~2020. 3. 31	실습지도자	홍길동 사회복지사
실습평가일	2020. 3. 31	실습지도교수	위교수

1. 실습일정과 실습내용

기관에서 제시한 실습일정에 약간의 변동사항은 있었지만, 대체적으로 계획에 따라 진행하였다.

2. 실습내용 및 역할에 대한 평가

사회복지정책과 연구개발을 주로 하는 기관이므로 주로 이론적인 공부를 많이 했고, 국제포럼 준비작업에 참여할 수 있는 기회가 되었다.

3. 실습목표에 대한 평가

1) 구체적이고 적절한 목표설정 여부

오리엔테이션, 협회 사업에 대한 이해, 프로젝트사업, 각종 프로그램, 사회복지 행정에 대한 특강, 기관방문을 통한 사회복지운영 전반에 대한 이해를 도와주었다.

2) 목표의 달성 여부

- 설정한 실습목표에 따라 예비사회복지사로서 현장실습의 기회가 되었다.
- 실천과 연구를 통합시키는 노력은 개인적인 노력이 더욱 필요할 것이다.

4. 정책 및 행정 실습에 대한 평가

1) 문제파악 및 자료수집능력/문제인식능력

현장기관방문을 하기 전에 기관들에 대한 사전 공부를 집중적으로 할 필요가 있다.

2) 문제분석능력

강남시니어플라자의 운영방식은 일반적인 노인복지관의 운영방식과 차이가 많았다. 이용자의 100% 참가비 부담은 각종 프로그램의 80%가 넘는 참가율을 자랑하겠지만, 강남이라는 특정지역에서나 가능하고 빈곤한 노인들의 참여는 상대적으로 적을 것으로 보인다. 한편으로, 프로그램의 고급화와 유료화 전략은 경제적 능력을 가진 노인들의 참여를 이끌어 낼 수 있는 요인이 되므로 지역의 복지 대상의 확대에 유의미하다고 볼 수 있다.

3) 문제해결을 위한 대안제시능력

정부지원을 받는 복지관의 사회복지사의 열악한 환경을 개선하기 위해서는 현실적인 보상과 업무 개선이 이루어져야 한다.

4) 기존 지식과 정보의 사용능력

사회복지정책 중에 개인의 무지로 인해 활용하지 못하는 사람들이 없도록 변화하는 정보에 관심을 두고 그들에게 여러 경로를 통해 정확하게 전달할 수 있는 능력을 갖추어야 한다.

5) 기록기술

기록하는 습관은 평소의 버릇처럼 하였으며, 사회복지현장에서는 더욱 필요한 작업이다.

6) 관계기관 및 관련된 사람들과 전문적인 관계 형성

사회복지사로서의 정체성에 관한 대화를 나누었다. 공통점은 업무량이 많았고, 사회복지사의 역할을 보람이 있는 직업으로 인식하고 있다. 사회복지 자격을 지닌 자원봉사자를 직접적으로 만나보지 못한 것은 아쉬움으로 남는다.

5. 자원 활용에 대한 평가(인적, 물적 자원)

1) 기관 외의 자원 활용

실습지도자가 출강하고 있는 국민대행정대학원 사회복지실습 강의를 들었고, 강남시니어플라자, 방이복지관, 강동구의회, 천호 2동 주민센터를 방문하였다.

2) 실습과 관련된 참고서적의 활용

'사회복지실습현장 지도자교육' 기초과정(한국사회복지사협회)

6. 실습에 임하는 자세에 대한 평가

1) 직원과의 관계(실습지도자, 타직원, 타 전문직 직원)

실습지도자와는 수시로 연락하면서 많은 도움을 받았다. 일상적인 업무가 과중한 상태에서도 실습생 지도에 힘써 주었다. 기관의 타 직원과는 국제포럼 준비과정에서 함께하였고, 간단한 회식을 하면서 친해질 기회를 가졌다.

2) 실습에 있어서의 적극성 및 자발성

클라이언트가 존재하는 다른 시설처럼 집중적인 활동내용이 있지는 않았지만, 적극적으로 학습에 참여하고, 기관의 역사와 역할, 관계성, 연구내용, 프로그램 등과 관련한 질문과 토론을 많이 하였다.

7. 전문적 태도에 대한 평가

1) 사회복지사로서 실습생 자신의 장·단점에 대한 인식

사회복지가 지역사회 공동체의 삶의 질을 향상시키기 위한다는 측면에서 지금까지 해왔던 일과 중복되는 점에서 사회복지사의 역할에 두려움은 없다. 그러나 호불호가 분명한 성격은 사회복지사로서 장점이 될 수도 있지만, 한편으로는 단점으로 작용할 여지가 많다고 본다.

2) 전문가로서 윤리 및 가치관의 이행

개인의 가치와 집단의 가치 사이에서 충돌될 수 있는 사안을 분석하고 파악하여 더욱 전문가로서의 자질을 향상시켜야 한다. 사회복지사는 기계적인 전문가이기보다 인간적인 품성을 지닌 가치관을 확립할 필요가 있다.

8. 실습지도 활용 정도에 대한 평가

1) 실습생 자신의 실습지도 활용 정도에 대한 평가

(1) 기관 실습지도

사회복지정책을 관장하는 보건복지부 조직구성에 관해 관심을 갖게 되었고, 정책이 수행되는 기관들의 현장방문을 통해 실제 관계자들을 만나서 사회복지현장의 실태를 직접을 듣게 되었다.

(2) 대학 실습지도

다양한 기관에서 실습한 실습생들의 경험을 통해 간접적인 학습이 되었다.

2) 실습지도 자체에 대한 평가

(1) 기관 실습지도 : 사회복지정책에 관한 이론과 연구와 포럼 등을 진행하는 기관이므로 특정한 클라이언트에 대한 실습은 이루어지지 않았지만, 관련 기관의 현장방문을 통해 실제 사회복지가 이루어지는 공간의 관련자들을 많이 만날 수 있는 기회가 되었다.

(2) 대학 실습지도 : 자신이 어떤 분야에서 일할 것인지를 생각하고 목적에 부합한 곳을 찾아서 현장실습을 하기를 권유하였다. 현장실습에 대한 전반적인 설명을 들었고, 실습을 마치는 시점에서 각자의 실습 경험을 나 평가시간에 여러 기관의 사례를 접할 기회가 인상적이었다.

9. 기관 이해도에 대한 평가
   1) 실습생의 과업과 관련된 기관의 목적, 정책, 행정 절차에 대한 이해
   처음에는 기관의 조직도와 사무실 근무자의 관계가 잘 이해되지 않았지만, 전국적으로 움직이는 구조라는 것을 알고 파악이 되었다. 기관의 각종 프로그램은 사회복지를 연구하는 전문가뿐만 아니라 종사자들에게도 필요한 내용들로 만들어지고 있었다.

   2) 실습생으로서의 기관내의 권한과 한계에 대한 인식
   실습계획에 의해 진행되는 일정에 따라 수동적으로 맞추어야 하므로 기관 내의 실습생의 권한은 없었다고 볼 수 있다. 다만, 실습생의 여건에 따라 실습 시간 배분에 유연성이 주어졌다.

10. 실습기간 중 가장 유익했던 내용
한미일 국제포럼에 참여할 수 있어서 진행과정을 지켜볼 수 있었고, 한미일의 전문가들의 생생한 주제발표로 사회복지 미래와 전망을 접할 기회가 되었다. 이어지는 토론은 각론의 디테일에 어울리는 내용들로 구성되어 유익한 시간이었다.

11. 실습기관, 실습지도자, 대학에 대한 건의사항
사회복지 이론공부만 마친 실습생에게 현장실습은 실천 지식과 기술을 익히는 중요한 기회이다. 직장생활을 하고 있는 실습생들의 참여의 폭을 넓히기 위한 현장실습 형태의 다양한 접근이 필요하다.

예시 3(사회복지관련 법인 및 단체-2) **〈2020. 8. 일지보고서 내용 중〉**

실습종결평가서

* 본 평가서는 사회복지현장실습지침서를 참고하여 종결평가 내용을 실습생 본인이 작성하며, 서술양식으로 작성한 뒤 실습지도자와 평가회를 갖는 것을 추천함.

실습생명	나실습	기관명	한국○○○단체총연합회
실습기간	2020. 8. 24~9. 25	실습지도자	홍길동
실습평가일	2020. 9. 25	실습지도교수	위교수

1. 실습일정에 대한 평가

월 일	시간	내 용	담 당
8월 24일	오전	실습생 인사, 산하단체 8개 단체 소개	사무총장
	오후	장애유형 이해	
8월 25일	오전	기관 부서이해 및 사업설명	사무총장
	오후	사업내용 파악	
8월 26일	오전	기관 산하 회원단체 세부 파악	정책기획팀
	오후	기관 산하 회원단체 세부 파악	
8월 27일	오전	기관 산하 회원단체 세부 파악	고용지원팀
	오후	NGO포럼 선포식 및 토론회 행사준비	
8월 28일	오전	행사준비 회의 참관 청취	고용지원팀
	오후	유엔 장애인 권리 협약 NGO포럼 선포식	
8월 31일	오전 오후	장애인 거주시설 인권실태조사 조사원 양성교육	고용지원팀
9월 1일	오전 오후	장애인 거주시설 인권실태조사 조사원 양성교육	고용지원팀
9월 2일	오전	행사 만족도 조사지 취합	고용지원팀
	오후	심화교육 필요 물품 준비	
9월 3일	오전 오후	장애인 거주시설 인권실태조사 진행방법	고용지원팀
9월 4일	오전 오후	장애인 거주시설 인권실태조사 매뉴얼 작업 기법 및 수정 작업	고용지원팀
9월 7일	오전 오후	역량강화에 따른 교육 사업 이해(1) 교육사업의 개요	대외협력팀
9월 8일	오전	심화교육 준비물품 점검	고용지원팀
	오후	심화교육 교육 참관	
9월 9일	오전 오후	역량강화 사업에 따른 교육 이해 (2) 사전욕구조사 및 사전자료 조사	대외협력팀
9월 10일	오전	종사자 역량강화 사업에 따른 교육 기획	대외협력팀
	오후	종사자 역량강화 사업에 따른 교육 홍보	
9월 11일	오전	실습기관분석자료 수집(1번~3번)	행정운영팀장
	오후	실습기관분석자료 수집(4번~6번)	
9월 14일	오전	중증장애인 직업재활지원 사업 이해(1)	고용지원팀
	오후	중증장애인 직업재활지원 사업 이해(2)	

월 일	시간	내 용	담 당
9월 22일	오전	장애인 직업상담 이해	고용지원팀
	오후	실습기관분석보고서 작성	
9월 23일	오전	구인 업체 개발 이해	고용지원팀
	오후	사회복지현장실습과제 작성(학교 과제물)	
9월 24일	오전	사업주 간담회 계획안 작성 이해	고용지원팀
	오후	2020년 사업주 간담회 계획안 작성 실습	
9월 25일	오전	실습종결평가회의(정책기획팀, 대외협력팀)	
	오후	실습종결평가회의(행정운영팀, 고용지원팀)	

2. 실습내용 및 역할에 대한 평가

1) 실습내용

(1) 실습기관 이해 교육

① 실습기관 설립목적 이해 : 홈페이지 파악 및 사무총장 교육 내용습득

② 실습기관의 사업 이해 : 단체교류사업, 권익증진사업, 역량강화사업, 장애인거주시설 인권실태조사 사업, 중증장애인직업재활지원사업

③ 회원단체 설립목적 이해 : 기관 산하 회원단체 사업 및 조직현황 파악

④ 장애유형 이해 : 15가지 장애유형 파악

⑤ 조직도 이해 : 사무국 조직 및 실무현황 파악

(2) 실습기관 실무이해 실습

① 종사자 역량강화에 따른 교육 사업이해 : 개념, 목적, 사업내용 파악
사전욕구 조사자료 취합 및 서류 검토, 데이터 수집방법, 설문지 코딩교육 기획회의, 교육계획 수립, 교육홍보

(3) 실습기관 행사 참가

① 유엔 장애인 권리 협약 NGO포럼 선포식 : 행사장 세팅, 행사 참관 청취

② 장애인거주시설 인권실태조사 조사원 양성교육 : 행사장 세팅, 접수보조, 행사 물품 정리, 교육 참관

③ 장애인거주시설 인권실태조사 조사원 심화교육 : 행사장 세팅, 접수보조, 행사 물품 정리, 교육 참관

2) 실습내용 평가

장애복지의 이론적 학습에서 찾아볼 수 없는 전혀 다른 실습내용이었기에 더욱 유익한 실습이라 생각된다. 클라이언트를 직접 대상으로 하는 실습이 아니라 단체를 대상으로 하는 장애인 인권을 중심의 사업 계획수립 실무를 직접 참여해보고 가상계획을 수립해 볼 때 생소했던 장애복지 분야의 전문가가 된 기분으로 실습이 매우 만족했다. 실습지도자 담당자와 각 팀의 팀장들께서 적극 협조와 조언으로 짧은 기간에 많은 업무를 익힐 좋은 기회였다고 생각하며 감사의 말씀을 드립니다.

3. 실습목표에 대한 평가

1) 구체적이고 적절한 목표 설정 여부

실습지도자는 실습생에게 실습 초기에 4개 단위로 구분 실습 목표를 정해 주셨다. 첫째 : 실습기관 이해, 둘째 : 실무자 역량 강화, 셋째 : 장애인 거주시설 실태조사, 넷째 : 장애인 직업재활, 그래서 전체적인 실습 윤곽은 쉽게 파악할 수 있었으며, 매일 실습할 실습 목표를 정해주셔서 실습은 그다지 어렵거나 부족하지는 않았다. 다만, 기관 성격상 광범위한 업무를 짧은 시간에 습득하기에는 무리가 있었다고 생각된다.

2) 목표의 달성 여부

기관의 사업 및 업무 내용이 너무 광범위해서 단기간에 업무를 파악하고 이해하기는 쉽지 않았다. 그러나 다행하게도 실습기간 중 교육 및 포럼행사가 있어서 직접 참여함으로써 목표를 이루어 가는 데는 큰 도움이 되었고, 100% 달성은 아니지만 나름대로 기관 업무를 이해하고 습득했다고 생각한다.

4. 서비스 실천과정에 대한 평가/정책 및 행정실습에 대한 평가

1) 문제파악 및 자료수집능력/문제인식능력

내가 실습하고 있는 기관에서 문제를 파악하고 자료를 수집하는 것은 그다지 쉬운 일은 아니었다. 이론적으로 학습한 사회복지론, 장애인복지론 등의 내용은 실전에서는 전혀 생소한 업무들이 있었기 때문이다. 실습기관에 비치되어 있는 책자 또는 교육 교재 등과 실제 프로그램운영의 교육 및 포럼을 통해 자료 수집은 나름대로 많이 했다고 본다.
특히 '장애인거주시설 인권실태 조사원 양성교육' 과정에서 조사원이 장애인당사자, 시설의 시설장, 종사자와의 면담을 하기 위해 사전조사와 문제파악 등의 교과목에서 학습할 수 있는 기회를 얻게 되었다.

2) 문제사정능력/문제분석능력

내가 실습하는 기관은 문제사정능력 또는 문제분석능력 없이는 업무를 수행할 수 없는 체계이고, 주 업무가 조사하거나 심사, 분석하여 해결책을 모색하는 업무임을 알 수 있다. 실습기관의 사례업무를 보면 현재 장애인의 현실을 파악해 볼 때, 아직도 우리 장애인은 생활의 안전을 보장받지 못하고, 가난에 힘들어하고 있으며, 일자리 제공의 부족과 이동권, 접근성을 획득하지 못하고 차별 속에서 억압받고 있는 것이 사실이다. 이에 따른 권리 회복을 위하여 장애인 당사자가 사회와 장애인 정책에 완전한 참여가 이루어지도록 방안을 모색하고, 장애인 당사자의 욕구와 그들의 역량을 제대로 발휘할 수 있도록 다양한 기회를 제공하고 있다. 따라서 실습하고 있는 기관에서 장애인의 사회적 문제와 해결책을 모색하기 위한 각종 사업이 사정능력, 분석능력이 없이는 업무를 수행할 수 없음을 알 수 있었다. 이와 같은 실습과정 속에서 문제사정능력, 문제분석능력이 향상되었다고 자부한다.

3) 개입기술/문제해결을 위한 대안제시능력

실습기관의 특성상 클라이언트를 접할 수 있는 일은 없었으나, 실습과정의 업무를 통해 능력이 향상될 수 있었던 것은, 기관 산하 회원단체의 문제해결을 위해 클라이언트를 대상으

로 개입할 수 있는 일이 무엇이 있겠냐는 생각을 하게 되므로 자료수집을 많이 할 수 있게 해주었던 과정이 된 것 같다.

이와 같은 일을 위해서는 사회복지사의 다양한 경험과 정보가 있어야 하겠다는 깨달음과 실천기술을 습득할 수 있는 기회를 실습지도자께서 제공해 주셨고, 다양한 경험을 통해 개입기술과 문제해결을 위한 대안 제시능력을 키울 수 있도록 꾸준한 노력이 필요하다고 실습지도자께서 조언해주셨다.

4) 면접기술/기존지식과 정보의 사용능력

실습기관의 특성상 직접 면접을 할 수 있는 기회는 없었으나, 실습기관 프로그램 운영 중심화 교육을 통하여 관련 사례들을 많이 습득할 수 있었다. 특히, 면담수칙, 역할 등의 이론을 바탕으로 현장 실습이 있었으면 하는 아쉬움 있었고, 단기간에 면접능력을 향상하는 것은 쉽지 않다고 생각되었다. 충분한 경험과 선배들의 조언이 필요하다고 판단된다.

5) 기록기술/습득한 정보에 대한 기록

실습기관에서는 특별히 기록하는 업무는 없었으나, 자료 수집 파악, 정보수집, 교육시 강사의 강의 등을 기록하였다.

6) 클라이언트와의 전문적인 관계 형성/관계기관 및 관련된 사람들과 전문적인 관계 형성

실습기관의 특성상 클라이언트와 대화하고 상담할 수가 없었다. 그래서 실습기간 이후 산하 회원단체의 장애인과 상담을 주선하여 그들의 고충을 이해하고 관계형성의 기회를 가져보았다. 중증장애인의 자립생활과 사회참여를 지원하는 복지 전문가로서 지나치게 군림하거나 우위적 위치에 있지 않고 장애인 당사자의 자기결정권을 보장하면서 대리자로 나서지 않으면서 실제로 자립을 달성하게 하는 희생적이면서 자기를 드러나게 하지 않는 참된 옹호자이자 보조자가 되고 장애인의 손과 발, 눈과 귀가 되어 주어야 한다.

그러나 절대로 머리가 되어 대신 판단하여서는 안 된다. 이처럼 활동지원에 관하여 알아보았다.

5. 실습생의 자원 활용에 대한 평가(인적, 물적 자원)

1) 기관 내외의 자원 활용

내가 실습하고 있는 기관은 실습생이 한마디로 기관 자원에 활용할 수 있거나 업무지원에 도움이 되기보다는 기관업무조직의 특성상 부담 되는 주는 어려움이 있는 기관이다.

왜냐하면, 사회복지시설의 종사는 인건비 보조를 받을 수 있으나, 본 기관은 사업비 속에서 실무종사자들의 인건비를 마련해야 하는 어려우므로 업무에 대비 인원이 적다. 그래서 실습생의 자원활용 이전에 업무에 불편을 줄 수 있다. 실습기간 동안 전 직원들의 친절함과 배려가 더욱 고맙기만 하다. 실습생을 위하여 시간을 내어 상담해주고 지도해 주셔서 더욱 뜻 깊고 업무습득능률이 향상되었음을 알 수 있었다.

2) 실습과 관련된 참고서적의 활용

- 지도교수의 추천 도서 → 사회복지현장실습의 이해와 실제
- 한국장애인자립생활센터총연합회 발행

→장애인거주시설 인권실태조사 면담원 매뉴얼
→장애인 역량강화 교육
→직업재활 전문인력 실무교육
→유엔장애인권리협약 NGO포럼 선포식 및 토론회 자료

6. 실습에 임하는 자세에 대한 평가
 1) 업무관리
  (1) 시간 준수, 과제제출
   실습기간 기관 운영시스템에 따라 직원들과 함께 행동하며, 출근과 퇴근의 근태관리는 행정운영팀장이 점검하였으며, 실습지도자는 출근과 동시에 전일 실습내용을 점검하고 당일 실습계획을 설명해 주셨다.
  (2) 주어진 일에 대한 업무조절능력
   당일 계획한 실습내용은 충분히 처리할 수 있는 업무 내에서 이루어졌다. 실습시간도 적절한 시간을 활용할 수 있도록 잘된 것 같다.

 2) 직원과의 관계(실습지도자, 타 직원, 타 전문직 직원)
  실습생 본인은 나이가 많아 직원들이 불편해할까 두려웠지만, 적극적으로 협조와 배려 덕분에 매우 즐겁고 보람된 실습이었다. 사무총장 인자함과 팀장님들이 모두 여성분들이어서 친절하고 자상했다. 업무량보다 인원이 적어 바쁜 일과였기에 대화시간이 한계가 있었다. 사무총장을 비롯한 전 직원은 화기애애한 분위기의 맡은 바 일에 열중하는 분위기였다.

 3) 다른 실습생과의 관계
  실습기간에는 본인 실습생 외 다른 실습생이 없이 혼자서 실습했다.

 4) 실습에서 적극성 및 자발성
  앞에서도 언급한 바와 같이 실습생이 전문 업무지식이 부족해서 적극적으로 도움 되지 못하고 주어진 실습 내용만 추진하고, 교육 및 행사시 보조역할만 할 수 있었다. 실습생 본인은 업무파악을 위해 최선의 노력을 했다고 생각한다.

7. 전문적 태도에 대한 평가
 1) 사회복지사로서 실습생 자신의 장·단점에 대한 인식
  실습생 본인은 수십 년간의 기업에서 임원으로서의 조직생활과 사회생활을 통한 연륜으로 사회복지사의 역할 수행에는 큰 어려움은 없다고 판단되며 장점이라 볼 수 있으며, 아직 사회복지 분야의 전문적 지식이 부족하여 기술과 실천기법이 미숙한 것이 단점으로 판단된다.

 2) 전문가로서 윤리 및 가치관의 이행
  실습생 본인은 이번 실습과정을 통해 사회복지사로서의 이론적 전문지식은 부족하나, 사회복지사의 전문적 윤리적인 측면이나 가치관은 확립되었다고 생각하며, 실습으로 습득한 지식을 실전에서 어떻게 활용할 것인가에 더욱 깊이 생각할 수 있는 시간을 갖게 되었다.

8. 실습지도 활용 정도에 대한 평가

1) 실습생 자신의 실습지도 활용 정도에 대한 평가

(1) 기관 실습지도

실습생 본인은 실습기관 선택이 정말 잘 되었다고 생각된다. ○○○단체총연합회에서 실습은 장애인 관련 업무의 전문가의 지식을 습득할 기회를 받았고, 이 분야에서 깊이 연구하여 활용할 수 있는 기회도 가질 수 있다고 생각된다. 특히, 실습지도자의 업무수행의 역할을 볼 때 더욱 용기가 생긴다.

(2) 대학 실습지도

대학에서 배웠던 정보들이 실습과정의 이해의 기본적인 틀이 되는 것 같다고 생각된다. 그래서 자연스럽게 실습지도를 받았던 것이 많은 도움이 되어 활용하고 있다고 판단된다.

2) 실습지도 자체에 대한 평가

(1) 기관 실습지도

기관의 실습지도는 교과서에서의 교육이 아닌 실전 현장에서 필요한 요소들을 습득할 수 있는 기회라 생각되었다.

(2) 대학 실습지도

대학의 실습지도는 실습하기 전 2번의 교육을 통해 실습기관 선택에 도움이 되었고, 실습시 유의사항, 실습일지 및 제출서류 작성에 관한 지도로 충분한 이해를 하게 되었다.

9. 기관 이해도에 대한 평가

1) 실습생의 과업과 관련된 기관의 목적, 정책, 행정 절차에 대한 이해

실습 중 사무총장의 실습기관 이해를 위해 교육해 주신 내용과 각종 정보를 받아 기관의 목적, 정책, 사업, 행정절차에 대해 이해할 수 있었다. 특히, 실습기간 중 기관 프로그램운영에 따라 교육 및 포럼 행사에 참여할 기회가 있어 쉽게 이해할 수 있었다.

2) 실습생으로서의 기관 내의 권한과 한계에 대한 인식

본인이 실습한 ○○○단체총연합회는 뚜렷한 업무분담과 권한이 주어진 반면, 책임이 뒤따라 있다고 생각되었다. 그리고 팀별 상호 협조가 원활하게 이루어지고 있다고 판단된다. 행사 때 보면 전 직원이 팀별 구분 없이 협조해주는 모습을 볼 수 있었다.

10. 실습기간에 가장 유익했던 내용

실습기간에 '장애인 거주시설 실태조사 조사원 양성교육'에서 시설에 방문해서 면담 조사하는 과정을 조별로 재연하는 모습이 매우 유익한 실습 중의 하나이다.

11. 실습기간에 가장 안 좋았던 내용

8월 28일 유엔 장애인 권리 협약 NGO포럼 선포식 및 토론회가 있었다. 2부를 마치고 기념촬영을 하고 3부 토론회를 개최했는데, 1부, 2부 참석했던 참석자들이 기념촬영 이후 많은 사람

이 자리를 비웠다. 토론장에서는 발표자는 열심히 발표하고 있는데, 듣는 참석자들이 자리를 떠나 광경이 가장 안 좋았던 내용이었다고 생각한다.

12. 실습기관, 실습지도자, 대학에 대한 건의사항
대학에 건의하고 싶은 사항은 실습 관련된 여러 정보를 실습 전에 수업을 통해 교육을 해주었으면 좋겠다.

13. 기타 하고 싶은 말
사무총장 이하 각 부서 팀장님들의 적극적인 협조와 배려로 실습과정을 마칠 수 있게 됨을 감사를 드립니다.

예시 4(지역아동센터-1) **〈2020. 3. 일지보고서 내용 중〉**

실습종결평가서

실습생명	나실습	기관명	○○지역아동센터
실습기간	2020. 3. 6.~2020. 3. 31	실습지도자	홍길동
실습평가일	2020. 3. 31	실습지도교수	위교수

1. 실습내용 및 역할에 대한 평가
   1) 실습내용 및 역할의 요약
   시설장님으로부터 ○○지역아동센터에 대한 전반적인 설명을 들었다. 특히, 이 지역의 특성과 함께 설립동기와 지금까지 진행되어온 아동센터의 발전과정에 관해서 설명을 들었다. 실습내용은 매일 기본적으로 아동들에 대한 급식보조와 아동센터의 정리, 학습프로그램으로는 국어, 사회, 과학, 수학 등 문제집 풀기를 돕고 채점하는 것을 도왔다. 그리고 기타 프로그램으로 오전에는 그날 진행할 프로그램에 대해 이해를 하는 시간을 가졌고, 진행될 프로그램 준비물을 준비하고 실습생으로서 아이들에게 어떤 도움을 줄 수 있는지 기관에 계신 시설장님과 복지사 선생님들로부터 조언도 듣고 충고도 들었다. 막상 복지사 선생님들의 말씀만 듣고 아이들을 대하니 경제적 어려움으로 마음의 벽을 가진 아이들과 친해지기가 어렵게 느껴졌다. 하지만 매일매일 다양한 프로그램을 진행하면서 아이들과 조금씩 친해질 수 있었고, 특히, 급식시간을 통해서 아이들과 여러 가지 얘기들을 들어 주면서 서로 간에 거리를 좁혀 갈 수 있었다.

   2) 평가
   사회복지의 분야에는 장애인복지, 노인복지, 청소년복지, 여성복지, 가족복지 등 그리고 아동복지까지 정말 다양한 분야에서 복지의 손길이 필요하다. 이러한 면에서 ○○지역아동센터에서는 아동들을 대상으로 복지사업을 펼쳐 빈곤아동들에게 많은 혜택을 주고, 그들의 부모님들의 부담을 덜어 주고 있었다.

특히, 아동들을 위해 주요사업으로 펼치고 있는 급식프로그램은 아이들이 영양적으로나 정서적으로 안정을 가져다주어 건강한 청소년으로 자랄 수 있는 토대를 마련해 주는 정말 좋은 프로그램이고, 그들의 부모님들에게도 가장 큰 부담을 덜어주는 일석이조의 사업이라는 생각이 들었다.

그리고 요즘은 사교육이 없이는 학교에서의 수업을 따라갈 수 없을 정도로 공교육이 붕괴하여 있어서 정말 심각한 문제로 대두하고 있는데, 빈곤가정의 아이들을 방과 후에 체계적으로 교육도 시켜주고 있고, 여러 가지 다양한 문화체험과 견학프로그램들이 마련되어 있어 아이들의 정서를 풍요롭게 만들어 주고 있다는 생각을 했다.

2. 실습목표에 대한 평가

1) 구체적이고 적절한 목표설정 여부

아동들의 심리를 파악하여 그 아동에게 맞는 양육이 이루어져야 한다. 무엇보다 아동의 가정 형편을 구체적으로 파악하고, 행동하는 유형을 정확히 기록한 후 제대로 분석하여 치료가 필요한 아동은 치료를 받도록 유도하는 것이 필요하다. 요즘엔 과잉행동을 하는 아동들이 전보다 더 많이 증가하고 있다. 자기통제를 하지 못하고 집단생활에 부적응한 아동들은 놀이치료나 심리치료나 미술치료 등 아이들의 발달 특성에 맞는 특별지도가 필요하다. 지역아동센터 자체적으로 전문인력을 양성하기란 매우 어려운 실정이므로 정부지의 체계적인 지원이 필요할 것 같다.

2) 목표의 달성 여부

지역아동센터에서의 실습은 알고 있었던 생각과 여러 매체 등을 통해 들었던 부분들과 많은 점에 있어서 차이가 있었다. 실제로 아동센터운영에 있어서 많은 헌신과 희생이 따라야 한다는 점과, 아이들을 사랑하고 그들의 필요를 채워주기 위한 자질적인 준비의 필요성을 새삼 느끼게 되었다. 아직은 아동복지 쪽에 많은 투자가 이루어지고 있지 않아 많은 아이에 선생님 한 분이 배정이 되어 아이들을 돌보고 있다 보니 사회복지사 선생님들의 헌신 없이는 가능한 일이 아닌 것 같았다. 지역아동센터에서 아이들에게 질 높은 서비스를 제공하기 위해서는 무엇보다 복지사가 지녀야 할 자질과 따뜻한 마음, 봉사하는 마음이 가장 크게 작용한다는 생각이 들었다.

지역아동센터의 목적은 높은 지식을 쌓아주는 곳이 아니라 가정과 같은 따뜻한 분위기 속에서 아이들이 돌봄을 받고 편안한 분위기 속에서 생활하면서 자신들의 꿈과 희망을 키워가는 곳이라는 생각을 했다. 그만큼 사회복지사 선생님들의 역할이 중요함을 이식하면서 ○○지역아동센터에서 일하시는 시설장님과 사회복지사 선생님들의 작은 마음의 배려와 사랑이 참으로 크게 느껴졌다.

실습으로 사회복지사의 자질은 무엇보다 배려와 따뜻한 사랑의 마음임을 다시 한번 느끼면서 그러한 자질을 키워 나가야 할 거라는 생각이 든다.

3. 서비스 실천과정에 대한 평가

1) 문제파악(자료수집)능력 및 사정능력

아동센터에서 초등학생들을 대상으로 학습이 이루어지고 있었으므로 어느 정도 선지식이 필요했다. 또한, 보조교사로서 지도하는 입장에서 아이들의 물음에는 자세하게 설명해줄 필요성이 있었다. 이러한 부분들을 충족하기 위해 미리 교재를 가지고 가서 내용을 공부했고, 어려운 부분들 같은 경우에는 아이들이 쉽게 이해할 수 있도록 풀이과정을 준비해 갔다. 이러한 노력들이 아이들로부터 신뢰를 받을 수 있도록 해주었고, 학습지도를 하는 데 있어서 다소 어려움을 줄여주었다.

처음 아동들을 접했을 때 마냥 철부지 같은 아이들 같은데, 그 속에 상처가 있는 아이들이 있었다. 가정적인 문제뿐만 아니라 심리적으로 상처받은 아이들도 있었기에 이들에게 접근하며 마음의 문을 열고 대한다는 것이 어려웠다. 특히, 처음 보는 사람에 대한 경계심, 호기심이 섞여 있어 어떻게 이 아이들을 대할지 난감해했다. 그러나 시설장님으로부터 각 개인의 특성과 가정환경 등에 대해 들으며, 아이들을 좀 더 이해하게 되었고, 거리를 좁혀 나갈 수 있었다.

2) 개입기술

가정환경에 따라 상처를 안고 있는 아이들이 있어 특성에 따라 특별상담을 통해 내적인 상처들을 치료해주고 있었고, 학년이 다른 아이들 간에도 교류가 있어 형제와 같은 따뜻한 분위기를 통해 정서적인 안정을 하도록 하고 있었다. 그리고 다양한 현장학습을 통해 아이들에게 많은 경험을 쌓을 수 있는 계기를 마련해 주고 있었고, 선생님과 아이들 간에도 신뢰가 돈독해 하나의 가족공동체와 같은 사랑을 느끼게 해주었다. 이런 상황 속에서 특별히 두드러진 문제들은 찾아보기 힘들었으며, 그에 따른 대안도 반 선생님과 시설장님의 대화 속에서 자연스럽게 해결되어 크게 어려운 문제는 없었던 것 같다.

3) 면접기술

지역아동센터에 실습을 나가기 전 들은 바로는 아동센터의 아이들은 다는 아니겠지만, 마음의 벽을 쌓고 있어 다가가기가 조심스럽다는 얘기를 들었는데, 막상 출근하여 시설장님으로부터 가정에 문제 있는 아이들이 많다는 이야기를 실제로 듣고 과연 어떻게 이들에게 접근해야 할지 고민이 되었다. 사실 보조 교사의 역할이지만, 처음 하는 실습이라 잘해보고 싶은 마음을 갖고 있어 더 조심스러웠다. 차츰 시간이 지나면서 시설장님과 사회복지사 선생님들이 아이들을 대하는 기술들을 보면서 배우고, 성장배경과 특성과 가정환경에 대한 이야기 등을 듣고 아이들을 이해하고 다가가니까 마음의 문을 조금씩 열기 시작했다. 역시 아이들은 사랑과 배려의 마음으로 다가가는 것이 가장 최선이라는 생각을 다시 한번 하게 되었다.

4) 기록기술

아이들과 지내면서 아이들의 이름을 익히며 그들의 특성들을 간단히 기록해 보았다. 특히, 반복되는 습관이나 버릇들을 통해 아이들의 어떤 정서적 불안을 가졌는지 접근해 보았으며, 말 한마디 한마디에 반응하는 자세를 기록해 봄으로써 어떤 말과 행동으로 그들에게 접근해 볼지 생각해 보았다.

5) 클라이언트와의 전문적인 관계 형성

문제집 채점도 해 주고, 모르는 문제를 가르쳐도 주고, 칭찬도 해 주면서 관계를 형성해 나갔고, 개인적인 인간관계 형성을 위해 사적인 대화를 많이 하였다. 할머니와의 관계, 부모님과의 관계, 형제와의 관계, 친구와의 관계 등에 대한 질문을 하고, 학교에서의 생활상에 대해서도 자연스럽게 말할 수 있도록 관심을 갖고 대화를 시도하였다.

4. 실습생의 자원활용에 대한 평가(인적, 물적 자원)

1) 기관 내·외의 자원활용

지역아동센터는 학습을 주로 하기에 문제에 대해 아이들의 눈높이에 맞춰 쉽게 설명해주는 것이 무엇보다 필요했다. 특히, 매일 매일 학습하는 과목에 대한 능률을 높이기 위해 그에 따른 선물을 준비해가는 것도 많은 도움이 되었다. 한 번쯤 더 문제를 풀어보려고 했고, 열심히 한 어린이에게도 그에 따른 선물을 주어 공평성을 유지해주는 것도 아이들과 좀 더 친숙한 관계를 맺는 데 도움이 되었다.

2) 실습과 관련된 참고서적의 활용

아동센터에 실습이 정해지면서 인터넷을 통해 여러 아동센터의 운영과 활동에 대해서 살펴보았으며, 실습기간 아이들의 심리에 대한 다양한 서적들을 살펴보는 시간을 가졌다. 이러한 접근이 다소 피상적이기는 하지만, 아이들을 이해하는 데 도움이 되었으며, 아이들에 대한 깊이 있는 접근이 되었다고 본다.

3) 지역사회 자원의 활동

5. 실습에 임하는 자세에 대한 평가

1) 업무관리 또는 업무조절 능력(시간준수, 출근, 과제물 수행)

사회복지사의 길이 나보다 남을 먼저 생각해야 한다는 면에서 잘 인지하고 있어 누구보다 먼저 출근하여 배우려는 성실한 자세를 가지고 실습에 임했다. 특별히 시설장님께서 목회 사역을 하는 관계로 많은 과제는 내주지 않았지만, 주어진 일에 대해 최선을 다하려고 노력했다.

2) supervisor와 직원과의 관계

아동센터의 규모상 두 명의 선생님과 대면을 했고, 업무특성상 선생님의 보조교사로서 역할을 했다. 틈틈이 아이들을 지도할 수 있도록 배려하는 선생님도 있었는데, 그때마다 모르는 부분들에 대해 자문하며 알아가려고 하는 자세로 노력하였다.

3) 다른 실습생과의 관계

관계원활, 교류 지속하며 정보를 주고받음.

4) 실습에 임하는 적극성 및 자발성

우선 배우려는 자세로 주어진 일에 최선을 다하고자 했으며, 아이들을 키우고 있는 처지에서 아이들을 이해하고자 노력했으며, 아이들에게 더 많은 도움을 주고자 했다. 특히, 프로그램 운영과 설비 그리고 급식에 대해 좀 더 자세히 알기를 원했으며, 그때그때 시설장님께 궁금한 사항들을 물어보고 의아해하는 부분들이 없도록 노력했다.

6. 전문적 태도에 대한 평가

1) 사회복지사로서의 자신의 장·단점에 대한 인식

첫 실습기관이라 열심히 하려고 했지만, 아직은 미숙한 점이 많음을 느꼈다. 특히, 이론과 현장이 많은 차이를 몸소 실감하며 현장감을 잃지 않는 노력이 필요하리라 생각했다. 아직은 많은 경험들이 뒷받침되어야 사회복지사 역할을 제대로 해낼 수 있을 거라는 점을 느끼는 귀한 시간이었다.

2) 전문가로서의 윤리 및 가치관의 이행

우선 지역아동센터라는 특성 때문에 학습 위주를 진행됨에 따라 보조교사로서 성실한 자세로 임하려고 노력했다. 아이들의 필요를 먼저 생각해보고 학습효과를 높이기 위해 아이들과의 친밀성을 우선 고려하고자 했다. 짧은 실습기간이기에 아이들에 대한 특성을 파악하려고 노력하였고, 그에 따른 대안들을 생각해 보기도 했다. 앞으로 사회복지사로서 전문성을 길러야 하는 데 있어서 부족한 부분들을 생각해보는 좋은 시간이었다.

7. 실습 supervision 활용 및 평가

1) 실습생 자신의 supervision 활용정도에 대한 평가

매일 매일 스케줄에 대한 간단한 설명을 시설장님으로부터 들었고, 해야 할 과제들에 대한 다시 한번 숙지하는 시간을 가졌다. 특히, 일과를 마치며, 실습에 대한 간단한 토의를 통해 부족한 부분들에 대해 나누는 시간을 가졌다.

2) supervision 자체에 대한 평가

아동센터의 아이들을 지도하시는데 역시 경험이 중요하다는 생각이 들었다. 아이들 간의 사소한 문제가 발생했을 때 실습생으로서 당황하기 일쑤인데, 선생님들은 그 문제 상황을 정확히 파악하시고 빠른 해결을 하실 때 정말 존경스러웠다. 역시 사회복지사는 배려와 따뜻함이 있어야 된다는 것을 다시 한번 느낄 수 있는 계기였다.

8. 기관이해도에 대한 평가

1) 실습생의 과업과 관련된 기관의 목적, 정책, 행정절차에 대한 이해

첫 실습시간 간단한 오리엔테이션을 통해 기관에 대한 전반적인 내용에 대해 들었고, 기관 운영의 어려운 실정들에 대해 들었다. 특히, 운영에 있어서 어떤 프로그램 등이 매주 이루어지는지 그 내용들에 대해 간단하게 설명을 들었다.

2) 실습생으로서 기관 내의 권한과 한계에 대한 인식

시설장님께서 많이 배우고 가라고 많은 기회를 주셨지만, 실습생으로서 아이들을 지도하다 보니 많은 부분에서 미숙하여 어려움을 느끼기도 했다. 미숙한 부분들에 대해서는 시설장님과 사회복지사선 생님들께 충고도 듣고 조언도 들으며, 아동복지시설에서의 업무 등을 배우는 좋은 계기가 되었다.

9. 기타(실습에서 어려웠던 점, 앞으로의 계획, 건의사항 등)
사회복지시설은 다양한 분야에 많이 있는데, 지역아동센터를 택해서 실습을 하게 되어 무척 의미 있는 시간을 가진 것 같다. 우선은 아이들을 키우고 있는 입장에서 아이들을 대할 수 있어서 더 친근함을 느낄 수 있었고, 아이들에게 다가가는 데 어려움이 덜했던 것 같다. 특히, ㅇㅇ지역아동센터는 역사가 오래된 만큼 체계가 잘 잡혀 있어서 아이들 또한 많이 안정되어 있었고, 밝은 모습을 하고 있어서 실습생으로서도 밝게 생활할 수 있었던 것 같다.
앞으로 어떤 기관에서 일하게 될지 확실하지는 않지만, 사회복지사들의 봉사 마음과 남을 먼저 배려하는 마음, 그리고 따뜻한 마음은 있어야 진정한 사회복지사가 될 수 있지 않을까 하는 생각을 하게 되었다. 아직은 이러한 마음이 많이 부족하다고 생각이 되어 남은 공부도 열심히 하면서 주위를 돌아볼 줄 아는 배려의 마음부터 가져야 할 거라는 생각을 하게 되었다.
그동안 실습지도에 도움을 주신 시설장님과 아동센터의 선생님들께 감사인사를 드리며, 항상 아이들의 곁에서 희망의 등불이 되어주는 센터가 되길 바라본다.

예시 5(지역아동센터-2)

실습종결평가서

* 본 평가서는 사회복지현장실습지침서를 참고하여 종결평가 내용을 실습생 본인이 작성하며, 서술양식으로 작성한 뒤 실습지도자와 평가회를 갖는 것을 추천함.

실습생명	나실습	기관명	ㅇㅇㅇ지역아동센터
실습기간	2020. 1. 14.~2. 16	실습지도자	홍길동
실습평가일	2020. 2. 16	실습지도교수	위교수

1. 실습일정에 대한 평가
실습지도자분의 안내로 ㅇㅇㅇ지역아동센터에서 '사랑합니다.'로 인사를 시작하는 색다르고 어색한 인사서부터 기관에 대한 전반적인 내용을 듣고, 아이들의 학교와 좀 떨어져 있는 단점으로 인해 아이들에게 더 좋고 재미있는 프로그램을 운영하려고 한다는 이야기를 들었고, 야간실습생들을 배려해서 야간사업의 프로그램과 주말 프로그램에 중점을 두고 일정들을 세워 주실 정도로 잘 지원해줬다.

2. 실습내용 및 역할에 대한 평가

날짜	내용	평가	날짜	내용	평가
1/14	실습기관에 대한 이해 영화관람 프로그램 보조	○	2/2	야간사업의 회계 배우기 : 품의서 작성	○
1/16	운영 전반의 규정 및 자료 숙지하고 학습지도하기	○	2/3	야간사업의 회계 배우기 : 지출결의서 작성	○
1/17	지역아동센터 보호프로그램 알아보기 : 간식지도 및 학습보조	○	2/4	안산갈대습지 견학 및 가방 만들기 체험	○
1/18	지역아동센터 교육프로그램 알아보기-학습보조 및 귀가지도	○	2/6	야간사업의 회계 배우기 : 금전출납부 및 계정별 원장과 총계정원장 작성	○
1/19	지역아동센터 문화프로그램 알아보기 : 간식, 학습지도 보조	○	2/7	야간사업의 회계 배우기 : 급·간식 일지 작성	○
1/20	지역아동센터 정서지원 및 지역사회연계프로그램 알아보기 : 프로그램 보조	○	2/8	지역연계활동 : 적십자와 함께 쌀 배달과 컴퓨터학습지도	○
1/21	프로그램계획서, 일지, 평가서 작성법 배우고 작성하기	○	2/9	홍보와 자원계발(후원)에 대해 알아보기	○
1/23	실습기관분석보고서 작성하기	○	2/10	별빛마을 포토핸드 야간 나들이	○
1/24	사회복지정보시스템 활용법 익히기	○	2/11	잠실 롯데월드의 키자니아 직업체험 학습	○
1/25	아동상담일지 작성법에 대해 배우고 워드입력하기	○	2/13	사회복지공동모금회에 대해 알아보기	○
1/26	클라이언트 가정연계서비스에 대해 알아보기	○	2/14	한국사회복지사협회에 대해 알아보기	○
1/31	지원봉사자시스템(VMS) 활용하기	○	2/15	전국지역아동센터협의회에 대해 알아보기	○
2/1	중간평가서 작성하기	○	2/16	종결평가서 작성 및 실습마무리	○

학교에서 공부한 아동복지의 이론적 학습에서 볼 수 없는 실천적인 실습내용이었기에 더욱 유익한 실습이라 생각되었고, 클라이언트를 직접 만나서 하는 실습이라 실무에 참여해보고 계획을 세워 볼 때 아동복지 분야의 전문가가 된 기분으로 실습이 매우 즐거웠다. 실습지도자와 각 프로그램의 담당자님들께서 적극 도와주시고 조언도 해 주시어, 짧은 기간이지만 많은 업무를 배울 수 있는 좋은 기회였다고 생각한다.

3. 실습목표에 대한 평가

1) 구체적이고 적절한 목표 설정 여부

전체적인 실습의 모양새는 쉽게 파악할 수 있었으며, 실습할 실습목표를 정해 주셔서 그다지 어렵지는 않았다. 그러나 주말과 야간에만 실습했기에 전부를 배웠다 하기에는 무리가 있었다고 생각된다.

2) 목표의 달성 여부

기관의 사업 및 업무 내용이 많아서 단기간에 업무를 이해하기는 쉽지 않았지만, 실습기간에 직접 참여하면서 목표를 이루어 가는 데는 큰 도움이 되었다.

4. 서비스 실천과정에 대한 평가/정책 및 행정실습에 대한 평가

1) 문제파악 및 자료수집능력/문제인식능력

문제를 파악하고 자료를 수집하는 것은 쉬운 일은 아니었다. 이론적으로 학습한 내용과는 차이가 있었기 때문이다. 실습기관에 비치되어있는 책자 또는 교육교재 등과 실제 프로그램참여를 통해 자료수집을 했다.

2) 문제사정능력/문제분석능력

내가 실습한 지역아동센터는 문제사정능력과 문제분석능력 없이는 업무를 수행하기 힘든 곳이다. 실습기관의 사례업무를 살펴보니 현재 자라나는 아이들이기에 다양한 프로그램과 활동영역 및 케어가 필요했기에 아동 및 그 가정의 사회적 문제와 해결책을 모색하기 위해서도 필요한 능력이었다. 그래서 실습과정 속에 문제사정능력과 문제분석능력이 향상되었다고 생각한다.

3) 개입기술/문제해결을 위한 대안제시능력

실습기관의 특성상 클라이언트들이 아이들이라 매일 접하는 일이었다. 그래서 기술도 습득하기에 유리한 실습기관이었다. 그래서 다양한 사건과 다양한 일들로 대안능력도 길러야 하고, 개입기술과 문제해결을 위한 대안 제시능력을 키울 수 있도록 꾸준한 노력이 필요하다고 조언해줬다.

4) 면접기술/기존지식과 정보의 사용능력

직접 면접을 할 기회는 있지만, 전문가가 아닌 실습생의 권한으로서는 직접면담의 기회를 주기는 어렵다고 하시면서 면담하는 과정을 참여할 수 있게 해 주셨다. 면담수칙, 역할 등의 이론을 바탕으로 장기간으로 면접능력을 향상해야 된다고 생각되었다.

5) 기록기술/습득한 정보에 대한 기록

실습기관에서는 기록하는 업무가 많았기에 자료수집·파악, 정보수집, 교육프로그램 및 상담일지 기록, 급식일지 기록, 업무일지 기록, 사회복지정보시스템에 기재할 내용을 메모했다가 기록하였다.

6) 클라이언트와의 전문적인 관계 형성/관계기관 및 관련된 사람들과 전문적인 관계 형성

실습기관의 특성상 클라이언트와 대화하기는 쉽지만, 그로 인한 군림이나 대리자로 나서지 않아야 함을 배웠고, 실제로 희생적이면서 자기를 드러나게 하지 않는 참된 옹호자이자 보조자가 되어 주어야 한다는 것을 알게 되었다.

5. 실습생의 자원활용에 대한 평가(인적, 물적 자원)

1) 기관 외의 자원활용

인적·물적으로 자원을 활용하려고 애쓰는 기관이어서 인지 시설장의 외부활동도 많은 기관이었다. 아이들을 다루는 지원보다는 업무지원에 도움을 줄 수는 있는 자원을 활용하고자 하고, 아이들에게는 프로그램을 리드하거나 학습지원을 할 수 있는 자원을 활용하려는 기관이었다.

2) 실습과 관련된 참고서적의 활용

실습지도자의 추천 도서는 동문사 출판사에서 출판된 사회복지현장실습의 이해와 실제의 교재였으며, 보건복지부 발행으로는 지역아동센터 업무 매뉴얼과 아동분야사업안내 1, 2와 지역아동센터 실무교육 또는 지역아동센터윤리강령자료를 활용했다.

6. 실습에 임하는 자세에 대한 평가

1) 업무관리

(1) 시간 준수, 과제제출

운영시스템에 따라 직원들과 함께 행동하며, 출근과 퇴근의 근태관리는 사무국장이 점검해 주셨고, 실습지도자는 출근과 동시에 당일 실습계획을 설명해 주셨다.

(2) 주어진 일에 대한 업무조절능력

실습시간도 적절한 시간을 활용할 수 있도록 해 주셨고, 당일 계획한 실습 내용은 충분히 처리할 수 있는 업무 내에서 이루어졌다.

2) 직원과의 관계(실습지도자, 타 직원, 타 전문직 직원)

실습지도자의 인자함과 친절함, 그리고 적극적인 협조와 배려 덕분에 매우 즐겁고 보람된 실습이었다. 업무량보다 인원이 적어 바쁜 일과였지만, 열심히 한마음으로 실습할 수 있었다.

3) 다른 실습생과의 관계

실습기간에 다른 실습생들과 여러 자료를 공유하고, 함께 의지하며 실습할 수 있어 서로에게 큰 힘이 되었다.

4) 실습에서 적극성 및 자발성

전문적인 부분은 좀 약해서 실습생에게 주어진 실습 내용에 충실히 수행하고, 프로그램 진행시 보조역할만 할 수 있었다. 업무파악을 위해서는 최선을 다했다.

7. 전문적 태도에 대한 평가

1) 사회복지사로서 실습생 자신의 장·단점에 대한 인식

직장생활이라는 사회생활을 통해 사회복지사의 역할 수행에는 큰 어려움 없이 진행했다고 생각되지만, 사회복지 분야의 전문적 지식이 부족하여 기술과 실천기법이 미숙한 것이 단점으로 판단된다.

2) 전문가로서 윤리 및 가치관의 이행

사회복지사로서의 이론적 전문지식은 부족하나, 전문가로서의 가치관의 이행과 윤리는 실습으로 습득한 지식을 실전에서 어떻게 활용할 것인가에 더욱 깊이 생각할 수 있는 시간을 갖게 되었다.

8. 실습지도 활용 정도에 대한 평가

1) 실습생 자신의 실습지도 활용정도에 대한 평가

(1) 기관 실습지도

실습기관 선택이 정말 잘 되었다고 생각된다. 아동복지 관련 업무의 전문가의 지식을 습득할 기회를 제공받았고, 깊이 연구하여 활용할 기회도 가질 수 있다고 생각된다.

(2) 대학 실습지도

대학에서 배웠던 정보들이 실습과정의 이해의 많은 도움이 되었다고 생각한다. 그래서 자연스럽게 실습지도를 받을 수 있었던 것 같다.

2) 실습지도 자체에 대한 평가

(1) 기관 실습지도

기관의 실습지도는 실전 현장에서 필요한 내용을 배울 기회라 생각되었다.

(2) 대학 실습지도

실습하기 전의 교육을 통해 기관 선택에 도움이 되었고, 실습 시 유의사항, 실습일지 및 제출서류 작성에 관한 지도로 충분한 이해를 하게 되었다.

9. 기관 이해도에 대한 평가

1) 실습생의 과업과 관련된 기관의 목적, 정책, 행정절차에 대한 이해

실습기관 이해를 위해 교육해 주신 내용과 실습기관분석보고서를 작성하면서 기관의 목적, 정책, 사업, 행정절차에 대해 이해할 수 있었다.

2) 실습생으로서의 기관 내의 권한과 한계에 대한 인식

지역아동센터는 뚜렷한 업무분담과 권한이 주어짐과 동시에 책임이 뒤따라 있고, 상호 협조가 원활하게 이루어지고 있다고 생각된다.

10. 실습 기간 중 가장 유익했던 내용

체험학습을 통해 인성과 질서, 도덕, 예의에 대해 알려주고자 하는 마음을 읽을 수 있었고, 야간에 나들이한다는 발상이 너무 즐겁고 신나는 프로그램이었다. 아이들도 이탈 아닌 이탈의 경험으로 유익한 시간이었다.

11. 실습기간 중 가장 안 좋았던 내용

안 좋은 기억이나 내용은 없었다.

12. 실습기관, 실습지도자, 대학에 대한 건의사항
자세히 잘 안내해 주셔서 건의할 내용이 없다.

13. 기타 하고 싶은 말
지역아동센터의 회계처리업무를 하면서 관, 항, 목의 계정에서 수입 부분에 운영비로 입금을 잡힌 것을 보고, 급여 부분과 운영비 부분이 나누어지지 않고 지원되는 것을 알 수 있었다. 이는 장기근무를 할 경우 급여의 인상을 요구하기는 어려운 실정임을 알았으며, 전국지역아동센터협의회에서 정책적으로 반드시 빠르게 정착되어 지역아동센터의 종사자분들의 인권과 권익을 보장해주어야 한다고 생각했다.

예시 6(노인요양원) 〈2020. 12. 일지보고서 내용 중〉

실습종결평가서

실습생명	나실습	기관명	○○○노인요양원
실습기간	2020. 1. 14.~2. 16	실습지도자	홍길동
실습평가일	2020. 2. 16	실습지도교수	위교수

1. 실습내용 및 역할에 대한 평가
   1) 실습내용 및 역할의 요약
   상담사와 요양보호사 역할진행(어르신 초기상담 및 말벗, 치매 프로그램 편성시 보조, 요양원 업무보조, 요양보호사의 일일활동(배변, 식사도움, 목욕 등)과 생활관 청소 등

   2) 평가
   치매 노인분들의 상담가로서의 심리 상태파악과 친밀도 향상에 기여, 기획자로서 프로그램 계획과정 및 실시와 어르신 케어과정에 관한 전반적인 업무숙지가 가능하였다고 평가하고, 계층을 이해하고 옹호하는 부분은 다소 부족했다고 생각

2. 실습목표에 대한 평가
   1) 구체적이고 적절한 목표설정 여부
   사회복지사로서의 진정한 사명감, 소명의식의 발견을 통한 역할 증대의 목표 속에서 클라이언트 간의 면접기술 숙달, 프로그램 운용, 요양보호업무에 대한 능력 향상, 제반 행정업무 습득 등의 목표설정

2) 목표의 달성 여부

치매 어르신들과의 면접과정에서의 사회복지사로서의 소명감, 책임감 발견의 계기가 된 것 같으며, 프로그램 운용에 대한 자신감 획득과 부분적인 노인복지분야의 지식습득이 가능하였다고 판단

3. 서비스 실천과정에 대한 평가

1) 문제파악(자료수집)능력 및 사정능력

노인분들의 초기자료 수집이 제한된 가운데 주변인들에서 자료 수집을 통해 문제의 원인을 파악하고, 현재의 생활주기 속에서 사회적, 상호작용적 측면 고려하였다고 봄.

2) 개입기술

언제, 어디서, 어떻게 등 개입목표를 형성과 지향점을 가지고 시작하였으며, 치매노인이란 한계적 극복하기 위해 클라이언트에게 정보제공 및 새로운 행동을 변화와 자존감을 형성하는 데 중점적 실시

3) 면접기술

관계형성에 주안점을 두고 노인분들의 관심사와 비언어적인 표현들을 기록하고, 지지해 주는 가운데 라포 형성이 되었다고 생각함.

4) 기록기술

사전 파악자료와 수시면담 간에 메모하고, 관찰기록을 작성하는 등 세부적인 부분까지 상호작용 과정상의 문제를 파악하는데, 준비 또한 어르신들의 치료와 상담에 유용하게 쓰일 수 있도록 작성함.

5) 클라이언트와의 전문적인 관계형성

치매 어르신들이라 몇 분은 힘들게 라포 형성이 되었다고 생각하고, 어르신들에게 관심을 집중하고, 지지해 주는 가운데 어르신들의 가족력, 생활환경 등에 대해 부분적으로 정보를 받을 수 있었다고 생각함.

4. 실습생의 자원 활용에 대한 평가(인적·물적 자원)

1) 기관 내외의 자원 활용

① 영락원 내 기관 방문(요양의집, 영락원 등)
② 봉사자 프로그램 참여(RCY, 수화동아리, 종이접기 등)
③ 요양보호사, 물리치료과정 실습 및 견학

2) 실습과 관련된 참고서적의 활용 : 치매노인과 의학서적, 노인복지서비스 및 노인 장기요양 보호제도

① 공통 요양보호사 서비스(보건복지부)
② 치매노인과 사회복지서비스(학지사, 저자 : 이윤로 외 1명)
③ 사회복지 프로그램 평가(2005. 10. 25, 집문당, 저자 : 김학주)

④ New Guide 사회복지현장실습(2007. 8. 30, 도서출판 솔바람, 저자 : 서병진)
⑤ 사회복지 실천론(2001. 3. 10, 대학출판사, 저자 : 배창진 등 6명)

3) 지역사회 자원의 활동 : 입소환자 입원과정 참여(효자병원)

5. 실습에 임하는 자세에 대한 평가

1) 업무관리 또는 업무조절 능력(시간준수, 출근, 과제물 수행)
과제물 내용면에서 매우 충실하고, 제 규정준수 이행이 양호함.

2) supervisor와 직원과의 관계
슈퍼바이저를 적극적으로 활용하고 대화 간 기관에 대한 업무에 많은 관심 표명, 매우 적극적이다 보니 직원과의 상호이해가 상충하는 부분도 있었음.

3) 다른 실습생과의 관계
우호적이며 친절함.

4) 실습에 임하는 적극성 및 자발성
매우 정열적이고 개방적 사고를 하고 참여

6. 전문적 태도에 대한 평가

1) 사회복지사로서의 자신의 장단점에 대한 인식
소명의식을 가지고 일하고자 하는 열정이 매우 높고, 자신이 가지고 있는 책임감이 강한 편이나, 다소 소극적인 자세와 꼼꼼함이 타인과 접근하는 데 단점이 있다고 생각함.

2) 전문가로서의 윤리 및 가치관의 이행
소명의식과 책임감이 매우 강함. 또한, 클라이언트의 입장에서 생각하려는 자세와 도덕적 사고를 견지하고 있음. 실습일지의 내용 속에 자신의 부족한 점을 반성하고, 앞으로의 자세를 기록하는 등 자기 발견을 위해 노력하고 있음.

7. 실습 supervision 활용 및 평가

1) 실습생 자신의 supervision 활용 정도에 대한 평가
사회복지사의 역할 발견을 위한 축적된 경험제공으로 도움이 되었으며, 일일 단위 강평과 수시업무에 대한 조치능력에 배움.

2) supervision 자체에 대한 평가
기관에서의 업무와 함께 지도교수를 하긴 쉽지 않으나, 지도교수의 역할증대는 꼭 필요한 부분이라 생각함.

8. 기관이해도에 대한 평가

1) 실습생의 과업과 관련된 기관의 목적, 정책, 행정절차에 대한 이해
기관의 비전이나 목적을 파악하고 있다고 보며, 장기요양보호제도의 발전적 측면을 검토하

였다고 봄. 다소 아쉬운 점은 행정적 절차에 대한 이해가 안 되는 부분으로 기관과 지자체 간의 연계부분에 대한 파악 어려움이 있었음.

2) 실습생으로서 기관 내의 권한과 한계에 대한 인식
일부 요양보호사의 실습생을 봉사자로 인식하는 시각차와 책임 한계 때문에 부분적인 업무에만 동참

9. 기타(실습에서 어려웠던 점, 앞으로의 계획, 건의사항 등)
1) 어려웠던 점
① 기존 입소자의 초기상담시 라포 형성
② 요양보호사들과의 관계형성

2) 앞으로의 계획
① 봉사활동 지속전개(요양원 봉사, 탈북관련 인권단체 소속활동)
② 대학원 진학 노인복지분야 공부

3) 건의사항
제한적 공간과 일상적 프로그램으로 기관을 이해하는 데 많은 도움이 된 것 같으며, 다소 아쉬운 점 많은 프로그램을 경험하지 못한 시간적인 제한이 있다.

예시 7(장애인시설) **〈2020. 3. 일지보고서 내용 중〉**

실습종결평가서

실습생명	나실습	기관명	사랑 ○○의 집
실습기간	2020. 4. 11.~2020. 4. 29	실습지도자	홍길동
실습평가일	2020. 4. 29	실습지도교수	위교수

1. 실습내용 및 역할에 대한 평가
1) 실습내용 및 역할의 요약
지적장애 및 지체장애자 보호 시설의 목욕, 식사, 나들이 봉사, 행정 운영, 학습프로그램 참여 등 생활에 동참하여 그들의 일상과 생각을 이해하고자 한다.

2) 평가
함께 생활하면서 가장 필요한 것, 바라는 것이 무엇인지 알려고 노력했으나, 깊이 있는 문

제 파악은 하지 못하고 일정에 따른 반복적 생활로 그치고 말았다.

2. 실습목표에 대한 평가
   1) 구체적이고 적절한 목표 설정 여부
      지적장애 및 지체장애인들과의 생활을 통해 선입견을 없애고, 같은 사고와 감정을 공유하여 그들을 이해하는 것에 목표를 두었다.

   2) 목표의 달성 여부
      상호교류를 통한 동질감 형성이 아닌 내 생각을 이해시키는 것에 그쳤다.

3. 서비스 실천과정에 대한 평가
   1) 문제파악(자료수집) 능력 및 사정 능력
      기관의 운영방식, 프로그램에서의 문제점, 클라이언트들이 원하는 것이 무엇인지 파악하고, 실습지도자에게 자문하며, 유사기관의 자료를 인터넷과 서적 등을 찾아보는 방법으로 자료를 수집하였다.
      클라이언트들이 느끼는 문제나 불만사항에 있어서 왜 그렇게 느끼고 있으며, 문제 사정을 위해서 내가 무엇을 할 수 있는가에 대해서 파악한 후 상급자와 상의하거나 개인의 장점을 부각시키는 방법을 사용하였다.

   2) 개입기술
      라포 형성을 위해 일상적인 이야기로 시작하여 자연스럽게 대화를 전개해 나가는 방식을 취하였다. 클라이언트의 말을 100% 신빙할 수는 없기에 지도자에게 충분한 조언과 클라이언트들의 특성을 충분히 숙지한 후에 조금씩 조언, 지지 등의 방법으로 개입하였다.

   3) 면접기술
      자연스러운 대화를 유도하고 경청하며, 공감, 긍정의 표현을 통해서 편안하게 대화를 할 수 있도록 노력한다.

   4) 기록기술
      대화시 기록을 하면 이상한 행동으로 보일 수 있어서 기록의 기술은 미흡한 편이었다.

   5) 클라이언트와의 전문적인 관계 형성
      기간의 운영과 일정에 따른 보조적인 참여와 조심스럽고 소극적인 자세로 인하여 전문적인 관계형성은 미흡하였으나, 대화를 통해서 문제점이 있는 클라이언트는 보고를 통해서 조치를 받을 수 있도록 했다.

4. 실습생의 자원활용에 대한 평가(인적, 물적 자원)
   1) 기관 내·외의 자원활용
      실습지도자의 조언과 설명, 생활지도사(클라이언트), 자원봉사자들의 경험을 통해서 쉽게 접근할 수 있었다.

2) 실습과 관련된 참고서적의 활용

사회복지개론, 지역사회복지론, 실천기술론 등의 도서를 참고하여 이론적인 부분에서 도움을 얻으려 했으나, 그 활용 면에서는 많이 미흡했다.

3) 지역사회 자원의 활동

기관이 있는 지역의 동아리와 자매결연 맺은 시설, 단체의 자원봉사를 통해서 봉사자들의 운영방식을 배울 수 있었다.

5. 실습에 임하는 자세에 대한 평가

1) 업무관리 또는 업무조절능력(시간준수, 출근, 과제물 수행)

일과에 따른 업무보조로서 프로그램참여와 기관운영에 적극 참여하려고 노력하였다.

2) 슈퍼바이저와 직원과의 관계

스스로가 지체장애인이면서 사회복지사로서 기관을 처음부터 운영하였기 때문에 지체장애 및 기관운영에 많은 것을 배울 수 있었다.

3) 다른 실습생과의 관계

실습일정이 중복되지 않았기에 만나지 못했으나, 자원봉사들과는 원만하게 지냈다.

4) 실습에 임하는 적극성 및 자발성

적극적인 자세로 임하였으나, 일정에 따른 규칙적인 생활로 자발성은 미흡한 것 같다.

6. 전문적 태도에 대한 평가

1) 사회복지사로서의 자신의 장·단점에 대한 인식

의욕은 있으나, 실천에는 미흡하다. 클라이언트와 공감대 형성은 이루어지나, 사정에 있어서 내가 이해한 것을 알려주려고 하는 경향이 강하다.

2) 전문가로서의 윤리 및 가치관의 이행

사회적 약자의 가치실현에 도움을 주려고 노력하나, 심리적 이면에는 나를 먼저 우선시하거나 나의 가치관이나 상식으로 클라이언트들의 자발적 결정을 불신하는 경향이 있었다. 아직 머리로만 이해하고 실천적인 면이 부족한 것으로 생각되며, 개인적 욕구충족과 사회적 욕구충족이 충돌하는 데서 오는 것으로 보인다.

7. 실습 슈퍼비전 활용 및 평가

1) 실습생 자신의 슈퍼비전 활용 정도에 대한 평가

매일 실습업무를 통해서 차후 일정을 논의하고 반성하는 정도로 이루어졌다.

2) 슈퍼비전 자체에 대한 평가

8. 기관이해도에 대한 평가

1) 실습생의 과업과 관련된 기관의 목적, 정책, 행정절차에 대한 이해

지적장애 및 지체장애인을 대상으로 그들의 자립을 목적으로 하는 기관으로서 학습프로그램 운영 및 신체활동, 사회봉사활동 정책 등을 이해하고 적극적으로 동참하였다.

2) 실습생으로서 기관 내의 권한과 한계에 대한 인식

모든 활동에 보조적인 참여로 이루어지고 두 분의 운영진과 클라이언트 자발적인 참여로 기관의 모든 행사가 이루어지고 있으므로 경험적인 부분에서는 많은 것을 배울 수 있었으나, 이론적인 부분과 프로그램을 실천하는 권한은 제약적일 수밖에 없었다.

9. 기타(실습에서 어려웠던 점, 앞으로의 계획, 건의사항 등)

기관의 생활을 오랜 시간 함께 해 온 인원들로 구성되어 있으므로 동질감 형성이 가장 어려운 부분이었으며, 규칙적인 프로그램과 자신들만의 방식이 거의 확립되어 있어서 클라이언트에게 접근하는 방법은 프로그램에 동참하거나 자원봉사들과 같은 업무로 접근하는 방법뿐이었다. 좀 더 다양한 방식으로 클라이언트를 대하지 못한 점과 외부활동을 많이 하지 못한 점이 가장 아쉬운 점이었다.

CHAPTER
11

학교 및 기관 과제물 작성 및 예시

1. 이론분석보고서
2. 사례관리
3. 프로그램 계획서, 일지, 평가
4. 프로포잘

1. 이론분석보고서

이 과제는 실습생이 실습했던 기관에 대한 얼마나 잘 이해하고 실습을 마무리 있는지를 알아보는 과제로, 본인이 실습했던 기관이 사회복지의 어떤 분야인지를 이해하고, 기관의 위치와 그 주변에 대한 지역자원을 활용할 수 있거나 부족한 자원을 알아냄과 동시에 같은 조건의 기관이 몇 군데 존재하는가, 교통의 조건이나 특수한 상황의 조건들을 알아보고, 기관 내에서 이루어지는 특별한 사항, 즉 한 가정에 다자녀 가정이 3가정 있는데, 그 3가정 모두 자녀가 5명이고, 모두가 한 기관을 이용하고 있어서 장점도 있지만, 가정에서의 행사 때문에 5명이 모두 결석을 하는 단점도 있다. 이처럼 특이사항을 기재하는 과제로 실습기관분석보고서와는 전혀 다른 과제이다. 이 과제를 수행하면서 본인이 실습한 기관에 대해 더 깊게 이해할 수 있으며, 앞으로의 진로와 사회복지현장실습의 깊이를 담을 수 있는 중요한 습득과 활용의 시간을 가질 수 있다.

또한, 실습기관에서 실습하면서 다루었던 클라이언트를 중심으로 관련된 정책이나 법과 실천에 관해 기술하는 과제로 실습기관에 입소했거나, 이용하는 클라이언트에 대해 알아보고, 문제점이나 습관을 찾아내서 서비스, 즉 정책이나 법 또는 실천방법 등을 어떻게 지원해야 하는지에 대해 찾아보고 기술하는 과제이다.

이는 사례관리의 이전의 단계이므로 사례관리의 기초자료인 인적사항이나, 가족사항, 가정환경, 개인력, 병력, 가계도나 생태도, 일상생활 및 특징, 문제점 등을 찾아내고, 해결방법까지 찾아서 기술하는 과제이다.

예시 1(지역아동센터) 〈2020. 9. 일지보고서 내용 중〉

이론분석보고서

이름 : 나실습 생년월일 : 0000년 0월 0일 작성일 : 2020. 9. 28.

1. 실습했던 기관은 사회복지의 어떤 분야인가?

내가 실습한 ○○의 나라 지역아동센터는 강원도 ○충로(○○동) 000-13에 있는 지역아동센터로 ○○지역 총 23개의 지역아동센터 중 규모가 가장 큰 아동센터이다.

○○동에는 ○○의 나라 지역아동센터를 포함하여 총 4군데의 지역아동센터가 있으며, 3개의 초등학교와 2개의 중학교, 1개의 고등학교가 있다.

○○의 나라 지역아동센터는 받을 수 있는 아동 총 정원 35명이며, 실제 다니고 있는 아동의 인원은 30명이다.

○○시청에서 지원해 주는 직원의 인원은 총 4명으로 정식직원 3명과 계약직 1명이며, 공익근로요원 2명, 프로그램강사 3명, 조리사 1명, 봉사자 4명이다.

아동 중 대부분은 소외계층으로 기초생활보장수급자 7명, 차상위 9명, 소득 70% 가정 3명, 나머지 11명은 일반가정인데, 일반가정이라고 하여 형편이 좋은 가정은 아니라고 하였다.

○○동은 ○○시 인구의 약 11%가 거주하는 인구 밀집지역으로 ○○시청에서 동북방으로 2km 떨어진 거리에 있는 도농복합지역으로서 ○○○국립공원(구룡사)과 횡성(새말 T.G)이 연결되는 42번 국도와 5번 국도(현충로)가 교차하고 있다.

2. 자신이 다루었던 클라이언트를 중심으로 관련 정책과 법과 실천에 관한 기술하기

1) 인적사항

- 성 명 : 이○민
- 성 별 : 남
- 나 이 : 11세
- 입소일 : 2015. 8. 6
- 거주지 : 강원도 ○○시 ○○동

2) 가족사항

이○민 아동은 다문화 가정의 아동으로, 5살 무렵 한국인 아빠가 가출을 하였고, 현재 필리핀 엄마와 엄마의 동거남(한국인) 그리고 할머니(동거남의 엄마)와 동생 2명이 더 있으며, 2살 아래인 9살 동생은 지적 능력이 조금 떨어진다.

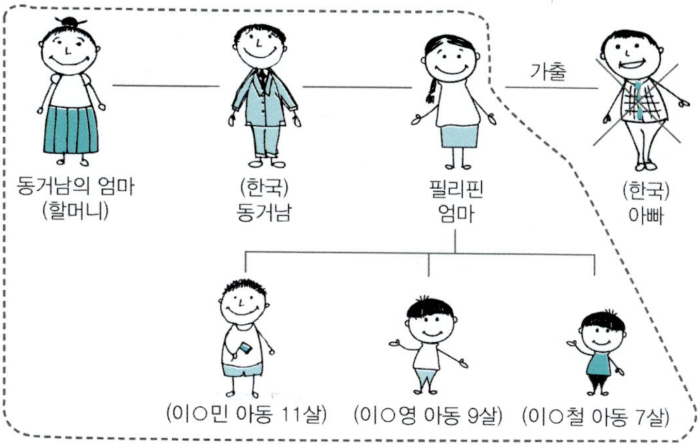

3) 가정환경

이○민 아동은 아빠의 존재에 대해 기억을 잘 못 하고 있지만, 3년 전부터 현재까지 같이 사는 사람이 친아빠가 아닌 것에 대해서는 확실히 인지하고 있었다.

이○민 아동이 2살 무렵부터 아빠의 가출이 시작되었고, 집에 들어오는 날은 5살 무렵까지 10번도 되지 않았고, 5살 이후로는 연락이 끊긴 상태이다.

이○민 아동은 어릴 적부터 엄마의 학대와 아빠의 부재로 인하여 불안한 유년기를 보냈고, 엄마는 아빠에 대한 분노와 불만을 아동에게 표출하며, 작은 일에도 쉽게 화를 냈고, 아동의 얼굴을 주먹으로 때리거나 아빠에 대한 욕을 하며 이혼을 하는 게 소원이라는 말을 자주 하고, 너희들 때문에 인생을 망쳤다고 하며, 꼴도 보기 싫다고 나가라고 하며, 눈에 보이지 말라고 하는 말을 자주 한다고 했다.

아동의 엄마는 아동들의 학교 일에는 전혀 관심이 없고, 본인 치장하고 친구들 만나는 일에만 관심이 있다는 것을 센터에 다니는 모든 아동의 부모뿐 아니라, 아동들도 알고 있어서 창피하다고 말하였다. 센터의 친구 엄마들이 본인을 보며 하는 첫마디가 "너희 엄마 왜 그러니?"라는 거라고 했고, 아이들이 그 말을 따라 하며 놀린다고 하였다.

현재 함께 사는 동거남과 할머니는 아동에게 짜증을 많이 내며, 행동에 대한 지적을 자주 하여 아동이 집에 가는 것이 싫다고 하였다.

4) 이○민 아동의 평소 행동 특성

센터에 오면 이○민 아동은 말없이 주변을 살피고 구석에 앉아 항상 영어 문장을 쓰고 있지만, 실제로 영어 문장을 쓰는 것이 아니라 종이를 멍하게 쳐다만 보고 있는데, 1시간 동안 영어 문장 2줄만을 쓰고, 아무 행동도 하지 않는다. 또한, 아동에게는 동생 2명이 있는데, 그 동생들을 전혀 챙기지 않고, 본인과는 아주 상관이 없는 존재로 보고 집에 갈 때도 혼자 간다.

다른 아동들보다 인사나 대답을 할 때 아주 큰 목소리로 이야기하고, 친구들과 이야기를 할 때는 잘 들리지 않는 목소리로 말을 하며, 친구 중 누군가가 때려도 그냥 가만히 있을 뿐 반응을 하지 않는다.

하루는 손등에 반창고를 붙이고 와서 이유를 물어보니, 친구와 공놀이를 하다가 화가 나서 본인이 연필로 마구 긁어 피가 나서 그렇다고 괜찮다고 하며, 이런 일이 자주 있다고 이야기를 하였다.

5) 이○민 아동의 정서, 인지적 특징

아동은 눈치를 많이 보며, 아이들이 욕을 하거나 때리려는 행동을 해도 거기에 저항하거나 맞서지 않고, 아무 말 없이 가만히 쳐다만 보고 있다. 그때마다 주변에 있던 선생님들이 상대방 아동을 혼을 내주며, 옆에서 가만히 상대방 아동을 쳐다보며 아무 말도 하지 않는다.

6) 이○민 아동의 문제점

① 분노조절장애를 가지고 있다고 스스로 말하고 다님
② 손톱과 손톱 주변의 살을 절반 이상을 입으로 물어뜯어 먹는다고 함.
③ 화가 나면 본인의 손이나, 팔을 연필이나 뾰족한 물건으로 긁어서 상처를 만듦.
④ 집중이 잘 안 되고, 멍하니 딴생각을 많이 함.
⑤ 기분의 기복이 심하고, 아이들과 어울릴 때 소심함을 보임.

7) 이○민 아동이 문제점 해결방법

(1) 목표 : 아동이 엄마를 창피해하는 생각을 조금씩 바꿀 수 있게, 현재 행동에 대한 잘못된 점과 친구들과 잘 어울릴 수 있게 자신감을 가질 수 있도록 함.
(2) 계획
① 심리치료
– 자제력과 통제력을 기르고, 엄마에 대한 분노와 원망의 생각을 바꾸게 되는 기회를 제공.
– 엄마와 함께 심리치료 병행함
② 아동이 힘들 때 주로 하는 행동
– 안정감을 찾을 수 있는 행동(그림 그리기)
– 그림 그리기를 통해 격려와 칭찬을 하여 자기계발의 기회로 연결하며, 집중력 향상에 도움을 줌.
③ 센터 아동의 부모들과 회의를 열어 아동의 현재 상태에 관해 이야기하여 다른 아동들과 라포를 형성할 수 있게 도움을 주고, 다른 아동들이 혹여 아동에 대해서 놀리는 이야기를 하면, 잘못된 점을 지적하여 잘 지낼 수 있도록 분위기 형성.
④ 걱정인형
– 걱정이나 힘든 일이 있을 때 인형에게 모든 것을 말하면, 본인 대신 모든 나쁜 것들을 해결할 수 있는 대상이 있다는 것을 알려줌.
– 결과 : 아동의 문제가 있는 행동은 관심을 가지고 싶어 하는 마음에서 시작된 것으로 어려서부터 의지할 곳이 없고, 문제를 해결해 주는 어른들이 주변에 없었기 때문에 어떤 문제가 생기면 가슴에 쌓아 두기만 하다가, 본인 스스로 자해를 하는 행동으로 분노를 해결했었다. 심리치료를 하며, 엄마와의 관계가 조금씩 개선

이 되고, 다른 아동들이 자신에게 대해주는 행동이 조금씩 달라지자 또래 아이들에게 조금씩 마음을 열고 놀이를 같이하는 모습을 보였고, 학습할 때도, 학습 후 그림을 그린다는 목적을 정해 놓으니 빨리해야 한다며, 딴생각하는 시간이 점차 줄어드는 것이 보였다.
손톱과 손톱 주변의 살을 뜯어 먹는 행동은 종종 보였으나, 그때마다 행동의 잘못된 점을 지적하자 행동을 하려다 스스로 하면 안 된다고 노력하는 모습을 보였다.

예시 2(요양원) 〈2020. 12. 일지보고서 내용 중〉

이론분석보고서

이름 : 나실습 생년월일 :0000년 0월 0일 작성일 : 2020년 1월 22일

1. 실습했던 기관은 사회복지의 어떤 분야인가?
   서울 도심인 ○○입구역과 가까운 ○○동에 있어 비교적 편리한 교통조건으로 보호자나 방문객이 쉽게 접근할 수 있는 입지조건의 ○○○○센터는 지역사회와 함께하는 양질의 노인 요양서비스를 제공하고 있는 30인 규모의 노인요양시설이다.
   ○○○○센터는 개인요양시설이지만, 비영리시설 인가를 받아 법인으로서 체계적인 운영기반을 구축하고 있으며, 대표님과 센터장님 두 분이 간호사로 이중 업무를 맡아 하다 보니 신체적, 정신적, 사회적 서비스 제공은 물론, 각종 노인성 질환에 대한 즉각적인 의료서비스 제공이 가능하고, 어르신들의 삶의 질을 향상할 수 있는 재활 프로그램을 통하여 안락한 노후생활을 보낼 수 있도록 하는 데 중점을 두고 있다.
   지혜로운 어르신이 선택하는 친환경시설을 사명으로 베푸는 은혜의 배려, 평등한 사랑의 박애, 지혜의 기쁨인 우아를 핵심가치로 삼고 있는데, 아담하고 친환경적인 외관의 건물은 인접한 주택가와 잘 어울렸고, 내부 인테리어도 미술치료 프로그램에서 어르신들이 만드신 작품들을 적절히 배치하며 가정적인 분위기를 느낄 수 있게 되어 있으며, 정확한 시간에 개인별 소화기능에 맞춘 가정식 음식이 제공되고 있어 입소하신 어르신들뿐만 아니라, 보호자도 믿고 맡길 수 있는 시설이다. 또한, 매주 운용되고 있는 정기적인 재활 프로그램 외에 생신 잔치 같은 특화프로그램과 뛰어난 슈퍼바이저의 지도 덕에 사회복지사 실습생들이 참여하는 다양한 프로그램들이 새로운 활기를 계속 불어넣고 있는 기관이다.

2. 자신이 다루었던 클라이언트를 중심으로 관련 정책과 법과 실천에 관한 기술하기
   1) 대상 클라이언트 정보
      • 이름 : 김○정 • 나이 : 1942년생, 현재 75세
      • 입소 전 주소 : ○○구 ○○동 • 본적 : ○○시 중구

- 출생지 : 함경북도 자성
- 학력 : 중학교 졸업으로 한글 해독 가능하심
- 진단명 : 당뇨/뇌출혈
- 장애등급 : 뇌병변 2
- 장기요양등급 : 2등급
- 입소현황 : 일반
- 종교 : 기독교
- 가족사항 : 아들 72년생(입소 전까지 함께 마포구 성산동 집에서 함께 거주), 며느리, 손자, 딸, 사위, 손녀
- 가족 및 환경 지지망
  - 비공식체계 : 아들, 며느리
  - 공식체계 : 정부(노령수당, 장애수당)
  - 국가, 병원, 국민건강보험공단 : ○○가정의학과, 의료보험
- 식생활 및 영양상태
  - 키 : 145cm
  - 체중 : 32kg
  - BMI 지수 : 15.22/저체중
  - 식사 : 일반식
  - 저작능력 : 부분 무치
  - 연하장애 : 없다.
  - 소화기능 장애 : 위가 약하셔서 소화제 드심

2) 클라이언트와의 말벗 서비스와 개별파일 점검으로 관찰된 내용

(1) 가족환경 : 강릉 김씨로 강원도가 고향이신 부모님께서 일제 강점기 말 백두산 아랫마을 함경북도 자성으로 이주하신 후 늦둥이 막내딸로 김*정 어르신을 낳다 보니 맏언니와 나이 차이가 많이 났으며, 일도 안 했고, 사랑을 많이 받고 자라셨다. 해방 후 원산에서 부모님께서 사과 과수원을 하실 땐 러시아 상인들에게 귀여움을 받으며 사과를 파시기도 하셨다며, 간단한 러시아어를 구사하시기도 하셨다.

6살 때 장난을 많이 친다고 오빠가 학교에 데리고 가서 초등학교에 다니기 시작했으며, 체제에 따라 5년 후인 10살 때 졸업을 하셨고, 1 · 4후퇴 때 원산에서 배를 타고 부산으로 피난을 오는 과정에서 오빠랑 헤어지셨다 하셨다.

부산 제일시장에서 군복장사를 할 때 해군 헌병이던 키 크고 잘생긴 남편분을 만나 결혼. 딸, 아들 남매를 낳으셨다. 4킬로가 넘는 아기들을 낳기가 너무 힘들었고, 언니가 아이를 많이 낳고 고생하는 것을 보고 당신은 둘만 낳으셨다고 하셨다. 남편분은 딸을 예뻐했고, 당신은 아들을 더 예뻐했다고 하셨다. 젊은 시절 유행에 관심이 많으셨던 어르신은 그 당시 유행하던 당꼬바지를 입고 다니시기도 하셨다는데, 남편분은 매우 보수적이고 권위적이어서 파마도 못 하게 하는 등 남편 시집살이가 심했다고 하셨다. 남편분과는 어르신이 43세 장남이 12살 되던 해 뇌혈관 질환으로 사별하셨고, 그 후 서울 청계천시장에서 언니가 하던 원단사업을 인수해 남편이 남기고 간 빚도 갚고, 남매를 키우며, 한옥도 살만큼 강한 생활력으로 살아오셨다. 그러나 씀씀이가 크고 절제력이 약하다 보니 건강을 돌보지 못하고, 60세가 되던 2002년 뇌출혈로 병원생활을 시작하셨고, 퇴원하셨다가 2008년 합병증으로 다시 악화 재입원 치료하시다가 2010년 그레이스센터가 ○○요양시설이었을 때부터 시설생활을 하셨다.

(2) 경제적 여건 : 남편(황○○)이 처음엔 야무지게 잘 했었는데, 마음이 약해 집에서 돈을 가지고 나가서 자꾸 남한테 사기를 당해 빚을 많이 남기고 돌아가셔서 43세라는 젊은 나이부터 빚 갚으랴 자식들 혼자 키우시랴 고생을 많이 하셨다. 그래도 태창 인디고

데님원단사업이 잘 돼서 자식들 키우고 한옥도 마련할 만큼 돈을 잘 버셨는데, 긴 병원 생활로 집 두 채를 날리셨다며, 아들에게 병원비 부담을 주어 미안하고, 손자랑 자주 보고 싶어도 자주 오라고 하지 못하신다며 우울해하셨다.

(3) 신체적 건강

- 맹장수술병력 : CVA 2등급이며, 2002년 소뇌우측출혈. 2008년 자기관리 안 돼 중앙대병원 재입원 치료. 뇌경색으로 우측항하지 운동장애와 우측 고관절 제한으로 거동 불가. 당뇨가 있으나 인슐린 합병증 없고, 치아가 좋지 않아 치료를 받았으나, 당뇨로 중단한 상태. 소화를 잘못하는 편이어서 식사는 매끼 소량으로 하시는 편으로 아침, 저녁 후 소화제를 복용하신다.

(4) 정신적 건강 : 인지는 MMES-K 검사에서 기존 26점이었으나, 현재는 24점으로 경증 치매상태이다. 달력을 보고 숫자나 날짜 개념은 있으나, 자녀들의 나이나 본인의 나이를 잘 모르신다. 현재 75세이나 본인은 64세라고 말씀하시곤 하시는데, 이는 약 10년 전의 나이로 처음 발병한 후 병원생활을 할 때의 나이를 기억하고, 그 후 단순한 병원생활에 따른 퇴보현상일 것 같다.
과거에 고생했던 기억 때문인지 지금도 빨리 집에 돌아가서 돈 문제를 본인이 해결해야 한다고 말씀하시곤 한다.

(5) 종교적 영향 : 종교는 기독교로 순복음교회를 오래 다니셨다고 말씀하시고, 오랜 시간 신앙생활한 것에 대한 자부심은 있으시지만, 종교색이 진하진 않다.
목요일마다 종교(정서지원)프로그램 활동으로 목사님께서 기관에 방문하시는데, 목사님에 대해 비교적 자세히 알고 계시며 방문을 기다리신다.

(6) 김○정 어르신 가계도

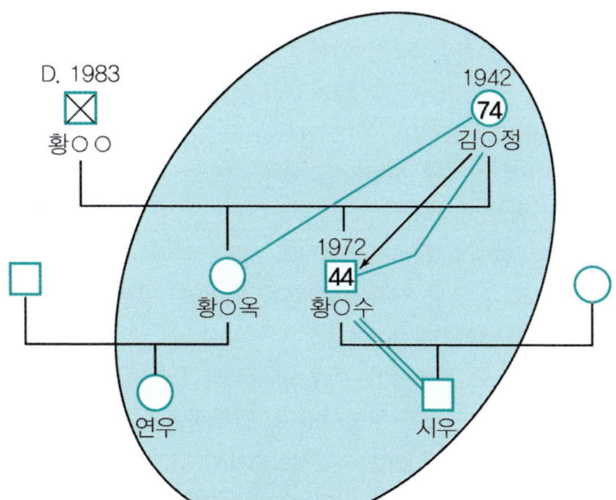

(7) 기타사항 : 김○정 어르신은 대화하시는 것을 좋아하시는 편인데, 대화상대가 없음에 무료함을 느끼신다. 그래서 실습생들과의 말벗시간을 기다리시고 어르신께 관심을 보이는 것을 좋아하신다. 남에게 폐 끼치는 것을 싫어하므로 무엇을 해드리고자 하면 한

사코 거절하시고 어르신께서도 되도록 부탁을 안 하려고 하신다. 피부나 미용에 관심이 있으시고, 자기관리를 유지하고자 파우치를 준비하여 따로 어르신의 물건(머리끈, 핀, 예쁜 리본)을 보관해 두신다. 방안의 다른 어르신들을 유심히 관찰하셔서 어떤 특징과 성향이 있으신지 파악이 빠르신 편이시다. 아들, 남편, 손자 외의 남자는 모두 징그러워하시며, 남자실습생이 가까이 다가오는 걸 싫어하신다. 사진 찍는 것과 어르신 몸에 손대는 것을 싫어하시고, 약하게 주물러 드려도 아파하므로 되도록 접촉하는 것을 조심해야 한다. 아들에 대한 애착이 강하시고, 아들과 손자에 대한 자랑을 많이 하시며, 아들의 방문을 기다리신다. 약속은 꼭 지켜야 한다고 생각하시며, 사소한 약속도 기억하므로(특히 다시 언제 대화하러 올 것인지에 대한 부분) 어르신과의 라포형성에 있어서는 약속 지키기를 중요하게 여겨야 한다.

3) 관찰된 내용을 통한 클라이언트 분석

김○정 어르신이 비교적 젊은 나이에 발병하여 2등급 장기요양자가 된 원인을 관찰된 내용으로 유추해보면 6·25전쟁이라는 천재지변을 몸소 겪은 세대라는 것이 기본으로 깔려있긴 하지만, 가장 큰 원인으로는 40대 초반 남편과의 사별이라 볼 수 있다.

늦둥이 귀여운 장난꾸러기 막내딸로 자랐으나, 권위적인 남편 밑에서 시집살이를 하다 일찍 남편을 잃은 뒤 자신의 인생보다는 남편이 남겨놓은 빚과 어린 남매를 책임지기 위해 고군분투하는 삶을 사셨기 때문이다.

(1) 우울증의 요소 : 지금도 뇌혈관 질환으로 쓰러진 남편을 그때 살려내지 못했다는 회한을 두고 계시며, 당신의 긴 와상생활에 대해서도 그 죄책감으로 받아들이신다며 있을 때 잘하라고 실습생들에게 자주 말씀하신다니 그동안 그 스트레스가 가늠된다. 그리고 병원비를 부담하고 있는 아들에게 미안하여 자주 보고 싶어도 자주 오라고 못 한다며 우울해하신다는 점이다.

(2) 심리적인 불안요소와 식습관 : 살이 쪄 본 적이 없으시다는 어르신은 성격과 후각이 예민하시다. 그래서 비린 해산물과 돼지고기 냄새를 싫어하시고, 빵과 같은 밀가루 음식과 커피를 좋아하신다 하셨다. 아마 편식을 하셨을 것 같다. 그리고 물 드시기를 싫어하시고, 식사시간에 식사를 허겁지겁 빠른 속도로 하시며, 예민해지셔서 누가 다가가면 짜증을 내실 정도이시다.

이는 남편을 잃은 허전함과 가장으로서의 생활고와 빚 청산의 스트레스가 심리적 불안요소로 작용하므로 잘못된 식습관을 갖게 되었고, 발병의 원인이 되었을 것이다.

(3) 심리적 불안요소와 남성기피증 : 어르신은 남자실습생, 특히 나이가 많은 남자 실습생이 눈에 보이면 고개를 홱 돌리시며, 매우 불편해하시고, 방에서 나가라고 하신다. 이유를 여쭈어보면 조심스러워서라고 말씀하신다. 어르신은 활발한 O형과 얌전한 O형이 있는데, 당신은 얌전한 O형으로 천상 조선여자라 하신다. 하지만 좋아하는 노래를 여쭈어볼 땐 팝송을 좋아하신다며, 흥겨운 다이아나를 기억하셔서 함께 흥얼거린 적이 있고, 영화 이야기를 할 땐 바람과 함께 사라지다의 클라크 케이블이며, 로마의 휴일의 그레고리 펙이 잘생겼다고 말씀하시며 즐거워하셨다. 젊은 시절 김○정 어르신은 당꼬바지를 입고 다닐 정도로 상당히 개방적이고 당찬 성격이셨을 것 같은데, 아마도 보수적인 남편 때문에 누르고 사시고 홀로 된 후에는 오로지 자식들을 잘 키우시겠다는 생각과 자존심

으로 아들을 남편 삼아 의지하며 자신을 단도리 하시려 했기 때문일 것 같다.
위에 열거한 이유로 김○정 어르신은 운동을 좋아하지 않는 성격과 타고난 예민한 체질, 살아오면서 겪게 된 스트레스 그리고 잘못된 식습관들이 60대 초반의 나이에 당뇨와 심각한 혈관 질환을 일으키게 했다고 생각한다.

4) 김○정 클라이언트에게 필요한 급여제공 명세와 현황

(1) 초기 치매증세와 당뇨, 뇌혈관 질환으로 인한 하지마비 와상어르신에게 필요한 급여는 다음과 같다.

① 식이요법 개선을 통한 당뇨합병증 예방
② 치매예방 인지자극 프로그램과 우울증 예방을 위한 정서지원 프로그램
③ 욕창관리와 관절구축 예방 및 치료를 위한 물리치료

(2) 현황

① 식이요법 : 식이섬유가 많은 탄수화물섭취와 골고루 먹는 식이요법이 필요한 김○정 어르신에게 기관에서 다행히 충실히 제공되고 있었다. 간식의 통제와 정확한 시간에 음식이 제공되고 있었는데, 매 끼니 단가가 쌀보다 비싼 흑미를 소화에 큰 부담이 없을 정도로 섞은 흑미밥과 다양한 가정식 반찬으로 이루어진 식단이었다. 간호사이신 대표님께서 직접 흑미밥을 밥그릇에 담아내시며 흑미의 효능을 강조하셔서 자세히 알아보았다.

- 흑미 : 현미처럼 겉껍질만 찧고 속껍질 벗기지 않아 뇌건강과 뇌졸중 치매 예방에 좋은 성분을 함유하고 있다.
  – 감마오리자놀성분 : 신경 안정물질로 지각이나 운동을 통제하는 자율신경계를 개선하는 효능이 있어 일본에서는 우울증이나 불면증 같은 신경계 질환치료재료로 사용
  – 식이섬유와 안토시아닌성분 : 식이섬유가 많이 포함되어 있어 혈당을 천천히 올라가게 해 당뇨환자에게 도움. 흑미 속껍질에 풍부한 안토시아닌 색소는 혈관 건강에 좋은 성분이며, 인슐린 저항성을 개선해 혈당을 조절하는 데도 효능이 있음.

  식이요법은 기관의 의지만 있으면 큰 어려움 없이 실행할 수 있는 부분이라 할 수 있다.

② 우울증 예방을 위한 정서지원 프로그램과 치매예방 인지자극 프로그램 : 김○정 어르신은 와상으로 인해 더욱더 단순한 시설생활이 길어지시니 입소 초기보다 인지능력이 조금씩 떨어지시고 있다. 그래도 사람을 무척 좋아하시고, 대화 나누시길 좋아하시는 강점이 있으시며, 이 기관이 다행히 많은 실습생과 자원봉사자들을 활용하여 지속적인 말벗 서비스를 포함한 오감체험 서비스를 해드리고 있다. 또한, 생신잔치 등의 특화프로그램과 실습생들의 프로그램 기획 대상으로 선정 찾아가는 소그룹 여가활동과 인지활동들, 예를 들어, 구슬 꿰어 팔찌 만들기, 설날 만두 빚기, 카나페 만들기 등의 프로그램을 한 달에 1회 이상 제공하고 있다. 만약에 실습생들이 별로 없는 기관이라면 현실적으로 이런 정도의 서비스도 받기 어려우셨을 것이다.

그러나 실습생들이기에 신선함은 있으나, 지속적이고 체계적이며 전문적인 면에서는 부족함이 있기에 이런 부분을 담당해줄 사회복지사 및 전문가들의 인력 충원이 매우 필요해 보인다.

③ 욕창관리와 관절구축 예방 및 치료의 물리치료 : 대표님과 센터장님 두 분이 간호사이시고, 늘 현장에 계시다 보니 욕창관리는 문제없이 잘 되고 있어 보였다. 그러나 시설 수용인원이 28명이다 보니 상주 물리치료사가 안 계시고, 그에 따라 충분한 물리치료가 제공되지는 못하고 있어 보인다.

5) 결론

현재 이루어지고 있는 초기 치매 와상어르신에 대한 서비스 현황을 정리해보면 와상어르신에 관한 서비스는 충분하지는 않지만 이루어지고 있고, 그것으로 인해 주 부양자의 간호부담이 줄어들긴 하고 있다. 그렇지만 활동의 제약이 심한 와상어르신들에게는 일대일 서비스가 간절한바 일상생활을 도와줄 요양사뿐만 아니라 사회복지사, 물리치료사를 포함한 각종 치료사 등 전문가들의 손길이 너무나 못 미치고 있다. 처우개선으로 질 높은 전문가들을 양성하고, 전문가들의 인력배치 기준을 상향 조정함으로써 노인복지의 질 높은 삶의 유지 목표는 실현될 수 있을 것이다.

2. 사례관리

장애인복지, 지역사회정신보건, 노인복지, 의료·보건사업, 발달장애 등과 같은 인간을 대상으로 하는 서비스에 두루 쓰이는 실천양식으로 지역사회 세팅 내에서 만성 장애인이나 중증 장애클라이언트에게 차츰 확대되고 지속적인 보호를 제공하는 수단으로 여겨지고 있다. 사례관리기법의 실용적 정의는 광범위하고 포괄적이며 유동적이라고 할 수 있다.

사례관리의 본질적인 목적은 문제해결에 있다. 문제해결이란 지속적인 서비스를 제공하고, 서비스체계의 경직성, 분산된 서비스, 서비스나 시설접근의 어려움 등을 극복함으로써 이루어지는 것을 말한다.

사례관리기법은 서비스체계 차원과 동시에 클라이언트 차원에서 생각할 수 있다. 즉, 정부나 사회복지기관과 같은 서비스체계 차원에서의 사례관리기법은 체계 내의 클라이언트에 대한 서비스를 조정하는 전략으로 이해할 수 있고, 클라이언트 차원에서의 사례관리는 클라이언트에 대한 특정한 서비스의 필요성과 그 필요한 서비스를 받을 수 있도록 하는 클라이언트 중심의 목적 지향적인 과정으로 정의되고 있다.

클라이언트나 클라이언트의 그룹을 위한 모든 원조활동이 조화를 이루도록 조정하는 절차들이다. 그 절차들은 그 기관 또는 다른 기관 내의 많은 사회사업가가 전문적 팀워크를 통해 그들의 서비스가 서로 조화롭게 제공되도록 하고, 그럼으로써 요구되는 서비스 폭도 넓히게 된다.

사례관리는 여러 분야의 다른 전문가, 기관, 건강관리소 및 휴먼서비스프로그램의 서비스를 해야 하는 클라이언트를 알아내는 것도 포함할 수 있다. 또, 케이스 발견과 다양한 측면에서의 문제 사정과 빈번한 제 문제 사정도 여기에 포함된다. 사례관리는 규모가 큰 기관이나 기관 간에 서비스를 조정·연결하는 지역사회 프로그램에서 발생할 수 있다.

한편, 사례관리는 제공자 간의 부적절한 것의 조정, 스텝의 교체, 스텝의 이동 및 서비스 분열로부터 발생하는 문제들을 최소한 줄이도록 하는 중요한 방법으로 여겨지고 있다(사회복지학사전, 2009. 8. 15., Blue Fish).

전미사회복지사협회(NASW, 1984)는 '사례관리란 서비스 전달체계의 요소들을 연결하여 조정하여 개인의 보호를 위한 욕구를 충족시킬 수 있는 포괄적인 프로그램을 확실히 제공할 수 있도록 하기 위한 하나의 기제다.'라고 정의하고 있다.

사례관리는 급변하는 환경 속에서 사회복지서비스를 제대로 받지 못하는 대상자들이 많이 늘어나고 있기에 사회복지 현장에서 중요도가 계속 증가하고 있으며, 특히 공공·민간 역할의 불명확화 등으로 서비스 단절 및 중복의 문제가 복지사각지대로서 남아 있어 서비스 대상자의 복지 체감도나 서비스의 질적 향상 등과 관련하여 주목할 만한 변화를 느끼지 못한 것이 현실이다.

또한, 사회복지서비스 전달방식으로 사례관리는 서비스의 통합적 측면에서 대상자 중심의 서비스 제공계획을 임상적 전문성을 기반으로 수립하고, 서비스 전달과정에서 행정적 효과성을 고려하여 지속적인 도움을 줄 수 있도록 하는 것이다.

개인 혹은 가족단위의 수요자 중심 서비스체계 방식으로의 전환과 구축은 서비스의 단절과 중복을 극복하고 서비스의 효율화를 가능하게 하는 주체 간 역할분담이 가능하다.

사례관리의 실천단계는 총 5단계로 나눌 수 있다. 초기단계에서는 서비스 동의와 계약을 하는 단계이고, 사정단계는 욕구사정, 자원사정, 장애물사정, 강점사정을 하며, 계획단계에서는 클라이언트의 개별화된 서비스 계획을 수립하고, 실행단계에서는 자원연계 및 개발, 조정 점검, 옹호하며, 마지막 단계인 실행단계 평가 및 종결단계에서는 서비스 분리 및 사후관리를 진행한다.

일반적인 사회복지관에서는 인테이크 기록지, 사정도구 틀 욕구 및 강점사정, 실행계획서, 사례관리동의서, 과정기록지, 실행점검기록지, 사례관리평가서, 사례종결보고서 등으로 사례관리를 실시하고 있다.

다음의 예시를 살펴보면 사회복지시설의 상황에서 조금씩은 다르지만, 한국사회복지사협회의 표준양식으로 제시되어 있다.

예시 1(요양원) 〈2020. 일지보고서 내용 중〉

사례관리

I. 클라이언트에 대한 사항

1. 인적사항
   - 성명 : 이○분
   - 성별 : 여(3등급)
   - 연세 : 9×세
   - 입소일 : 2015. 12. 5.
   - 주소 : 용인
   - 진단명 : 뇌경색, 치매, 고혈압

2. 개인력

(과거)
- 20년 전 맹장수술, 2005년 뇌경색으로 안면마비가 와서 치료를 받음.
- 6년 전 낙상하여 압박골절로 입원한 적 있으며, 둘째 아들과 생활하면서 주간보호 3년 이용함.
- 수원 ○○요양원 입소하여 3주 정도 생활하심.

(현재)
- 뇌경색, 고혈압, 치매가 있으며 2015년 12월 4일 수지햇살요양원에 입소하심.
- 본인의 물건을 기거 어르신이 만지는 것을 싫어하심.

- 보행이 불안정하여 낙상의 위험이 있어 워커기 보행을 병행하심.
- 고집이 세고 자존감이 높은 편으로, 자신의 신체변화를 받아들이지 못하고 수시로 소리를 지르거나 몸부림을 치시며 화를 자주 내심.

3. 가계도

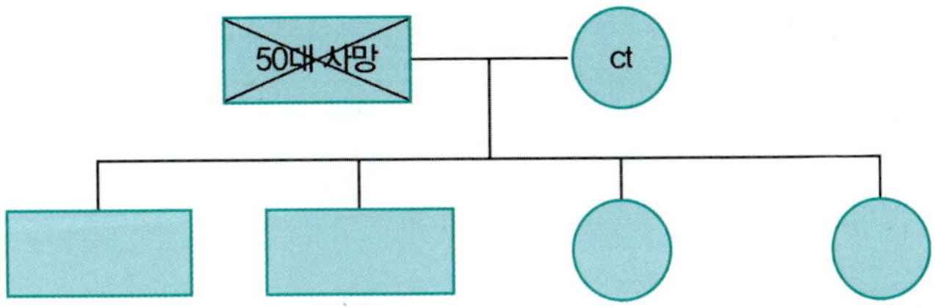

2남 2녀의 자녀를 두었으며, 남편은 50대에 위암으로 돌아가시어 오랫동안 혼자 생활하심.

4. 생태도

- 주 보호자와 요양원 직원들과 원만한 관계를 유지하심.
- 외향적 성격으로 평소 주변인과 관계 형성을 좋아했다고 함.
- 자존감이 높은 어르신은 발병 이후 성격의 변화가 있어 타인과 대화를 하지 않는다고 함.
- 현재 청력이 저하되어있고 말씀이 어눌한 상태로 동거 어르신들과의 의사소통이 원활하지 못함.

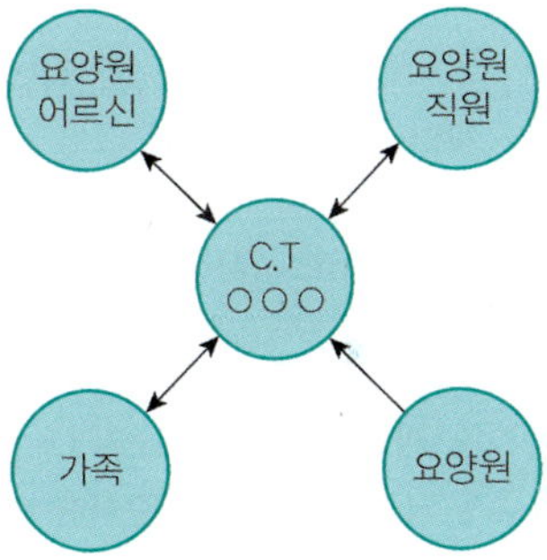

5. 클라이언트의 일상생활

- 혼자 방에 앉아서 TV를 보심.
- 낮에 방문을 꼭 닫고 생활을 하심.
- 하루 2~3회 이불 펴고 낮잠을 주무심.

6. 강점과 약점

1) 강점

① 치매가 있으나 인지가 있음.
: 입소 당시 MMSE 결과 20점(경증치매)

② 자신의 욕구를 말로 표현하심.

③ 스스로 보행 가능하심.

④ 프로그램 참여를 싫어하시나, 참여하시면 수행능력 뛰어나심.

2) 약점

① 방안에서 혼자 생활을 하고 움직이는 것을 싫어하심.

② 보행시 낙상의 위험이 있음.

③ 동 어르신들과 대화하시기를 귀찮아하심.
④ 체중이 과체중과 심리적인 요인으로 스스로 거동하기가 불편해하심.

7. 욕구사정

1) 어르신의 욕구

- 자가 보행하실 수 있기를 원하시고, 일상생활이 가능할 수 있도록 하여 집으로 가시고 싶어 하심. 동 어르신들과 친해지길 원하심.

2) 보호자 욕구

- 운동과 식이요법을 통한 체중조절을 원하심.

3) 담당자 회의

- 담당자 : 사회복지사, 간호사, 요양보호사
- 자가보행이 가능할 수 있도록 단계적으로 보행운동을 함.
- 다양한 프로그램에 많이 참여할 수 있도록 유도함.

II. 클라이언트에 대한 실천방법

1. 개입 계획 및 실시

1) 목표

1일 2회 이상 30분 이상 보행 및 근력운동을 통하여 체중조절 및 자가 보행이 가능하도록 한다.

2) 개입계획

(1) 침상생활을 줄이고 정서적 안정 및 지지를 통하여 활동량 증진을 도모한다.
(2) 일상생활 기능을 향상하기 위하여 신체 운동을 한다.
① 안전바 잡고 보행운동 시행
② 워커기를 이용한 보행운동 시행
③ 최종적으로 지팡이를 이용한 보행운동 시행
④ 식이요법과 운동요법으로 꾸준한 체중조절 시행

2. 개입계획에 따른 활동 모습

1) 정서적 안정 및 지지를 통하여 침상생활을 줄일 수 있도록 한다(1일 3회 이상 로비로 모심).

- 개입기간 : 2020. 12. 14~2020. 12. 31

2) 안전바 잡고 보행 운동 시행

안전바 잡고 보행운동 일일 1회 5분에서 시작하여 점진적으로 늘려 일일 20분까지 시행함.

- 개입기간 : 2020. 12. 14~2020. 12. 31

3) 워커기 이용한 보행운동 시행

안전바 보행을 통해 자신감을 회복한 어르신이 워커기 보행운동에 자신감을 보이셔 10분에서 시작하여 30분으로 점진적으로 늘려 보행함.

- 개입기간 : 2020. 12. 14~2020. 12. 31

4) 지팡이를 이용하여 보행운동을 시행함

보행운동을 하는 것에 자신감이 생기신 어르신께서 지팡이를 이용하여 보행운동을 하심. 현재에는 30분까지 운동하실 수 있으심.

- 개입기간 : 2020. 12. 14~2020. 12. 31

5) 개입 계획에 따른 활동

구분	안전바 잡고 보행운동	워커기 이용한 보행운동			지팡이를 이용한 보행운동		
횟수	1일 1회 25회	1일 1회 18회	1일 1회 25회	1일 1회 30회	1일 1회 18회	1일 1회 20회	1일 1회 27회
시간	5~20분	10분	20분	30분	20분	25분	30분

6) 체중 변화

2020년 12월 31일 체중 측정한 결과, 2020년 12월 14일 76.9kg에서 74.0kg으로 점진적으로 체중이 감소하였고, 이것은 꾸준한 운동과 식사량(2/3) 조절로 인함. 당뇨에 있어서 간호사가 일정하게 관리를 하여 어르신 신체에 무리가 없게 함

7) 기타 서비스 지원

- 주 2회 목욕 시행 및 의류 및 침구류 신속한 교체
- 적절한 온습도(일 5회 이상 체크) 조절 관리(26도 내외, 40~60%)
- 충분한 수분 공급(일 6회 이상, 1,600CC 이상)

Ⅲ. 결론

이○분 어르신을 실습기간 지켜보면서 어르신의 일상을 들여다보게 되었습니다. 일상생활에서 무심히 지나치는 어르신에 대한 일이 어르신께는 커다란 문제가 될 수 있는데, 힘들고 지친다는 이유로 방관하거나 방심하는 일들이 종종 있었습니다. 보행이 불편하셨던 이○분 어르신께서 요양원의 관심과 사랑으로 자립보행을 조금씩 하시는 모습과 요양원에서 잘 적응하시는 모습을 통해 사랑과 관심의 중요성을 알 수 있었습니다.

예시 2(복지관) 〈202 일지보고서 내용 중〉

사례관리

1. 사례의 일반적 사항

1) 사례개요

2004년 2월 복지관에 등록하여 2020년 6월 현재까지 복지관에서 사례관리하고 있으며, 각종 서비스를 받는 부자세대이며, 비수급자세대의 아동임.

2) 사례의뢰 경위

경제적 어려움, 돌봄의 부족(일상생활관리 부재) 등의 문제를 안고 있어 사례관리가 진행됨.

3) 의뢰목적

돌봄이 부족한 부자세대로 복지관의 프로그램 참여와 후원자와의 연결을 통한 물적, 경제적 및 자원봉사자의 가사지원이 필요함.

4) 목표 및 기대효과

(1) 사례에 대한 실습생의 목표

- 일상생활관리, 즉 의복, 신체의 청결을 가르침.
- 복지관의 프로그램 참여로 자신의 소중함을 깨닫게 함.

(2) 사례에 대한 기대효과

- 사례관리를 통하여 의복, 신체, 가정 내의 청결을 가져옴.
- 또래 친구들과 어울림을 잘하도록 함.

5) 슈퍼비전 내용 및 횟수

- 35회의 과정을 기록함.
- 기존에 관리하던 사례로 6월 실습기간 집중적으로 사례관리함.

2. Intake 내용

1) 클라이언트에 대한 일반적 사항

모와는 이혼한 부자가정, 부와 초등학교 1년생인 여동생과 함께 생활하고 있다. 부는 카드빚이 많아 월수입 대부분을 카드빚으로 상환하고 있어 경제적으로 어려움이 많음

2) 클라이언트의 개인력

- 클라이언트는 초등학교 5학년으로 2001년 부모의 이혼 후, 클라이언트 부와 동생과 함께 살고 있음.
- 신장염을 앓은 병력 있으나 현재 건강상태 양호함.
- 클라이언트부가 일용직 일을 하여 클라이언트가 동생을 돌보는 상황임. 클라이언트는 동생을 돌보는 일을 좋아하고 잘 챙겨주나 초등학교 5학년인 클라이언트가 동생 돌보기,

가사일 등에는 어려움이 있음.

3) 클라이언트의 가족력

(1) 가족관계

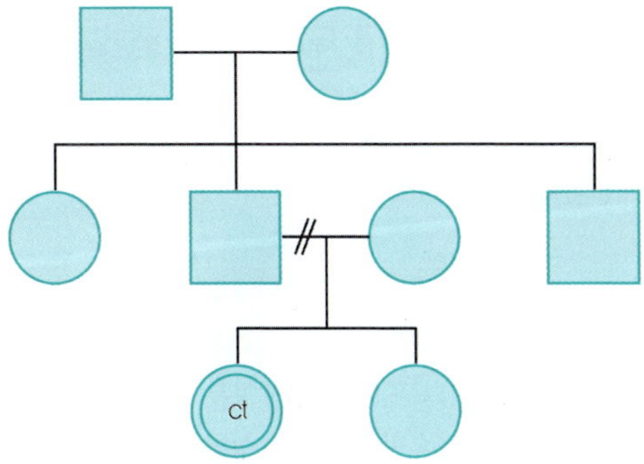

- 클라이언트 부는 부산 출생. 일용직에 종사하여 수입이 안정되지 않고 카드빚이 많아 생활하는 데 어려움이 많음
- 클라이언트 모와 동거 1년 후 결혼, 성격 차이로 2001년 이혼. 클라이언트 모와는 연락 두절.
- 초등학교 1년생인 여동생이 있음.

(2) 클라이언트의 주거환경 및 경제력

- 보증금 500만 원, 월 20만 원
- 2층, 방 2개, 주방, 실내화장실(욕조 無, 샤워기 有), 청소상태 불량
- 근로소득(일정치 않음)은 생활비와 카드부채 상환에 지출

3. 문제사정(진단계획)

1) 체계의 분류

(1) 클라이언트체계 : 초등학교 5년생(여)

(2) 표적체계 : 초등학교 5학년생(여)

(3) 행동체계 : 사회복지사, 실습생, 프로그램강사

(4) 변화매개체계 : 영등포종합사회복지관, 사회복지사, 실습생, 프로그램 강사

2) 문제들(problems)

- 신체적 : 청결하지 못함.
- 심리·사회적 : 또래 친구들과 어울리지 못함.
- 경제적 : 부의 일용직 및 카드빚으로 경제적으로 어려운 상황

3) 강점들(strengths)

- 복지관 프로그램에 적극적으로 참여하도록 함.
- 또래 친구들과 어울리도록 함.

4) 약점들(weaknesses)
- 신체의 불결함
- 성적부진 및 불결함으로 또래 친구들과 어울리지 못함.

5) 목표들(goals)
(1) 궁극적 목표
- 심리적 : 마음의 안정을 하고 학교생활 하도록 도와줌.
- 신체적 : 청결함을 유지하도록 함.
- 경제적 : 결연후원자 연결

(2) 하위목표
① 초기단계목표(1회~11회) : 라포 형성을 통한 정보수집
② 중간단계목표(12회~23회) : 프로그램 참여를 통한 자아의식 고취
③ 종결단계목표(24회~35회) : 프로그램 참여를 통한 자아의식 함양 및 후원자 개발을 통한 경제적 어려움을 해소하고, 또래 집단의 친구들과 어울릴 수 있도록 청결에 대해 인식하도록 지도함.
- 학습지도를 통하여 학습부진을 해소하도록 노력함.

6) 계획에 대한 면접횟수 및 계획내용들(plans)
(1) 초기단계에 의한 계획
- 기존의 사례관리 파일 점검
- 라포 형성

(2) 중간단계에 의한 계획
- 파일점검을 통한 사례관리 계획을 수립하여 클라이언트가 프로그램에 참여하도록 함.

(3) 종결단계에 의한 계획
- 후원자 개발을 통한 후원자를 연결하여 경제적 도움을 줌.
- 청결의 필요성에 대해 인식을 하도록 하여 또래 친구들과 잘 어울리도록 함.
- 학습지도를 통한 학습의욕 고취, 지속적인 학교수업 참여 유도함.

4. 개입과정

1) 초기단계 개입과정
(1) 1차 개입
① 일시 : 2020년 1월 11일
② 장소 : 복지관 사무실
③ 개입목표 : 라포 형성 및 정보수집
④ 개입내용 : 후원금 인출, 후원자 만남을 알리는 전화함.
⑤ 실천이론적용 : 문제사정
⑥ 클라이언트의 변화내용 : 특별한 변화를 보이지 않음.
⑦ 실습생 평가 : 지도에 대한 특별한 변화를 보이지 않음.
⑧ 슈퍼바이저 평가

⑨ 2차 개입에 대한 계획 : 방과 후 교실 프로그램 신청하기 위해 서류작성

(2) 2차 개입

① 일시 : 2020년 2월 24일

② 장소 : 복지관 사무실

③ 개입목표 : 라포 형성

④ 개입내용 : 후원자의 편지전달 등 상담진행

⑤ 실천이론적용 : 정보수집

⑥ 클라이언트의 변화내용 : 특별히 변화된 내용이 없음.

⑦ 실습생 평가 : 프로그램에 참여하지 않음. 좀 더 주의 깊은 상담이 필요함.

⑧ 슈퍼바이저 평가 : 주의 깊은 상담이 필요함.

⑨ 3차 개입에 대한 계획 : 다른 프로그램인 몸짱맘짱프로그램에 참여를 유도함.

2) 중간단계 개입과정

(3) 3차 개입~4차 개입

① 일시 : 2020년 4월 3일

② 장소 : 복지관 사무실

③ 개입목표 : • 프로그램 참여를 통한 또래 집단과의 유대능력 강화
• 청결에 대한 필요성 인식 강화

④ 개입내용 : 방과후 교실 참여로 학습부진 요소를 제거하고자 하였으며, 몸짱맘짱프로그램을 통하여 또래 친구들과도 잘 어울릴 수 있도록 함.

⑤ 클라이언트의 변화내용 : 방과후 교실 수업에 불참하여 진행하는 데 어려움이 많았으나 점차 참여하는 횟수가 늘어남.

⑥ 실습생 평가 : 프로그램에 참여도를 높이기 위해서는 클라이언트가 이해할 수 있는 설명이 필요함

3) 종결단계 개입과정

(4) 5차 개입~6차 개입

① 일시 : 2020년 5월 26일

② 장소 : 복지관 사무실

③ 개입목표 : • 프로그램 참여를 높여 또래 집단과의 유대능력 강화
• 학습부진의 저해요소를 제거하여 학습하는 데 어려움이 없도록 함.
• 청결에 대한 필요성 인식 강화

④ 개입내용 : 방과후 교실, 몸짱맘짱프로그램을 통하여 또래 친구들과도 잘 어울릴 수 있도록 함.

⑤ 클라이언트의 변화내용 : 방과후 교실 수업에 참하여 진행하는 데 어려움이 많았으나, 점차 참여하는 횟수가 늘어남.

⑥ 실습생평가 : 프로그램 참여도를 높이기 위해서는 클라이언트가 이해할 수 있는 설명이 필요함.

5. 사례평가

1) 사례목표평가

돌봄이 부족한 부자가정의 세대이며, 경제적, 물질적인 후원이 이루어지고 있음.

2) 사례의 각 체계변화에 대한 평가

(1) 개입과정의 평가

복지관을 통하여 도움을 받는 케이스로, 기존에 복지관 선생님으로 알고 있어서 프로그램 진행하는 데 다소 어려움이 있었음.

(2) 목표의 평가

- 자원개발을 통한 후원자 연결을 하여 경제적 어려움을 조금이나마 덜 수 있었다.
- 청결하도록 지도하고 또래 친구들과 잘 어울릴 수 있도록 함.
- 학업에 흥미를 느껴 학교생활에 재미를 느끼도록 함.

(3) 결과의 평가

- 외적으로 의복이나 외모가 눈에 띄게 청결해짐.
- 또래 친구들과도 어울리는 데 어려움이 없어졌다고 함.
- 학습부진이 다소 해소되고 학교적응력이 높아져 결석이 거의 없어짐.

6. 사례에 대한 종결 이후의 사후계획

- 자원봉사자의 연결을 통한 집안 청소를 통한 청결함 유지
- 꾸준한 후원자 개발 및 연결을 하여 경제적 지원을 함.
- 신체 및 의복의 청결로 또래 친구들과 어울리도록 함.
- 학습도우미 연계를 통한 학습부진 해소와 학교생활에 만족하도록 함.

3. 프로그램 계획서, 일지, 평가

1) 프로그램 계획서

프로그램 계획서는 각 기관의 대상자 특성에 맞게 작성하면 된다. 프로그램을 작성하는 목적은 실습기관 대상자들의 잔존능력을 유지하고, 대상자의 상황에 맞는 개별 서비스를 제공하려는 목적과 실습생에게 대상자를 이해할 기회를 제공해 주는 두 가지 목적이 있다.

각 기관의 대상자별 개별 프로그램을 A4 용지 1~2장 정도의 계획서를 작성하는 것이 일반적이고, 프로그램 참여자의 변화 및 근거를 프로그램마다 작성한다.

계획서는 제목과 사업의 개요와 목적, 필요성, 세부사업의 내용을 작성하고, 프로그램에 드는 예산과 평가방법도 제시해야 한다.

2) 일지

각 단위사업에서 프로그램별 일지를 별도로 작성하는 경우가 있다. 예를 들어, 노인주야간보호센터에서 어르신들에게 레크리에이션을 실시한 경우 그날 참석인원과 각각의 대상자별 참여도 및 상황에 대해 구체적으로 기록하는 프로그램별 일지가 있다.

학생이 실습하면서 그 기관의 특성에 따라서 프로그램 일지를 작성하는 경우도 있고, 그렇지 않은 경우도 있으며, 기관의 상황에 따라서 다르게 적용하는 기관도 있다.

3) 평가서

대부분 사회복지기관에서는 개별 단위프로그램을 시행하면 실시한 결과에 따라서 결과보고서, 즉 평가서를 작성하는 경우가 대부분이다.

사회복지현장실습을 하는 학생에게 평가서를 작성하라고 하는 경우도 있고, 그렇지 않은 경우도 있다. 내가 실시한 프로그램의 만족도를 어떻게 평가할 것인지에 대한 고민도 학생이 해보는 것도 현장을 이해하는 데 많은 도움이 될 것이다.

프로그램 결과에 따른 평가서를 작성하는 목적은 프로그램 대상자들의 상황을 점검하고 개별화된 질 높은 서비스 계획을 시행하기 위한 목적과 평가를 통해 더 나은 프로그램을 개발할 수 있기 때문이다.

프로그램 계획서 예시) 노인주간보호 〈2016. 일지보고서 내용 중〉

프로그램 계획서

- 프로그램명 : 나만의 추억 만들기

1. 사업개요

1) 목적

소근육 운동을 향상하고, 의존, 우울, 환청, 망상, 불안에서 벗어나게 하여 성취감을 스스로 느끼게 함.

2) 사업의 필요성

(1) 대상자 욕구 및 문제점(사업단위별로 수정기재)

〈대상자 욕구〉

- 노인의 주체적 체험을 통하여 잠재력을 개발하고, 상실의존을 줄이며, 소속감 증진 및 오감을 자극함.
- 신체 감각기능의 장애와 노인성 질병을 예방하거나 완화함.
- 자신의 삶을 긍정하여 수용하고 독립성과 자아실현을 이룸.

〈문제점〉

- 뾰족한 도구를 사용하면서 다칠 우려가 있음.
- 너무 오랜 시간 수업을 하면 허리와 다리, 눈이 아프고 피로할 수 있다.
- 남자 어르신과 손이 불편하신 어르신들은 수업진행이 힘들므로 옆에서 도움의 손길이 필요하다.

(2) 경험적 근거(각 사업에 맞추어 기술)

- 하루의 무료함을 해결
- 말벗과 추억을 회상하며 삶의 즐거움을 느낄 수 있게 해 준다.
- 만들기 프로그램을 통해 상실의존을 줄이고, 소속감 증진 및 오감을 자극함.

3) 세부사업

- 일 시 : 2020년 월 일~ 월 일 (5회기)
- 장 소 :
- 진행자 :
- 대상자 :

2. 사업 진행내용

회기	주제	내용	기대효과	준비물
1	미니 화분 만들기 1	1) 미니 화분을 어떻게 만들어야 할지 설명을 하기. 2) 화분에 스티로폼을 작게 잘라서 채워 넣어준다. 3) 밤색, 초록색 클레이로 스티로폼 사이에 넣고 고정을 해준다. 4) 뾰족한 도구로 초록색 클레이를 조금씩 떼어 화분에 잔디 심기	• 흥미유발 • 집중력 향상 및 만족감 & 성취감 향상 • 클라이언트와 선생님들과의 긍정적 지지와 공감대 형성	점핑클레이, 철사, 화분, 도구, 스티로폼, 양면테이프
2	미니 화분 만들기 2	1) 철사를 5cm로 잘라서 초록색 클레이를 얇게 펴서 그 위에 올려놓고 감싸준다. 2) 감싸준 철사에 나뭇잎 모양을 만들어 붙여준다. 3) 여러 가지 색을 이용하여 물방울 모양을 같은 크기로 5개 만들어 붙여준다.	• 정서적 이완 • 새로운 소재로 호기심 유발	점핑클레이, 철사, 화분, 도구, 스티로폼, 양면테이프
3	내가 본 나의 모습 1 거울 만들기	1) 거울을 하나씩 나누어 드리고 폼클레이를 얇게 펴준다. 2) 각 색상의 클레이를 이용하여 포도송이를 만들어 붙여준다.	자신의 자아표현 표출 및 감각기능을 높이고 신경조직을 자극하여 두뇌활동 향상	거울, 폼 클레이, 점핑클레이, 찍기틀, 도구
4	내가 본 나의 모습 2 거울 만들기	1) 포도송이에 넝쿨을 만들어 붙여 준다. 2) 나뭇잎 틀을 이용하여 나뭇잎을 만들어 붙여준다.	감정표현 표출 및 자아인식	거울, 폼클레이, 점핑클레이, 찍기틀, 도구
5	완성된 작품 나누어 드리기	1) 굳은 꽃과 줄기를 하나씩 화분에 세 송이씩 꽂아 준다. 2) 거울은 못에 걸 수 있게 고리 장식을 적당한 길이로 잘라 달아준다.	완성된 작품으로 성취감 느낌	완성된 작품, 글루건, 장식용 고리, 가위

3. 예산

재 료 비	점핑 클레이 : 800원×20개=16,000원 철사 : 1,000원×1묶음=1,000원 도구 : 1,000원×5세트=5,000원 화분 : 2,000원×1봉지=2,000원 스티로폼 : 2,000원×1개=2,000원 양면테이프 : 2,000원×1개=2,000원	글루건 : 6,000원×1개=6,000원 글루건심 : 4,600원×1통=4,600원 가위 : 1,000원×1개=1,000원 구술줄 : 3,500원×1개=3,500원 거울 : 1,000원×9개=9,000원
총 합 계	52,100원	

4. 평가방법

긍정적인 평가	부정적인 평가	향후 계획	전체평가
• 정서적 이완 • 새로운 소재로 호기심 유발 • 완성된 작품으로 성취감 느낌	• 손이 둔탁하여 할아버지들께서는 만들기 힘들어하셨고, 도움의 손길이 많이 필요했다. • 허리가 아프신 어르신들은 오래 앉아 계시지 못하여 집중력이 둔화되었다.	일부 어르신들만 참여했으나, 1년을 두고 계획을 한다면 모두 참여하여 잘 만들지는 못하시더라도 함께 할 수 있는 성취감을 드리고 싶다.	만들기를 통해 기대보다 더 행복한 미소와 적극적인 참여를 통해 자신감과 만족감을 함께 경험할 수 있어서 좋았다.

4. 프로포잘

기관마다 다르긴 하지만, 프로포잘을 작성해서 발표하는 기관이 최근 들어 많이 늘어나고 있다. 기관의 예산과 자원이 많지 않은 사회복지기관에서는 외부 자원을 확보할 기회가 많지 않기에, 많은 기관이 프로포잘을 작성하고 있기에 현장에서 매우 필요하다.

프로포잘 작성시 유의사항을 살펴보면,

첫째, 각 기관의 기존의 프로포잘 내용을 자세히 검토한다.

둘째, 프로포잘 공모사업의 목적은 발명과 선정이 아니라 발견과 변화라는 생각으로 작성해야 하며, 명확한 사업의 필요성과 그 사업의 실현가능성을 파악한다.

프로포잘을 기획하는 데 있어서 기획 요소간의 논리적인 일관성이 있는지 파악하고, 간결하게 심사자처럼 생각하고 작성하는 것이 매우 중요하다.

셋째, 양식에 맞춰서 구체적으로 작성한다.

넷째, 기존의 연구논문이나 자료를 찾고, 통계자료는 가능한 최신 자료를 사용한다.

다섯째, 프로포잘을 작성할 때는 학생이 기관의 직원이라는 마음으로 실제로 실현 가능한지를 점검해볼 필요가 있다.

공동모금회 사업예시) 지역아동센터 **〈2020. 일지보고서 내용 중〉**

사업개요

Ⅰ. 기관현황

※ 필히 One Page로 작성

<table>
<tr><td>1) 기관명
(신청기관명)</td><td colspan="6">열매종합사회복지관</td></tr>
<tr><td>2) 사업명</td><td colspan="6">저소득층 방임아동의 보호·학습지원을 위한 야간보호사업</td></tr>
<tr><td>3) 사업기간</td><td colspan="4">2020. 1. 1~2020. 12. 31(1년)</td><td>서비스지역</td><td>서울 ○○구</td></tr>
<tr><td>4) 서비스대상</td><td colspan="4">저녁 10시까지 보호자가 가정에 없는 아동</td><td>실인원 수</td><td>20명</td></tr>
<tr><td>5) 서비스 단가</td><td colspan="4">800,000원(산출식 = 총사업비 ÷ 실인원 수)</td><td>투입인력</td><td>2명</td></tr>
<tr><td>6) 사업목적</td><td colspan="6">1. 저소득층 야간방임 아동의 안전증대 및 정상적인 성장 지원
2. 저소득층 야간방임 아동 가정의 가족 관계강화를 통한 가족유대감 증대</td></tr>
<tr><td>7) 성과목표</td><td colspan="6">① 야간방임 저소득아동에 대한 야간 돌봄 서비스 강화
② 야간방임 저소득아동에 대한 기초학습능력 향상
③ 야간방임 저소득아동 가족에 대한 가족관계 강화</td></tr>
<tr><td rowspan="4">8) 주요 사업 내용 요약 (프로그램명 및 주요 시행 내용)

※ 성과목표별 주요한 프로그램 1개씩 기재</td><td colspan="2">세부 프로그램명</td><td colspan="4">주요내용</td></tr>
<tr><td colspan="2">야간아동 보호 및 안전귀가 동행서비스</td><td colspan="4">복지관 방과후교실 운영, 아동보호자 귀가시간 따라 귀가일정 조정 보호자가 동행귀가를 하지 못하는 경우, 복지관 차량을 통한 귀가서비스 제공</td></tr>
<tr><td colspan="2">기초학습 지도</td><td colspan="4">자체 자원봉사대학생을 활용한 기초학습(국어, 영어, 수학) 지도, 자체 자원봉사대학생을 활용한 숙제지도, 매일 숙제 알림장 점검</td></tr>
<tr><td colspan="2">가족관계 개선 프로그램</td><td colspan="4">가족관계개선프로그램 시행(가족음식 만들기, 가족 나들이, 가족 체육대회, 영화 보기 등)</td></tr>
<tr><td>9) 예산</td><td>총사업비</td><td>16,000,000원</td><td>신청금액</td><td colspan="3">13,100,000원</td></tr>
<tr><td rowspan="2">10) 신청금액의 세부내역</td><td rowspan="2">인건비</td><td>4,800,000원</td><td rowspan="2">사업비</td><td>7,400,000원</td><td rowspan="2">관리 운영비</td><td>900,000원</td></tr>
<tr><td>36.6%</td><td>56.5%</td><td>6.9%</td></tr>
</table>

Ⅱ. 사업계획

1. 사업명 : 저소득층 방임아동의 보호·학습지원을 위한 야간보호사업
2. 사업의 필요성

1) 대상자 욕구 및 문제점

① 저소득 야간 방임아동 : 본 사업의 주대상자인 저소득층 아동, 그중에서도 조손가족 아동, 편부모가족 아동의 경우 방과 후에도 보호자가 정상적으로 보호할 수 없는 경우가

많다. 조손가족 아동의 경우 조부모가 생업으로 인해 밤늦게 귀가하거나, 조부모 자체가 건강상태가 좋지 않은 경우, 방과 후에 아동이 방임되는 경우가 많다. 편부모가정의 경우도 마찬가지로 편부, 편모가 생업에 종사하여 밤늦게 귀가하는 경우가 많으며, 이들 가정 아동의 경우, 복지관의 방과후 프로그램을 이용한다고 해도, 보통 7시 전후면 귀가하게 되는데, 7시 이후에도 보호자가 집에 있지 않아 아동 홀로 방임되는 경우가 많다.

② 저소득 가정의 부모 : 본 사업의 주 대상자인 저소득 야간 방임 아동의 부모들도, 자녀에 대해 부모의 역할을 하고 싶어 하나, 경제·심리적 여건상 자녀들과의 관계를 어려워하는 경우가 많다. 특히, 부모 자체에 문제가 있는 경우 자녀들에 대한 방임이나 학대의 정도가 심해 이에 대한 개입이 필요하다.

2) 지역 환경적 특성

△△구의 경우 전체 1만 5천 가구 중 2천 가구가 기초생활보장대상자 가정으로 수급자 가정의 비율이 높고, 이중 편부, 편모, 조손가정의 초등학교 아동은 1천 7백 명가량으로 집계되고 있다(△△구, 2009년 통계자료 근거).

저소득 가정의 가장들은 주로 인근 재래시장에서 영세 상인으로 상업에 종사하거나, 인근 ㅁㅁ공단의 소규모 공장 근로자로 일하는 경우가 많아 귀가 시간은 보통 10~11시로 늦는 경우가 많다. 부모의 늦은 귀가는 자녀의 방임으로 연결되어, 2009년 12월 현재 집안에 방임된 아동 수는 △△구 전체 아동의 20%가량으로 집계되고 있다.

3) 경험적 근거

열매종합사회복지관은 2002년 11월 복지관을 개소한 이래, 방과 후 프로그램을 통해 1일 평균 20여 명의 저소득층 아동을 돌보고 있으며, 이들 아동 90% 이상이 편부, 편모, 조손가정의 아이들이고, 80% 이상이 저녁 10시까지 보호자가 없는 상태이다.

본 복지관은 2009년에 ㅇㅇ재단의 지원으로 야간에 방치된 아동을 보호하는 사업을 시행한 적이 있으며, 시행 결과 서비스에 대한 욕구와 호응이 높았으나, 예산의 문제로 기존 방과후 서비스시간을 넘어서는 야간보호 사업을 지속하기는 어려운 상황에 있다. 또한, 단순한 보호 서비스뿐만 아니라, 교육 지원, 영양지원, 부모교육 등의 복합적 서비스의 제공이 필요함을 인식하게 되어 본 사업을 기획하였다.

4) 본 사업과 관련된 지역 복지자원 현황

현재 △△구 내에는 2개의 종합사회복지관이 있고, 3개의 지역아동센터가 있다. 이 중 1개 기관이 △△구의 시범사업으로 15명의 저소득층 야간방임 아동에 대한 보호사업을 진행하고 있다. 그러나 해당 기관의 아동들에 대한 서비스도 부족한 상황이고, 본 복지관의 2009년 자체조사 결과 야간보호에 대한 서비스 욕구가 가장 높은 것으로 나타나, 추가적인 야간보호사업에 대한 지원이 필요한 상황이다.

3. 서비스 지역, 서비스 대상 및 실인원 수

1) 서비스 지역 : 서울시 △△구

2) 서비스 대상 : 서울시 △△구 ☆동 아동 중 저소득층 가정 아동

3) 서비스 대상 선정기준 및 방법 :
- ☆동 저소득층 아동 중 저녁 10까지 보호자가 집에 없는 아동
- 프로그램 참여 의사확인 및 보호자 동의
- 대상자가 초과할 경우, 저연령 순으로 선발

4) 실인원 수

대상구분	서비스대상자 산출근거	단위 수(명)
① 일반대상	☆동의 저소득층 아동	000명
② 위기대상	☆동의 초등학교 재학 중인 아동	00명
③ 표적대상	☆동의 초등학교 재학 중인 아동 중 저녁 10시까지 보호자가 가정에 없는 아동	00명
④ 실인원 수	표적대상 중 본 복지관이 보호할 수 있는 적정인원	20명

4. 사업 목적 및 목표

목 적	산출목표	성과목표
1. 저소득층 야간방임 아동의 안전증대 및 정상적인 성장 지원	1-1. 저소득층 야간 방임아동 20명 안전보호	보호 아동의 야간 안전 사고율 감소
	1-2. 20명 아동에 대한 무료 석식·간식제공 건강 체조프로그램시행	평균 신체발달지수 향상
	1-3. 주 5회 숙제지도 및 주 2회 기초학습지도	기초학습능력 향상
2. 저소득층 야간방임 아동 가정의 가족 관계강화를 통한 가족유대감 증대	2-1. 월 1회 보호자와 함께하는 프로그램 시행	보호아동의 가족 유대감 증대
	2-2. 월 1회 보호자/자녀 상담을 통한 심리적 유대감 형성	

5. 사업내용

1) 세부사업내용

성과목표	프로그램	활동(수행방법)	시행시기	수행인력	참여인원	시행횟수 시간
보호아동의 야간 안전 사고율 감소	야간아동 보호 및 안전귀가 동행서비스	• 복지관 방과후교실 PM 1시~10시까지 운영(야간시간대 PM 6시~10시) • 아동보호자 귀가시간에 따라 귀가일정 조정 • 보호자가 동행귀가를 하지 못하는 경우, 복지관 차량을 통한 귀가서비스 제공 (운전자, 귀가지도교사 동승)	연간	복지사 1명 봉사자 1명 운전자 1명	20명	보호-1일 4시간 주 5회· 귀가-1일 1시간 주 5회

성과 목표	프로 그램	활동 (수행방법)	시행 시기	수행 인력	참여 인원	시행횟수 시간
평균 신체발달지수 향상	무료저녁 간식제공 및 건강체조	• 야간보호아동에 대한 무료급식 제공(자체 급식시설 운영) • 야간보호아동에 대한 무료 저녁·간식제공(비타민공급을 위한 과일 위주의 간식제공) • 매일 1시간 스트레칭과 근육이완 체조진행	연간	복지사 1명 봉사자 2명	20명	1일 1시간 주 5회
기초학습능력 향상	기초학습 지도	• 자체 자원봉사대학생을 활용한 기초학습(국어, 영어, 수학)지도 • 자체 자원봉사대학생을 활용한 숙제지도, 매일 숙제 알림장 점검	연간	복지사 1명 봉사자 2명	20명	1일 1시간 주 5회
보호아동의 가족 유대감 증대	가족관계 개선 프로그램	• 월 1회 가족관계개선프로그램 시행(가족음식 만들기, 가족 나들이, 가족체육대회, 영화 보기 등) • 상담전공자를 통한 가족상담 시행(해결중심기법 활용)	연간	복지사 2명 봉사자 2명	40명	월 1회 4시간· 월 20회 회당 30분

2) 목표에 대한 평가방법

성과목표	목표에 대한 평가방법			
	성과지표	자료원	자료수집방법	자료수집시기
보호아동의 야간안전 사고율 감소	• 야간 안전사고 발생건수/비율 ※ 수 혹은 %	복지관 자체조사	아동상태관찰 보호자 수시연락 안전사고일지	분기별
평균 신체발달지수 향상	• 동일연령 아동의 소아발육 표준치 기준에서의 향상률 ※ 변화량	복지관 자체조사	실제 신체지수측정/학교 건강발달사항 정보협조/질병관리본부 자료 참조	상/하반기
기초학습능력 향상	• 학교 숙제 완성한 빈도의 증가량 ※ 빈도 • 프로그램 개입 후 학교 성적이 좋아진 아동의 수/비율 ※ 수 혹은 %	학교담임교사 알림장, 성적점수	알림장 매일 점검, 학교 담임 교사와 연락, 성적점수 점검	학기 초(3월) 학기 말(11월)
보호아동의 가족 유대감 증대	• 가족들의 놀이 모임 수 증가량 ※ 빈도 • 보호자/자녀 관계척도점수의 유의미한 차이 정도 ※ 변화량 • 가족과의 1주 평균 대화횟수의 변화 ※ 변화량	프로그램 참여자 (아동, 가족)	참여자가 제출한 과제물	과제제출시기

3) 담당인력 구성

이름 (역할)	담당부서/ 직위	투입시간 (단위 : 1주일)	경력(년)/ 주요업무	자격증 (신청사업 관련)
김희망 (주담당)	생활복지팀 사회복지사	12시간	• ☆☆종합복지관 1년/아동복지담당 • 열매종합사회복지관 2년 1개월	사회복지사 1급 보육교사 1급
이사랑 (부담당)	생활복지팀 사회복지사	8시간	• ◇◇어린이집 2년/교사 • 열매종합사회복지관 1년	사회복지사 1급 보육교사 1급
박복지 (슈퍼바이저)	생활복지팀 부장	3시간	• ○○아동보호전문기관 1년/상담원 • △△복지관 2년/가족복지담당 • 열매종합사회복지관 4년	사회복지사 1급

4) 사업 진행

기간 / 내용	09. 12월	10. 1월	2월	3월	4월	5월	6월	7월	8월	9월	10월	11월	12월	11. 1월
사업세부계획 수립	■													
대상자 선정/ 보호자 동의		■												
야간아동보호		■	■	■	■	■	■	■	■	■	■	■	■	
안전귀가 동행서비스		■	■	■	■	■	■	■	■	■	■	■	■	
기초학습지원/ 숙제지도		■	■	■	■	■	■	■	■	■	■	■	■	
가족관계 개선프로그램		■	■	■	■	■	■	■	■	■	■	■	■	
사업평가, 보고서작성														■

5) 홍보 계획

대상	홍보방법 및 횟수	활용매체	비 고
지역사회 주민	리플렛 등의 홍보물 제작, 12개동 반상회 참석 사업 소개, 사업설명회 1회 실시, 케이블 TV 연계 사례 소개	리플렛, 홍보지, 케이블TV	
타복지기관	홈페이지 게시판, 이메일로 사업소개	인터넷	
지자체	주민생활지원센터 생활지원과 분기별 방문, 리플렛 수시 제공	리플렛	

6) 지역자원 활용계획

자원명	활용계획	비고
A, B종합사회복지관 및 C가정폭력상담소	서비스 발굴 및 공유, 아동사례 연계(3case)	
○○대학교 사회복지학과	대학생 자원봉사자 연계(4명)	
D자원봉사센터	차량 지원 자원봉사자 추천 및 확보(4명)	
E주민자치센터 및 F구청	본 사업에 대한 홍보 및 실인원 추천 통로로 이용	

6. 예산계획

(단위 : 원)

<table>
<tr><td>관</td><td colspan="9">사업비</td></tr>
<tr><td>항</td><td colspan="9">공동모금회 “저소득층 가족×가족당 20,000원×12개월 아동 야간보호” 사업비 1)</td></tr>
<tr><td rowspan="2">목</td><td rowspan="2">세목</td><td rowspan="2">계</td><td rowspan="2">산출근거</td><td colspan="5">예산조달 계획 5)</td></tr>
<tr><td>신청금액</td><td>비율(%)</td><td>자부담</td><td>비율(%)</td><td>자부담 재원</td></tr>
<tr><td colspan="2">총 계</td><td>16,000,000</td><td></td><td>13,100,000</td><td>100</td><td>2,900,000</td><td>100</td><td></td></tr>
<tr><td rowspan="2">인건비</td><td>담당인력 야근수당</td><td>4,800,000</td><td>담당인력 2명×1시간 5,000원×1일 4시간×월 10일×12개월</td><td>4,800,000</td><td></td><td></td><td></td><td></td></tr>
<tr><td>소 계</td><td>4,800,000</td><td></td><td>4,800,000</td><td>36.6</td><td></td><td></td><td></td></tr>
<tr><td rowspan="5">사업비</td><td>야간귀가 차량운행</td><td>2,000,000</td><td>주 5회×10,000원 ×40주</td><td></td><td></td><td>2,000,000</td><td></td><td>자체 예산</td></tr>
<tr><td rowspan="2">기초 학습지도 프로그램</td><td rowspan="2">2,600,000</td><td>학습교재비 국/영/수×연간 6권×5,000원×20명</td><td>600,000</td><td></td><td></td><td></td><td></td></tr>
<tr><td>자원봉사자 교통비 대학생 2인×주 5회×5,000원×40주</td><td>2,000,000</td><td></td><td></td><td></td><td></td></tr>
<tr><td>가족관계 개선 프로그램</td><td>4,800,000</td><td>상담 및 특별활동 프로그램(나들이, 체육대회, 요리, 영화 보기) 20가족×가족당 20,000원×12개월</td><td>4,800,000</td><td></td><td></td><td></td><td></td></tr>
<tr><td>소 계</td><td>9,400,000</td><td></td><td>7,400,000</td><td>56.5</td><td>2,000,000</td><td></td><td></td></tr>
</table>

관리운영비	야간 난방비	900,000	월 150,000원×6개월 (1~3월, 10~12월)			900,000		자체 예산
	전기료	900,000	야간전기 사용료 월평균 50,000원×12개월 냉방비(에어컨) 월평균 100,000원×3개월	900,000				
	소 계	1,800,000		900,000	6.9	900,000		

7. 향후 운영계획

- 사업종료 시점에서 서비스 욕구 재조사 후 지속, 확대 여부 검토
- 다음연도에도 사업 지속가능성 큰 상태로 인력의 정규직화 노력 및 모금회 및 타 재단을 통해 예산을 확보하고자 함.
- 아동 사례 홍보를 통해 개인(기업) 기부자 발굴을 통해 후원금을 확보하여 부족한 사업비를 충당하고자 함.

CHAPTER

12

학교와 실습기관 관련 작성서류

1. 공문
2. 회신서
3. 실습지도자 프로파일
4. 실습생 평가서
5. 실습확인서
6. 사회복지현장실습기관 선정확인서 사본

1. 공문

공문이란 보내는 자와 받는 자 간의 공식적인 관계형성을 위한 문서이다. 사회복지현장실습에서 공문이 필요한 이유를 여러 가지로 이야기할 수 있겠지만, 가장 중요한 역할은 바로 실습에서의 공식적인 약속을 위한 것이다. 이 공문으로 공식적인 관계가 학교와 실습지와 실습생 모두에게 적용된다.

공문에는 실습의뢰하는 학교와 실습생의 정보, 실습기간, 실습지도자, 제출서류 등이 기재되어 있다.

학교에서 보내는 공문을 통하여 실습지는 실습생의 실습일정을 확인한 후 학교로 회신서를 발송하게 된다.

이렇게 함으로써 실습이 공식화되고, 실습일정이 시작되게 된다.

예시 1

○○○대학교 부설 평생교육원

수신자	○○○○○○
(참조)	
제목	사회복지현장실습 의뢰

1. 항상 사회복지현장실습 교육을 위해 애써 주시는 귀 기관에 감사드립니다.
2. 사회복지현장실습을 수강하는 본 교육원 학생의 실습교육을 의뢰하니 아래를 참조하시어 협조하여 주시기 바랍니다.

– 아 래 –

가. 학생명 : 나실습　　학생연락처 : 000-0000-0000
나. 실습기간 : 2020년 3월 6일(월)~2020년 3월 24(금)
다. 실습지도교수 : 위교수
라. 실습담당자 : ○○○

3. 실습지도자 실습평가서는 밀봉하여 4월 15일까지 지도교수에게 제출할 수 있도록 전달해주시기 바랍니다.
4. 실습기간 중 기관방문은 예고 없이 진행하게 됩니다. 양해 바랍니다.

붙임. 1. 실습생 프로파일 1부.
2. 실습지도자 실습평가서(교육기관 발송용) 1부.
3. 사회복지현장실습 확인서 2부.
4. 사회복지현장실습 서약서 1부.
5. 회신서 1부. 끝.

○○○대학교 부설 평생교육원장(직인생략)

담당자 ○○○	팀장 ○○○	원장 ○○○○
협조자		
시행　평생교육원-2020-01-00123　(2017.2.17.)		
우 01700　서울시 ○○구　http://○○○.○○○		
전화 02)000-0000　전송 02)000-0000		

예시 2

○○사이버대학교

수신자	○○○○○○
(참조)	
제목	2020-1학기 ○○사이버대학교 사회복지현장실습 협조 의뢰

1. 항상 사회복지현장실습 교육을 위해 애써 주시는 귀 기관의 무궁한 발전을 기원합니다.
2. 우리 대학에서 실습과목을 수강할 본교생의 실습교육을 귀 기관에 의뢰하오니 훌륭한 사회복지사가 될 수 있도록 협조 부탁드리며, 아래와 같이 수락여부를 반드시 회신하여 주시기 바랍니다.

– 아 래 –

가. 실습생(성명/학번) : 나실습/T160000
나. 실습기간 : 2020년 3월 6일(월)~2020년 3월 31(금)
다. 실습기관(기관명/FAX) : ○○○○○○○/031-000-0000
라. 실습지도자 : 홍길동 사회복지사
마. 제출서류 : 실습의뢰 회신서 1부
바. 제출주소 : ○○○○시 ○○구 ○○○사이버대학교 실습담당자
사. 회신번호 : 00)000-0000
아. 제출기간 : 2020년 2월 26일까지.

붙임. 1. 실습생 프로파일 1부.
2. 실습의뢰 회신서 1부. 끝.

○○○ 사이버대학교총장(직인생략)

담당자 ○○○	팀장 ○○○	원장 ○○○○
협조자		
시행 평생교육원-2020-01-00123 (2020.2.17.)		
우 00000 ○○○○시 ○○구	http://○○○.○○○	
전화 00)000-0000	전송 00)000-0000	

2. 회신서

각 실습지에선 공문을 접수하고, 그 공문에 의한 실습생과 실습일정에 대한 확인을 한 후에, 실습지도자의 기본 인적사항을 적은 회신서를 각 학교나 평생교육원 또는 실습생 편으로 주게 된다. 이 회신서는 차후에 중요한 서류가 되므로, 잘 보관하여야 한다.

예시 1

실습의뢰에 대한 회신

귀 대학 실습생의 실습의뢰를 수락합니다.

실습생명	나실습	소속대학	○○대학교
기관명	○○○○○○		
기관주소	서울 ○○구	전화번호	00)000-0000
실습지도자	직위 : 사무국장 부서 : ○○○팀 성명 : 홍길동	연락처	전화 : 00)000-0000 팩스 : 00)000-0000
		E-mail	○○○○@○○○○
실습기간	2020년 3월 6일~2020년 3월 31일 (오리엔테이션 일정 : 2020년 3월 6일)		
필요서류	다음 서류를 실습개시일 (7)일 전까지 우송 바랍니다. • 실습생 프로파일 1부 • 기타 필요한 서류		
기타 준비사항	〈참고문헌〉 1. 노인장기요양보험제도 및 법 이해 2. 노인성 질환(치매, 파킨슨, 중풍(편마미), 고혈압, 당뇨 등) 이해 3. 사회복지실천론, 실천기술론(사례관리, 상담 내용) • 사전과제물		
대학에 대한 의견			

실습지도자	홍길동 ________(인)
기관장	○○○○ ________(인)

예시 2(실습지 양식)

실습의뢰 수락서

소　　속	○○○대학교		
성　　명	나실습		
기 관 명	○○○데이케어센터		
실습지도자	홍길동	연락처	010-0000-0000
실습 기간	2020년 3월 6일~2020년 3월 24일		

위 학생의 사회복지실습을 본 기관에서 실시함을 승낙합니다.

2020 년 3 월 6일

(기관명) ○○데이케어센터　　　직인

○○○대학교 총장　귀 하

실습대상기관 주소 및 전화번호 : 서울시 종로구 혜화로 12길 14-9
Tel) 02-742-0515

3. 실습지도자 프로파일

실습지도자에 대한 프로파일을 필수 서류목록에 포함하는 대학이나 평생교육원이 있다. 이는 실습지도자의 자격조건에 맞는지 보기 위한 1차적인 이유가 있고, 2차적으로는 기관에서의 경력사항을 보기 위함도 있다.

실습지도자 자격조건은 다시 한번 이야기하지만, 사회복지사 1급인 경우 자격증 취득 후 사회복지 경력이 3년 이상이어야 하며, 사회복지사 2급인 경우 자격증 취득 후 사회복지 경력이 5년 이상이어야 한다.

예시 1

실습지도자 프로파일

1. 인적사항

성 명	홍길동	성 별	남
기관명/부서	○○보호작업장	직 책	시설장
담당 업무	총괄	전 화	010-0000-0000
이 메 일	○○○○@n○○r.com	팩 스	02-0000-0000
최종학력	대학원 졸	최종학력의 전공	사회복지학부
사회복지사 자격번호	제1-10000	사회복지 총 실무경험기간	17년

2. 실습지도 및 실습분야 관련 주요 교육배경

교육명	주관단체	기간	수료/자격여부
장애인복지론			
인권교육			
장애인직업재활			

3. 사회복지분야 근무경력(※사회복지사 자격증 취득 후 근무경력만 연월일 기재)

기관명	기간	직책	담당업무
○○○의 집	2002년 06월~2015년 11월 30일	시설장	총괄
○○보호작업장	2015년 12월 01일~2017년 3월 현재	시설장	총괄

4. 본인의 전공분야(현재 자신의 관심분야, 실천모델, 실천기술과 기법)

장애인 사회복지사업분야

5. 실습지도자로서의 자신의 특성(강·약점)

- 강점 : 사회복지 전문가로서 전문적인 지식과 기술을 개발하고 활용하는 능력이 뛰어남.
- 약점 : 마음이 약하나, 윤리적 딜레마에 빠지지 않고 지혜롭게 행하고 있음.

6. 실습생에게 바라는 점

실습현장에서 사회복지 전문인으로서의 정체감을 획득하고, 변화하는 계기를 마련하는 소중한 시간이 되기를 바랍니다.

예시 2

실습지도자 프로파일

1. 인적사항

성 명	홍길동	성 별	남
기관명/부서	○○데이케어센터	직 책	과장
담당 업무	센터총괄	전 화	010-0000-0000
이 메 일	○○○○@n○○r.com	팩 스	02-0000-0000
최종학력	사회복지대학원	최종학력의 전공	노인복지
사회복지사 자격번호	제1-10000	사회복지 총 실무경험기간	11년 4개월

2. 실습지도 및 실습분야 관련 주요 교육배경

교육명	주관단체	기간	수료/자격여부
사회복지현장실습 슈퍼비전 교육	서울시 사회복지협의회	2013. 11. 21.	

3. 사회복지분야 근무경력(※ 사회복지사 자격증 취득 후 근무경력만 연월일 기재)

기관명	기간	직책	담당업무
○○노인종합복지관	2005. 6. 1.~2014. 12. 31	과장	복지2과 총괄, 사례관리
○○데이케어센터	2015. 1. 1.~2020. 3. 6. 현재	과장	센터 총괄

4. 본인의 전공분야 (현재 자신의 관심분야, 실천모델, 실천기술과 기법)

1) 어르신 사례관리
- 개별화에 따른 욕구 및 문제 사정, 강점관점, PIE 체계 등

2) 인사, 행정, 회계관리
- 종사자 포상 및 지지
- 신속한 업무처리를 위한 업무 간소화
- 효율적인 예산집행 등

5. 실습생에게 바라는 점
- 적극적, 의욕적으로 실습에 참여하기
- 실습시간 약속 지키기

4. 실습생 평가서

실습생 평가서는 실습기관에서 작성하여 학교로 발송하게 된다. 이는 사회복지현장실습의 평가에 절대적인 역할을 하게 된다. 이 평가서에는 실습생의 실습기간의 출석상황, 실습지도에 대한 태도, 기관이해 및 관계유지, 기본적 태도와 자질, 기록, 전문적 태도와 관계형성, 개인에 대한 개입, 가족에 대한 개입, 집단에 대한 개입, 지역사회에 대한 개입, 정책 및 행정분야, 기관고유항목 등 11개 항목 60개 문항으로 구분되어 있다.

점수는 1점~5점으로 구분하여 점수를 줄 수 있으며, 이 점수를 합하여 평균을 내어 최종 평가점수를 부여하게 된다.

예시

실습생 평가서

기 관 명	○○○○○	실습 지도자	홍길동
실습부서	○○○○팀	실습지도교수	위교수
실습기간	202. 3. 6.~3. 24.		
실 습 생	나실습	평 가 일 시	2020년 3월 24일

• 출석상황

■ 무단결석 없음 □ 무단결석 1회 □ 무단결석 2회 □ 무단결석 3회 이상

• 다음은 실습생에 관한 평가입니다. 실습생이 실습지도 기간 보여주었던 태도와 행동을 기준으로 아래 항목에 솔직하게 평가해주기 바랍니다. 실습내용에 포함된 사항에 관해서만 평가하여 주시고, 평균에는 평가항목 총점을 평가항목 개수로 나눈 점수를 기재하면 됩니다.
(1점 : 매우 그렇지 못하다~5점 : 매우 그렇다)

항 목	내 용	1	2	3	4	5
실습지도에 대한 태도	1. 실습지도 시간을 지킨다.					V
	2. 적극적이고 긍정적인 자세로 실습지도에 참여한다.					V
	3. 실습지도에서 지적된 내용을 수용한다.					V
	4. 배우는 입장에서 진지하게 노력하고 발전하려는 태도를 갖는다.					V
	5. 실습지도자와 실습생으로서 공식적 관계를 형성한다.					V
기관 이해 및 관계 유지	6. 동료실습생과 긍정적이고 원만한 협력관계를 유지한다.					V
	7. 기관의 목적, 정책, 규칙, 사업내용을 이해한다.					V
	8. 기관 내에서 실습의 권한과 한계를 알고 일한다.					V
	9. 기관 내 타 직원과 협조적인 대인관계를 형성, 유지하여 업무를 처리한다.					V
기본적 태도와 자질	10. 일의 우선순위를 결정하는 능력이 있다.				V	
	11. 할당된 시간 안에 일을 계획하고 수행한다.					V
	12. 자신의 장단점을 잘 인식하고 대응한다.					V
	13. 사회복지실천 지식을 실습내용에 적용한다.					V
	14. 사회복지실천의 가치와 윤리를 갖고 임한다.					V

기본적 태도와 자질	15. 전문가로서의 편견, 선입견, 고정관념을 인식하고, 객관성을 유지한다.				V	
	16. 실습지도 내용을 실행에 옮긴다.					V
	17. 실습과정을 책임감 있게 수행한다.					V
기 록	18. 기록, 보고서 등을 정해진 일시에 제출한다.					V
	19. 실습내용을 사실에 근거하여 정확하게 기록한다.					V
	20. 실습내용을 체계적이고 구체적으로 기록한다.					V
	21. 클라이언트와의 상호작용 및 실습생의 사고와 감정을 기록한다.				V	
	22. 실습지도를 통해 지적된 사항 및 배운 것을 정확히 기록한다.					V
전문적 태도와 관계 형성	23. 클라이언트와 전문적 관계를 형성하고 활용한다.				V	
	24. 전문적 관계형성에서 동정과 감정이입을 구별하여 적용한다.				V	
	25. 주변의 자원을 파악하고, 그것을 활용하려고 노력한다.					V
	26. 비심판적이며 경청과 수용의 태도를 보인다.					V
	27. 클라이언트의 능력과 동기의 한계를 수용한다.					V
	28. 실습지도자가 지시한 것을 잘 파악하여 실행에 옮긴다.					V
개인에 대한 개입	29. 클라이언트가 표현한 의사소통과 암시적인 의사소통을 이해한다.				V	
	30. 실습생이 의도한 바를 클라이언트에게 명확하게 전달한다.					V
	31. 클라이언트의 문제와 상황에 관련된 정확한 자료를 수집한다.				V	
	32. 수집된 자료를 체계적으로 종합하고 이론에 기초하여 사정한다.					V
	33. 클라이언트 가족 등 주변의 지지자원을 활용한다.				V	
	34. 클라이언트와 환경 상호역동성의 이해 아래 개입목표와 전략을 수립한다.					V
	35. 개입목표에 따라 클라이언트의 긍정적인 변화를 유도한다.				V	
가족에 대한 개입	36. 가족의 역동성을 파악하고, 가족상황에 관련된 정확한 자료를 수집한다.					V
	37. 가족의 구조를 명확히 이해하여 필요한 가족개입의 기술을 활용한다.					V
	38. 가족 상호역동성의 이해 아래 개입목표와 전략을 수립한다.					V
	39. 가족 구성원을 개별화하고, 성원들이 긍정적으로 변화하도록 유도한다.					V

집단에 대한 개입	40. 집단 역동을 파악하여 의미 있는 개입으로 집단을 지도한다.					V
	41. 집단에서 주 진행자와 보조진행자의 의미와 역할을 알고 실천한다.					V
	42. 집단의 구조를 명확히 하고, 필요한 집단지도의 기술을 활용한다.					V
	43. 집단 성원을 개별화하고, 성원 간 의미 있는 관계를 형성하도록 한다.					V
	44. 집단의 목적에 대해 정확히 사정한다.					V
	45. 정확한 사정에 따라 적절한 프로그램을 계획하고 실행한다.					V
	46. 집단의 상호작용이 목적 지향적이고 성원들이 긍정적으로 변화하도록 한다.					V
지역 사회에 대한 개입	47. 지역주민들이 지역사회의 요구와 문제를 파악하도록 돕는다.					V
	48. 파악된 지역사회요구를 사회행동으로 계획하고 실행한다.					V
	49. 지역사회구조와 권력에 대해 이해하고, 그 지역사회 상황을 정확히 파악한다.					V
	50. 지역사회자원을 정확히 파악하고 접근한다.					V
정책 및 행정 분야	51. 정책형성 및 개선과 관련된 이해집단들의 문제상황 및 요구와, 정책 발의자들 및 집행자들의 이해관계를 정확하고 객관적으로 참여한다.					V
	52. 정책형성 및 개선과 관련된 이해집단과 건설적이고 전문적인 관계를 맺는다.					V
	53. 문제 상황에 적합한 정책대안을 개발하는 데 적극적으로 참여한다.				V	
	54. 기본정보를 정확히 사용하며 실증적인 자료분석의 지식을 갖고 문제를 분석한다.				V	
	55. 사회복지행정체계 및 전달체계에 대해 정확하게 이해한다.					V
기관 고유 항목	56. 기관의 조직적인 상호작용 패턴을 이해하고 따른다.				V	
	57. 민간복지의 전달체계 현황을 숙지하고 있다.				V	
	58. 이용시설과 생활시설의 차이점을 이해한다.					V
	59. 슈퍼바이저와의 의사소통이 원활하고 존중하는 마음을 갖고 있다.					V
	60. 실습기간 수행과업에 대한 역량이 충분히 발휘되었다.				V	

• 기관 고유항목에는 기관의 특성과 실습상황에 맞는 평가항목을 실습지도자가 추가적으로 직접 기재하고 평가할 수 있음.

<table>
<tr><td>총 평</td><td colspan="5">사회복지법인 ○○○○ ○○○○○ 시설에 거주하고 있는 장애인에 대한 재활사업과 개별화 케어 기술을 기초한 자립능력 향상을 위하여 노력을 기울이고 있습니다.
실습생 나실습님은 기관의 운영방침과 실습의 목적과 중요성을 충분히 이해하고, 실습 사항을 이행하기 위하여 최선의 자세로 실습에 임하는 모습과 ○○○의 구성원이라는 생각으로 타 구성원과 협력하여 친화적인 태도를 취하는 모습을 항상 보여주셨습니다. 또한, 직무에 강한 책임감과 열의를 갖고 적극적으로 임하며, 타인에게 책임을 전가하거나 태만하게 행동하지 않고, 실습을 통해 알게 된 클라이언트들을 온 맘과 정성을 다해 이해하고, 사랑으로 함께하여 주심에 예비사회복지사로서 충분한 인격과 전문적 자질을 높이 평가합니다.</td></tr>
<tr><td>총 점</td><td>문항 개수</td><td>60</td><td>총점</td><td colspan="2">286점
(*총 항목의 점수를 더한다.)</td></tr>
<tr><td>평 균
(총점÷평가 문항개수)</td><td colspan="5">286÷60= 4.77
(기록 후 테이프 부착 후 실습지도자 서명 요망)</td></tr>
<tr><td rowspan="4">평점부여</td><td colspan="5">여기에 부여하는 평점은 실습생이 받게 되는 성적표상의 최종평점은 아닙니다.
대학실습지도점수와 더불어 사회복지현장실습 평점부여시 주요 고려사항이 됩니다.</td></tr>
<tr><td>■A⁺</td><td>□B⁺</td><td>□C⁺</td><td>□D⁺</td><td rowspan="3">□F</td></tr>
<tr><td>□A⁰</td><td>□B⁰</td><td>□C⁰</td><td>□D⁰</td></tr>
<tr><td>□A⁻</td><td>□B⁻</td><td>□C⁻</td><td>□D⁻</td></tr>
<tr><td colspan="4"></td><td>실습지도자</td><td>홍길동 (인)</td></tr>
<tr><td colspan="4"></td><td>기관장</td><td>홍길동 (인)</td></tr>
</table>

5 실습확인서

실습확인서는 별도로 실습기관에서 작성하여 학교를 발송하게 된다. 필요에 의하여 발행받을 수 있으나, 최소 2장은 받아야 한다. 실습 후에 지도교수의 확인을 받은 후 실습지도자 확인과 지도교수의 확인이 완료된 상태로 교과목을 모두 이수한 후 사회복지사 자격증을 발급받을 때 원본을 제출하게 되므로 자격증 발급 시까지 잘 보관해야 한다.

예시

사회복지현장실습 확인서

〈2020.03.01. 개정〉

실습생 인적사항	성명	나실습	생년월일	690000
	전화번호		휴대전화	010-0000-0000
	학교/학과명	○○대학교/사회복지과	실습지도교수 성명	위교수
실습기관 및 실습지도자 인적사항	실습기관명	○○○	실습기관등록번호	2014-07280
	주소	경기 ○○○	전화번호	031)000-0000
	실습 기간	2020년 3월 6부터~2020년 3월 24일까지		
	실습 시간	총 160시간(1일 평균 8시간)		
	실습지도자명	홍길동	사회복지사 자격번호 (취 득 일)	제1-00000호 (2001.11.08.)
	실습지도자 경력기간		기관명	담당업무
	2004년 12월~2008년 7월		○○○○	사무국장(업무총괄)
	2008년 8월~2015년 현재		○○○	시설장

위와 같이 실습 내용을 확인합니다.

2020년 6월 26일

실습지도자 : 홍길동 (서명 또는 인)

실습기관 : ○○○○○ (직 인)

년 월 일

실습지도교수 : 위교수 (서명 또는 인)

한국사회복지사협회장 귀하

- 실습기관 등록번호는 한국사회복지사협회 사회복지현장실습 등록시스템((http://lic.welfare.net)에 실습기관으로 등록한 기관만 기재하시기 바랍니다.
- 실습지도자, 실습기관, 실습지도교수의 서명 또는 직인은 세 개 모두 기재하여야 합니다.
- 사회복지현장실습확인서 작성 예시는 홈페이지(http://lic.welfare.net)를 참고하시기 바랍니다.
- 허위사실 기재로 판명될 경우, 자격증 발급이 되지 않을 수 있으며 이미 발급되었다 하더라도 자격이 취소될 수 있습니다.

≪사회복지현장실습에 관한 기준≫-사회복지사업법 시행규칙 제3조 관련 [별표1]

① 실습기관 : 법 제2조 제1호에 따른 사회복지사업과 관련된 법인·시설, 기관 및 단체로 한다.

② 실습지도자 : 사회복지사 1급 자격증을 소지한 자로서 3년 이상 또는 사회복지사 2급 자격증을 소지한 자로서 5년 이상 사회복지사업의 실무경험이 있는 자가 실습을 지도하여야 한다.

③ 실습시간 : 현장실습시간은 120시간 이상으로 한다.

※ 법령이 정한 상기 기준은 모두 충족해야 하며, 미충족 시 자격증 취득이 불가능합니다.

6. 사회복지현장실습기관 선정확인서 사본

사회복지현장실습기관 선정확인서는 한국사회복지사협회 자격관리센터에 사회복지현장실습기관 신청서와 그에 따른 일정 요건의 서류를 접수하여 보건복지부 장관 명으로 선정되면 사회복지현장실습기관 선정확인서를 발급하고 있다.

첫째, 사회복지법인 또는 사회복지시설은 총 6종의 서류를 제출하여야 한다.

① [별지 제1호서식] 기관실습 실시기관 선정 신청서 1부

② 사업자등록증 또는 고유번호증 택1부

③ [별지 제2호서식] 사회복지사업 실무경험확인서 개인별 1부

④ 당해년도 보수교육 이수증 개인별 1부

⑤ 직장건강보험 자격득실 확인서(국민건강보험공단), 국민연금가입자 가입증명서(국민연금공단), 갑종근로소득에 대한 소득세납세증명원(국세청), 근로소득원천징수 영수증(재직기관) 중 택1부
※상근직으로 재직 중임을 확인하기 위한 서류

⑥ 사회복지시설 신고증(사회복지법인은 설립허가증) 또는 사회복지사업 위·수탁 확인서

둘째, 사회복지법인 및 사회복지시설을 제외한 비영리법인, 비영리민간단체, 공공기관 등은 총 8종의 서류를 제출한다.

① 기관실습 실시기관 선정 신청서(별지 제1호서식)
-직인 날인 누락시 요건 미충족으로 서류검토시 선정 제한될 수 있음.
-신청서에 포함된 기관실습 운영계획서는 홈페이지에 공개되는 자료이므로 충실히 작성할 것
-신청서상 기관장(안)의 직인은 개인도장이 아닌 기관 직인 날인
-실습지도자는 2명이 넘을 경우 칸을 추가하여 반드시 작성(등록된 실습지도자만 실습지도가 가능)
-실습운영방식은 중복선택 가능

-실습기관 선정이력은 신규에만 체크하고 내용작성을 하지 않음
-기관실습 실시기관 선정 신청서 양식은 3페이지(기관실습 운영계획서, 신청서 작성 체크리스트 포함)로 구성되었으면 전부 작성하여 제출

② 사업자등록증 또는 고유번호증은 반드시 제출하여야 함
-해당서류를 택1하여 반드시 첨부(둘 다 있을 경우 사업자등록증만 첨부)

③ 실습지도자 사회복지사업 실무경험 확인서(별지 제2호서식)
-사회복지사 자격증 발급일 이후의 실무경험으로 반드시 사회복지사의 직종으로 근무한 사실이 확인될 수 있어야 함
-현재 재직중인 소속기관의 사회복지사업실무경험확인서는 반드시 제출
-과거 경력 중 폐업한 시설의 사회복지사업 실무경험 확인서 제출이 필요한 경우 사회복지사업 실무경험 확인서는 폐업한 기관의 직인 날인 없이 본인이 작성하고 첨부서류로 폐업을 신고한 지자체에서 발급한 경력확인서류를 첨부하여 제출

④ 보수교육 이수증
-한국사회복지사협회 보수교육센터에서 개인별 출력 가능
-2022년도 보수교육을 이수예정이거나 2022년 보수교육을 면제받은 경우 보수교육 이수증은 첨부하지 않아도 됨
* 2022년도 보수교육을 미이수한 경우에도 신청 가능하지만 실습기관으로 선정된 후 2022년도 보수교육을 이수하여야만 실습지도 가능(미이수시에는 실습기관 선정이 취소될 수 있음)

⑤ 상근직으로 근무하고 있음을 증빙하는 서류(하단 서류 중 택1)
-국민건강보험 자격득실 확인서(국민건강보험공단)
-국민연금가입자 가입증명서(국민연금공단)
-고용보험피보험자자격내용서(고용지원센터)
-근로소득원천징수 영수증(재직기관) 또는 소득금액증명원(국세청)
※상근직으로 재직 중임을 확인하기 위한 서류로 2022년 11월 1일 이후 발급한 서류로 제출하여 주시기 바랍니다.

⑥ 사회복지시설 신고증(사회복지법인은 법인설립허가증)

-사회복지업무를 국가 또는 지방자치단체로부터 위·수탁받은 경우에는 위·수탁협약서로 대체 가능함

⑦ 사회복지사업 수행 사실 확인서(별지 제3호서식)

-일반현황의 주요사업 및 사회복지사업의 내용 : 정관이 없거나 정관에서 정하는 사회복지사업이 없어도 기관에서 운영하고 있는 사회복지사업을 반드시 작성하여야 함.

-사회복지사업 수행 내역의 결산 내역 : 전체사업은 해당 시설의 결산내역을 작성, 작성내용(예산액, 집행액, 집행잔액)은 최대한 작성 가능한 만큼 충실히 작성.

-위탁 교육기관은 실습생의 학교를 뜻함

-사회복지사업 수행 사실 확인서 중 결산 내역은 2018~2020년 실적으로 작성하되, 제출일 현재 설립기간이 3년 경과하지 아니한 경우에는 (ⅰ) 제출 가능한 사업연도의 결산서, (ⅱ)2019년도 예산서, (ⅲ)신청하는 날이 속하는 달의 직전월까지의 월별 수입·지출 내역서를 제출

⑧ 법인설립허가증 또는 비영리민간단체등록증 등 신청기관의 설립근거를 확인할 수 있는 서류

-기관의 설립근거를 확인할 수 있는 서류 제출(예시 : 인가증, 허가증, 지정서 등)

⑨ 정관

-정관이 있을 경우에 정관 전문을 첨부

-정관이 없을 경우 운영규정 첨부가능(주민자치센터나 보건소는 업무분장표 첨부)

-정관, 운영규정이 전부 없을 경우 사회복지사업을 운영하는 증빙서류 첨부(조례, 사업계획서 등 기관의 사회복지사업의 수행 사실 근거가 될 수 있는 모든 서류 일체)

이때, 경력증명서엔 사회복지현장실습의 요건이 사회복지사 1급일 경우 자격증 취득 후 3년이 경과되었는지, 사회복지사 2급일 경우 자격증 취득 후 5년이 경과되었는지를 확인하게 된다. 그리고 재직증명서는 현재

현장실습지에 근무하고 있는지를 알기 위한 것이다.

또한, 사회복지현장실습계획서는 실습기관으로써 합리적인 실습을 진행할 수 있는지를 알아보기 위한 것이다.

관리번호 제 2019-084-0036 호

사회복지현장실습기관 선정 확인서

1. 명 칭: 지역아동센터

  * 사업자등록번호: 134-80-33470

2. 대 표 자: 김

3. 소 재 지: 경기도 안산시

4. 실습지도자: 김, 이, 한

5. 유 효 기 간: 2020.01.01~2022.12.31

위 기관은 「사회복지사업법 시행규칙」 제3조제2항에 따라 사회복지현장실습의 기관실습 실시기관으로 선정되었음을 확인합니다.

2021년 1월 21일

한국사회복지사협회장

■ 기관실습 실시기관 선정 및 선정취소 등 사회복지현장실습 운영에 관한 고시 [별지 제1호서식]

기관실습 실시기관 선정 신청서

(1쪽)

<table>
<tr><td rowspan="5">신 청
기 관
개 요</td><td>기관명</td><td></td><td>설립일</td><td>년 월 일</td></tr>
<tr><td>대표자</td><td></td><td>사업자등록번호
(고유등록번호)</td><td></td></tr>
<tr><td>설립근거</td><td colspan="3">[ ] 사회복지법인
[ ] 사회복지시설(시설유형:)
[ ] 공공기관 [ ] 비영리민간단체
[ ] 기타( )</td></tr>
<tr><td>주소</td><td></td><td>전화번호</td><td></td></tr>
<tr><td>FAX</td><td></td><td>E-mail</td><td></td></tr>
</table>

<table>
<tr><td rowspan="2">실습정보</td><td>실습교육시간</td><td>_______시간</td><td>실습운영
방식</td><td>[ ] 주중실습
[ ] 주말실습
[ ] 야간실습</td></tr>
<tr><td>기관실습비</td><td>_______만원</td><td>실습지도자
인원</td><td>______명</td></tr>
<tr><td rowspan="2">실습
지도자(1)</td><td>성명</td><td></td><td>생년월일</td><td></td></tr>
<tr><td>자격번호</td><td></td><td>자격취득일</td><td>년 월 일</td></tr>
<tr><td rowspan="2">실습
지도자(2)</td><td>성명</td><td></td><td>생년월일</td><td></td></tr>
<tr><td>자격번호</td><td></td><td>자격취득일</td><td>년 월 일</td></tr>
<tr><td>실습기관
선정이력</td><td>[ ] 신규
[ ] 재선정</td><td colspan="3">-기존 관리번호 ( )
-기존 실습기관 선정기간 (년 월 일부터 년 월 일까지)</td></tr>
<tr><td colspan="5">상기와 같이 사회복지현장실습기관 선정을 신청하며, 기재된 내용 및 첨부서류가 사실과 다를 경우 신청의 무효, 선정의 취소 등에 대해 이의가 없음을 확약합니다.

20 년 월 일

대 표 자 : (서명 또는 인)

한국사회복지사협회장 귀하</td></tr>
<tr><td>첨부서류</td><td colspan="4">1. 실습지도자 사회복지사업 실무경험확인서(별지 2호서식) 및 보수교육 이수확인서 각1부
2. 사업자등록증 또는 고유번호증
3. 기관실습 운영계획서 1부
4. 사회복지사업 수행 사실을 확인할 수 있는 서류 1부</td></tr>
</table>

210mm×297mm[백상지(80g/㎡) 또는 중질지(80g/㎡)]

(2쪽)

기관실습 운영계획서

〈기관명: ______________________________〉

□ 실습 목적

○

□ 실습 목표

○

□ 실습 기관 정보

○ 실습운영방식: [ ] 주중실습 [ ] 주말실습 [ ] 야간실습
○ 실습지도자 인원: 명, ○ 1회 실습인원: 명
○ 기관실습비: 만원

□ 실습 교육계획

○ 실습교육 시간: 총 시간

구분	실습내용	비고
○○일차		
………		
………		
○○일차		

□ 기타

○

(3쪽)

신청서 작성 체크리스트

구 분	신청기관 자체점검란	심사기관 확인란
가. 앞면 신청서의 기재사항이 충실히 기입되어 있을 것 * 신청기관장의 직인 날인 여부 및 뒷면 기관실습 운영계획서 작성 여부 확인	[ ] 여 [ ] 부	[ ] 충족 [ ] 보완
나. 별지 제2호 서식의 실습지도자 사회복지사업 실무경험 확인서	[ ] 여 [ ] 부	[ ] 충족 [ ] 보완
다. 전년도 보수교육 이수확인서(8시간 이상 보수교육 이수 확인)	[ ] 여 [ ] 부	[ ] 충족 [ ] 보완
라. 사업자등록증 또는 고유번호증	[ ] 여 [ ] 부	[ ] 충족 [ ] 보완
마. 사회복지법인 또는 비영리법인 설립허가증, 사회복지시설 신고증, 비영리민간단체등록증 등 설립근거 서류	[ ] 여 [ ] 부	[ ] 충족 [ ] 보완
바. 정관(사회복지법인 및 사회복지시설은 제외)	[ ] 여 [ ] 부	[ ] 충족 [ ] 보완
사. 별지 제3호 서식의 사회복지사업 수행 사실 확인서(사회복지법인 및 사회복지시설은 제외)	[ ] 여 [ ] 부	[ ] 충족 [ ] 보완

■ 기관실습 실시기관 선정 및 선정취소 등 사회복지현장실습 운영에 관한 고시 [별지 제2호서식]

실습지도자 사회복지사업 실무경험 확인서

개인 정보	성명		생년월일	
	전화번호		휴대전화번호	
	주소			
기관 정보	대표자		기관명	
	시설종류		설치신고법령	
	주소		연락처	

사회복지 실무경험	근무부서	직종	담당업무	경력기간
				~ (년 개월)
				~ (년 개월)
				~ (년 개월)

상기와 같이 사회복지 실무경험에 대한 사항을 제출하며, 기재된 내용 및 사실과 다를 경우 실습지도자의 요건 확인을 위한 사회복지사업 실무경험 인정 불가에 대한 이의가 없음을 확약합니다.

20 년 월 일

대 표 자 (서명 또는 인)

한국사회복지사협회장 귀하

유의사항

1. 근무부서 및 직종, 담당업무를 구체적으로 구분하여 기재하여 주시기 바랍니다.
2. 시간제 근로자의 경우 근로조건을 기재하시기 바랍니다. (예시: 5시간/일 또는 30시간/주 등)
3. 이직 등으로 인한 2곳 이상의 기관의 경력합산이 필요한 경우 각 기관별 발급 후 제출하시기 바랍니다.
4. 심사 시 추가확인이 필요한 경우 관련 서류를 요청할 수 있습니다.
5. 허위사실 기재로 판명될 경우 관계기관에 의해 처벌받을 수 있습니다.

210mm×297mm[백상지(80g/㎡) 또는 중질지(80g/㎡)]

■ 기관실습 실시기관 선정 및 선정취소 등 사회복지현장실습 운영에 관한 고시 [별지 제3호서식]

사회복지사업 수행 사실 확인서

Ⅰ. 일반현황

○ 명 칭 :
○ 종 류 : [ ] 사단법인, [ ] 재단법인, [ ] 비영리민간단체,
[ ] 공공기관, [ ] 기타(______________)
○ 설립허가년월일 ____________ (등기일 : ____________)
○ 설립목적 :
○ 주요사업: *정관에서 정한 전체 사업*
–
※ 정관사업과 현재 운영 중인 사업을 구분해서 기재

○ 사회복지사업의 내용: *정관에서 정한 전체 사업 중 사회복지사업의 세부 내용*
–

○ 소재지(전화, FAX, e-mail, 홈페이지):
※ 담당자 연락처 기재

Ⅱ. 사회복지사업 수행내역

○ 최근 3년간 결산 내역

(단위 : 천 원)

구분	연 도	예산액	집행액	집행잔액	비고
전체 사업					
사회복지 사업					

○ 최근 3년 결산내역에 해당하는 사회복지사업 주요내용 및 실적

- *구체적으로 작성*
-
-
-

○ 향후 사회복지사업 운영 계획

-
-
-
-

○ 최근 3년간 기관실습 운영 현황

실습 운영 기간	위탁 교육기관	실습 인원
~		
~		
~		
~		
~		

상기와 같이 사회복지현장실습기관 선정의 첨부서류로 제출하며, 기재된 내용이 사실과 다를 경우 선정의 무효 또는 취소 등에 대해 이의가 없음을 확약합니다.

20　　년　　월　　일

대 표 자 :　　　　　　(서명 또는 인)

한국사회복지사협회장 귀하

210mm×297mm[백상지(80g/㎡) 또는 중질지(80g/㎡)]

CHAPTER

13

사회복지사 자격증 신청

1. 자격증 신청절차
2. 자격증 수수료
3. 한국사회복지사협회 회비

사회복지사 자격증 신청은 한국사회복지사 협회(http://www.welfare.net/) 사이트에서 '자격관리센터'라는 배너를 클릭하거나, 한국사회복지사협회 자격관리센터(https://www.welfare.net/) 사이트에서, 사회복지사 자격증 신청을 온라인으로 작성 후 신청서를 출력하여 신청구비서류와 함께 시 · 도 사회복지사협회로 등기 발송을 하여야 한다.

자격증 신청은 신규와 승급, 재발급 3가지 종류가 있으며, 신규는 대학원, 대학교, 전문대학 졸업자로 등급별 자격증발급 신청서 1부와 최종학력증명서(또는 국가평생교육진흥원 학위 증명서), 성적증명서, 사회복지현장실습확인서(원본)를 제출해야 하며, 학점은행제 이수자는 등급별 자격증발급 신청서 1부와 최종학력증명서(또는 국가평생교육진흥원 학위 증명서), 국가평생교육진흥원 성적증명서, 교육원 학점인정증명서가 아닌, 국가평생교육진흥원에서 발급받은 성적증명서, 사회복지현장실습확인서(원본)을 제출해야 하는데, 추가서류를 제출해야 하는 해당자는 ① 사회복지현장실습 교과목의 수업기간 확인필요자(국가평생교육진흥원 성적증명서에 사회 복지현장실습 교과목의 이수년월이 2020. 02를 포함하여 그 이후인 자 중 보건복지부장관 명으로 선정된 기관실습 실시기관에서 기관실습을 하지 않은 자로, 사회복지현장실습 교과목의 수업 이 2019년 12월 31일 이전에 시작된 사항을 증빙하는 교육기관의 발급서류와 ② 개정되기 전 법령에 따른 선택교과목 4과목 이상 이수 대상 확인이 필요한 자(국가평생교육진흥원 성적증명서에 사회복지전공교과목 및 사회복지 관련 교과목의 이수연월이 모두 2020. 02 이후인 자 중 개정되기 전 법령에 따른 선택교과목 4과목 이상 이수 대상)로, 사회복지학 전공교과목과 사회복지학 관련 교과목 일부 또는 전부의 수업일이 2019년 12월 31일 이전에 시작된 사항을 증빙하는 교육기관의 발급서류를 제출하여야 한다.

또한, 외국대학 졸업자는 외국에서 타 전공으로 전문학사 학위 이상을 취득하고 학점은행제로 교과목을 이수한 자로, 외국대학 졸업증명서류 원본 및 해당 서류를 우리말로 번역 · 공증한 서류 원본 1부와 외국대학 성적증명서류 원본 및 해당 서류를 우리말로 번역 · 공증한 서류 원본 1부, 외국대학 학력인정 확인서류(국가별 주한 해당국 대사관 등에서 발급) 또는 아포스티유 확인서 원본 및 해당 서류를 우리말로 번역 · 공증한 서류 원본 1부, 출입국사실증명서 원본 1부, 국가평생교육진흥원장이 발급하는 성적증명서 원본 1부, 사회복지현장실습 확인서 원본 1부로 원본 제출이 어려운 경우 원본대조공증(6개월 이내 발급받은 서류만 인정함)을 받아 제출하여야 한다.

외국대학(4년제 이상) 졸업자(사회사업 또는 사회복지전공자)는 외국대학 졸업증명서류 원본 및 해당 서류를 우리말로 번역·공증한 서류 원본 1부와 외국대학 성적증명서류 원본 및 해당 서류를 우리말로 번역·공증한 서류 원본 1부, 외국대학 학력인정 확인서류(국가별 주한 해당국 대사관 등에서 발급) 또는 아포스티유 확인서 원본 및 해당 서류를 우리말로 번역·공증한 서류 원본 1부, 출입국사실증명서 원본 1부, 원본 제출이 어려운 경우 원본대조공증(6개월 이내 발급받은 서류만 인정함)을 받아 제출하여야 한다.

승급을 받을 경우는, 국가시험 합격자로 사회복지사 2급에서 1급 국가시험 최종합격자에 한하여, 등급별 자격증발급 신청서를 1부 제출하고, 경력승급자는 사회복지사 3급에서 2급으로 등급별 자격증발급 신청서 1부와 시설신고증 사본 1부, 경력(재직)증명서 1부, 건강보험자격득실확인서 1부를 제출하고, 사단법인일 경우 정부 또는 지자체로부터 위탁받은 업무수행을 확인할 수 있는 위수탁협약서 사본 1부와 위 서류를 제출한다.

재발급 신청을 하는 경우는, 분실 시, 개명 후 또는 주민번호 변경 시 재발급 신청서 1부와 아래에 해당하는 서류를 제출한다.

분실 재발급 시 필요한 서류는 재발급 신청서 1부만 제출하고, 개명 후 재발급 시 필요한 서류는 재발급 신청서 1부와 주민등록초본(원본) 또는 기본증명서 상세본(원본) 1부이고, 주민번호 변경 후 재발급 신청 시 오프라인으로 자격신청서를 작성하되, 온라인 자격신청은 하지 않고, 재발급 신청서 1부와 주민등록초본(원본) 또는 기본증명서 상세본(원본) 1부를 제출한다.

사회복지사 자격증 취득 후 개명하여 웹회원에서 사회복지사 회원으로 전환되지 않는 경우에는 오프라인으로 자격신청서를 작성하고(온라인 자격신청 불가), 재발급 신청서 1부와 주민등록초본(원본) 또는 기본증명서 상세본(원본) 1부를 제출한다.

1. 자격증 신청절차

출처 : http://www.welfare.net/

2. 자격증 수수료

‘사회복지사업법’ 제11조 제4항 및 동법시행규칙 제4조 제4항에 의거, 사회복지사자격증 발급수수료는 1만 원으로 해당 계좌에 계좌이체를 해야 한다.

3. 한국사회복지사협회 회비

사단법인 한국사회복지사협회 정관 제5조 회원규정에 의거, 연회비는 협회 회원증 수수료 1만 원과 신규회원은 3만 원, 기존회원은 5만 원의 회비를 내어야 한국사회복지사협회 회원으로서 다양한 혜택을 누릴 수 있다.

부 록

1. 지방 사회복지사협회
2. 기관실습 전 체크리스트
3. 2021년 4월 15일 개정된 실습확인서

Understanding and Practice of Social Work Practice

1. 지방 사회복지사협회

지회명	주소	전화번호
강원	(24209)강원도 춘천시 동면 소양강로110, 402호	033-262-4254
	농협301042-51-005884/예금주: 강원도사회복지사협회	팩스: 033-253-4254
경기	(16690)경기도 수원시 영통구 덕영대로1556번길16 디지털엠파이어 B동 406호	031-252-7554
	국민877001-01-444745/예금주: 경기도사회복지사협회	팩스: 031-257-3323
경남	(51352)경남 창원시 마산회원구 팔용로262 창신대학교6호관 4층 6408호	055-299-1518
	경남은행055-299-1518/예금주: 경남사회복지사협회	팩스: 055-294-3020
경북	(38452)경북 경산시 진량읍 대학로 1386, 2층	053-814-8611
	농협301-0095-9138-11/예금주: 경북사회복지사협회	팩스: 053-814-8619
광주	(61253)광주광역시 북구 천변우로 40, 1층	062-524-7932
	광주은행001-107-744472/예금주: 광주광역시사회복지사협회	팩스: 062-524-7930
대구	(41155)대구광역시 동구 동촌로16길20 동촌신협 6층	053-986-9881
	대구040-10-000737/예금주: 대구광역시사회복지사협회	팩스: 053-986-9882
대전	(34917)대전광역시 중구 보문로 246, 대림빌딩 8층 806호	042-254-7109
	국민480401-04-076644/예금주: 대전광역시사회복지사협회	팩스: 042-254-7107
부산	(47511)부산광역시 면제구 법원로 12, 로윈타워 603	051-507-1285
	국민939737-01-003007 '예금주: 부산사회복지사협회	팩스: 051-507-1286
서울	(07217)서울특별시 영등포구 당산로 171, 금강펜테리움IT타워 206호	02-783-2962
	신한140-012-290890/예금주: 서울특별시사회복지사협회	팩스: 02-786-2966
세종	(30127)세종특별자치시 한누리대로249, 704호(나성동, 에스제이타워)	044-715-7225
	신협131-017-073037/예금주: 세종특별자치시사회복지사협회	팩스: 0505-182-5577
울산	(44421)울산광역시 중구 성안로148, 보원빌딩4층	052-246-9561
	경남517-07-0163755/예금주: 울산광역시사회복지사협회	팩스: 052-246-9562
인천	(51511)인천광역시 남동구 용천로 208, 인천사회복지회관 607호	032-886-5411
	신한100-027-824823/예금주: 인천광역시사회복지사협회	팩스: 032-886-5410
전남	(58565)전남 무안군 삼향읍 오룡3길 22, 전남사회복지회관 2층	061-287-5659
	우체국503706-01-001391/예금주: 전남사회복지사협회	팩스: 061-282-5651
전북	(54932)전북 전주시 덕진구 전주천동로 483, 전북사회복지회관 4층	063-252-3994
	전북539-23-0300006/예금주: 전북사회복지사협회	팩스: 063-252-3995
제주	(63145)제주특별자치도 제주시 연미2길5(오라삼동)	064-726-2154
	제주15-01-183595/예금주: 제주특별자치도사회복지사협회	팩스: 064-722-8752
충남	(32254)충남 홍성군 홍북읍 홍예공원로20, 2층	041-634-5598
	농협301-0102-3336-31/예금주: 충청남도사회복지사협회	팩스: 041-634-5595
충북	(28583)충북 청주시 흥덕구 공단로 87, 충북종합사회복지센터 402호	043-232-2213
	농협1187-01-004075/예금주: 충청북도사회복지사협회	팩스: 042-232-4413

출처 : http://www.welfare.net/

2. 기관 실습 전 체크리스트

기관 실습 전 체크리스트

확인자	체크 내용	체크
실습 지도자	법적요건을 모두 갖춘 지도자가 반드시 2명 이상 상근하고 있으며, 등록된 실습지도자만 실습지도를 실시한다. (1개의 실습기관에서만 가능하고, 중복은 불가함)	
	기관 실습이 시작되는 연도의 전년도에 8시간 이상의 보수교육을 이수해야 한다(보수교육 이수증이 나온 시점부터 실습지도 가능).	
	실습지도자 1명이 동시에 지도할 수 있는 학생 수는 5명 이내이다.	
	등록된 실습지도자의 인사변동, 실습비 변경, 실습지도자 추가, 소재지 변경, 기관명 변경 등 변경사항 발생 시 변경신청을 하고, 승인을 받은 후 실습지도가 가능하다. *(인사변동: 퇴사, 인사발령, 휴직, 질병 등의 사유로 상근하지 않는 경우)	
교육 기관 & 실습생	2020년 이후 보건복지부 장관의 선정을 받은 실습기관인지 확인하기(현황표는 한국사회복지사협회 홈페이지-현장실습 탭-공지사항/ 한국사회복지사협회 자격관리센터 홈페이지 확인 가능함).	
	등록된 실습지도자인지 확인하기(등록되지 않은 실습지도자가 실습을 진행할 경우, 실습 인정 불가, 자격증발급 불가)	
	기관 실습은 실습지도자의 근로시간 내에 실시하며, 1일 이수 가능시간은 최소 4시간 이상 최대 8시간 이하로 연속으로 진행된 시간을 인정한다.	
	사회복지현장실습 교과목의 학점이 부여된 후, 기관실습(사후실습)을 진행한 경우 자격증 발급이 불가능하다.	
	동일직장(동일기관) 내에서 진행하는 실습은 인정되지 않는다.	

출처 : http://www.welfare.net/

3. 2021년 4월 15일 개정된 실습확인서

〈2021.04.15. 개정〉

사회복지 현장실습 확인서

[ ]신규발급, [ ]재발급 (앞쪽)

실 습 생 인적사항	성 명		생년월일	※「주민등록번호」 앞자리 6자리를 기재 바랍니다.
	휴대전화번호		학 교 명	※ 현재 소속중인 학교명을 기재 바랍니다.
실습기관 및 실습 지도자	실습기관명		실습기관 관리번호	※ 실습기관 선정 시 부여된 등록번호 기재
	기관 주소	※「도로명 주소」로 기입해 주세요	전화번호	
	실습 지도자명	※ 실습생의 실습을 지도한 지도자명 기재	사회복지사자격번호 (취득일자)	제 - 호 (. . .)
실습기간	실습 기간	20 년 월 일 ~ 20 년 월 일		
	실습 시간	총 시간 (총 회, 1일 평균 시간)		

실습기관은 「사회복지사업법 시행규칙」 제3조 [별표1]의 규정에 따라 자격요건을 갖춘 실습기관과 실습지도자에 의해 기관 실습을 진행하였으며, 상기 실습생이 위와 같이 기관실습을 하였음을 확인합니다.

20 년 월 일

기관실습 지도자 : (서명 또는 인) 기관실습 실시기관 : (직인)

교육기관 및 세미나 교수	교육기관 유형	[ ]오프라인 / [ ]온라인	교육기관명	※ 실습세미나 교육기관명을 기재 바랍니다.
	실습세미나 교수명		학 과 명	
	실습세미나 교수 취득학위 (사회복지학 또는 사회사업학)	[ ]학사, [ ]석사, [ ]박사	교육기관 전화번호	
실습 세미나	실습세미나 기간	20 년 월 일 ~ 20 년 월 일		
	실습세미나 횟수(시간)	총 회 (시간)	대면방식 세미나 횟수 (시간)	총 회 (시간)

<table>
<tr><td></td><td>오프라인 세미나</td><td>총 회</td><td>실시간 온라인 화상 세미나</td><td>총 회</td></tr>
<tr><td rowspan="3">간접실습</td><td>학교명</td><td></td><td>간접실습 지도교수</td><td></td></tr>
<tr><td>학과명</td><td></td><td>간접실습 실시시간</td><td>총 시간</td></tr>
<tr><td>간접실습기간</td><td colspan="3">년 월 일부터 년 월 일까지</td></tr>
<tr><td colspan="5">교육기관은 「사회복지사업법 시행규칙」 제3조 [별표1]의 규정에 따라 자격요건을 갖춘 실습세미나 지도교수에 의해 실습세미나를 진행하였으며, 상기 실습생은 위와 같이 실습세미나를 이수하였음을 확인합니다.

20 년 월 일

실습세미나 교수 : (서명 또는 인) 학 과 장 : (직인)</td></tr>
<tr><td colspan="5">한국사회복지사협회장 귀하</td></tr>
</table>

재발급 사유	※ 사회복지 현장실습 확인서 재발급 시 재발급 사유 기재 바랍니다.

[사회복지현장실습에 관한 기준] – 사회복지사업법 시행규칙[별표1] 사회복지관련 교과목 (제3조 관련)

① 기관실습 실시기관 : 보건복지부장관으로부터 선정된 사회복지사업을 수행하는 기관, 법인, 시설 또는 단체

② 기관실습 지도자 : 사회복지사 1급 자격증을 취득한 이후 3년 이상 또는 사회복지사 2급 자격증을 취득한 이후 5년 이상 사회복지사업의 실무경험이 있는 자로 기관실습이 실시되는 연도의 전년도에 8시간 이상의 보수교육을 받은 자

③ 기관실습 시간 : 160시간 이상으로 한다.(단, 시행일 2020.1.1. 기준일 2019.12.31. 사회복지학 전공교과목과 사회복지관련 교과목의 전부 또는 일부 이수하였거나 수강하고 있는 사람은 120시간 이상)

④ 실습세미나 : 1회당 2시간 이상의 실습세미나를 총 15회 이상 실시하며, 정보통신망을 이용한 온라인 교육을 실시하는 교육기관의 실습세미나에는 대면 방식의 세미나가 총 3회 이상 포함되어야 하며, 한 세미나에 참여하는 학생 수는 30명 이내일 것

⑤ 실습세미나 교수 : 학사, 석사 또는 박사 학위 중 2개 이상의 학위를 사회복지학 또는 사회사업학 전공으로 취득한 사람으로서 3년 이상의 사회복지학 교육경험 또는 3년 이상의 사회복지사업 실무 경험이 있는 교수가 지도할 것

※ 법령이 정한 상기 기준은 모두 충족해야 하며, 미충족시 사회복지사자격증을 교부할 수 없습니다.

참고문헌

1. 국내

고수현(2010). 「사회복지사업현장론」, 경기 : 양서원.

김선희 외(1999). 「사회복지실습 길라잡이」, 서울 : 홍익재.

김영호 외(2007). 「사회복지현장실습의 이해」, 경기 : 양서원.

류형택 외(2014). 「사회복지현장실습의 이해와 실제」, 서울 : 동문사.

이외승 외(2017). 「사회복지현장실습의 이해와 실제」, 서울 : 동문사.

신민선 외(2015). 「사회복지현장실습 실습생을 위한 매뉴얼」, 경기 : 양서원.

양옥경 외(2005). 「사회복지실천론」, 서울 : 나남출판.

________(2007). 「사회복지현장실습 슈퍼비전」, 한국사회복지사협회.

________(2010). 「사회복지지도감독론」, 경기 : 양서원.

오수경 외(2012). 「사회복지현장실습」, 서울 : 공동체.

이영분 외(2001). 「사회복지실천론」, 서울 : 동인.

최일섭 외(2011). 「사회복지현장실습」, 서울 : 도서출판 오래.

한국사회복지교육협의회(2011). 2010년도 사회복지학 교과목지침서, 한국사회복지교육협의회.

한국사회복지사협회(2007). 사회복지현장실습슈퍼비전, 한국사회복지사협회.

________________(2010). 사회복지현장실습안내서, 한국사회복지사협회.

________________(2010). 사회복지현장실습지도자교육, 한국사회복지사협회.

2. 외국

Coulton P. & Krimmer, L.(2005). Co-supervision of students : A model for the future needs of the profession, Australian Social Work, Vol. 58(2), pp.154-166.

Felix P. Biestek(1957). 「케이스워크 관계(The casework relationship)」, Chicago : Loyola University Press.

Kadushin, A.(1992). Supervision in Social Work(3rd ed.). New York : Columbia University Press.

Smith, M. K.(2005) 'The functions of supervision', the encyclopedia of informal education. http://www.infed.org/biblio/functions_of_supervision.htm.

NASW Standards for Social Work Case Management. http://www.socialworkers.org/practice/standards/sw_case_mgmt.asp#intro

3. 기타

사회복지학사전, 2009. 8. 15., Blue Fish

한국사회복지사협회(http://www.welfare.net/).

한국사회복지사협회자격관리센터(https://www.welfare.net/).

저/자/소/개

곽종형

성산효대학원대학교 효교육학과 부교수
사회복지학박사 / 경영학박사
한국사회복지경영학회 회장
한국교정복지학회 이사
한국효지도사협회 사무총장
인천시사회복지협의회 전문위원
인천시 아담채 운영위원
전) 경민대학교 사회복지과 조교수

이외승

성산효대학원대학교 계약학과 주임교수
성산효대학원대학교 사회복지학과 조교수
사회복지전공 사회복지학박사
칼빈대학교 일반대학원 계약학과 안산학습관 책임교수
덕성여대평생교육원 사회복지현장실습 책임교수
수도직업전문학교 외 다수 NCS교수

김훈근

칼빈대학교 대학원 사회복지학 박사졸업
칼빈대학교 대학원 계약학과 안산학습관 책임교수
성산효대학원대학교 사회복지학과 겸임
칼빈대학교 부설 평생교육원 교수
덕성여대 부설 평생교육원 교수
비젼샘지역아동센터 원장

최연진

중앙신학대학원대학교 사회복지학 박사
건국대학교 부설 평생교육원 교수
경기대학교 부설 평생교육원 교수

한웅희

칼빈대학교 대학원 사회복지학 박사졸업
덕성여대 부설 평생교육원 교수
국제직업전문 학교 교수
수도직업전문학교 외 다수 교수

개정판

사회복지현장실습의 이해와 실제

초　판 1쇄 발행 / 2017년 6월 27일
초　판 5쇄 발행 / 2020년 9월 1일
개정판 1쇄 발행 / 2022년 12월 30일
개정판 2쇄 발행 / 2026년 3월 5일

•

공저자 / 곽종형, 이외승, 김훈근,
최연진, 한웅희
발행인 / 이 중 수
발행처 / **동 문 사**

•

서울특별시 서대문구 홍제원 1길 12
(홍제동 137-8)
Tel : 02)736-3718(대), 736-3710, 3720
Fax : 02)736-3719
등록번호 : 1974.04.27. 제9-17호
가격 : 22,000원

•

ISBN : 979-11-6328-491-8 (93330)
E-mail : dong736@naver.com
www.dongmunsa.com